试点学院改革探索与案例研究

院系研究丛书

丛书主编　陈廷柱

肖乃涛　著

SHIDIAN XUEYUAN GAIGE
TANSUO YU ANLI YANJIU

GUANGXI NORMAL UNIVERSITY PRESS
广西师范大学出版社
·桂林·

图书在版编目（CIP）数据

试点学院改革探索与案例研究 / 肖乃涛著. -- 桂林 : 广西师范大学出版社，2025. 7. -- （院系研究丛书 / 陈廷柱主编）. -- ISBN 978-7-5598-7862-5

Ⅰ. G642.0

中国国家版本馆 CIP 数据核字第 2025TA5271 号

广西师范大学出版社出版发行

（广西桂林市五里店路 9 号　邮政编码：541004
网址：http://www.bbtpress.com）

出版人：黄轩庄

全国新华书店经销

广西广大印务有限责任公司印刷

（桂林市临桂区秧塘工业园西城大道北侧广西师范大学出版社集团有限公司创意产业园内　邮政编码：541199）

开本：787 mm × 1 092 mm　1/16

印张：13.75　　字数：254 千

2025 年 7 月第 1 版　　2025 年 7 月第 1 次印刷

定价：45. 00 元

总　序

近些年来，随着院系的地位与作用日益受到高校管理层的重视，我国高等教育研究领域悄然兴起了院系研究。究其原因，首先是部分专家学者开始认识到人才培养、科学研究、社会服务以及文化传承创新的主要载体其实是院系，院系是比院校更应受到关注的研究对象。尽管学科是高等教育的基石，但学科的分化整合需要特定院系架构的庇护，任何国家的高校都主要是基于院系来统领和发展学科的，院系才是决定高等教育声誉与质量的关键组织层级。其次是部分专家学者开始厌倦了宏大主题的高等教育研究，因此尝试收缩研究视域和压低研究对象层级，于是院系研究这一较少受到关注的学术领域逐渐热乎起来。

从我 2008 年底开始关注院系设置与治理改革至今，已经十多年了。本想在此领域长期坚持下去，可实在是身不由己，好在我指导的一些硕士、博士研究生还是愿意围绕这方面的选题写作自己的学位论文。这套丛书，主要是在我指导的几位博士毕业生的学位论文基础上进行修改完善的成果，幸得广西师范大学出版社支持，终于可以推出，深感欣慰！

一个很偶然的想法，导致我和我指导的十余位学生涉入院系设置与治理改革研究。2008 年 9 月，我到美国波士顿学院国际高等教育研究中心访学。波士顿是美国名校聚集之地，在浏览哈佛大学、麻省理工学院等世界一流大学的网站时，我突然意识到：我国高校设置的学院数量远远超出我所关注的几所美国大学，这可能是影响我国高等教育改革发展与高校内部治理状况的关键问题。彼时，我们学院在刘献君老师的带领下，已在全国高高举起了院校研究的大旗，且高等教育研究也呈现出重心下移趋势。几番思量之后，我决心向院系设置与治理改革研究领域进军。

第一个勇挑重担的是我的 2009 级硕士研究生付梦芸。付梦芸所做的工作主要是系统整理了 280 所中国高校、70 所美国高校、55 所英国高校、45 所德国高校、40 所日本高校、40 所法国高校的学院设置情况。尽管那时我们对各国高校下设学院的功能定位与内涵边界的认识还不够清晰，但总体上可以充分证明我国高校的学院数量显著多于国外高校。付梦芸的硕士论文以华中科技大学为研究对象，描述了该校设置学院的数量逐步变得越来越多的过程与原因。第二个掉入“苦海”的是我的2010级博士研究生王祖林。我是希望他能够基于院系与院校组织属性的不同，探讨院系治理的基本理论问题。遗憾的是，他没有能够把这篇论文写出来，结局是残酷的。每每想起这事，我心里就特别压抑（注：我坚信这是一个很有价值的研究议题，是研究院系治理必须解决的理论问题。我2017级的硕士研究生翟福玲选择基于领导距离的研究视角，将院系治理界定为近距离情景中的领导行为，从一个侧面对院系治理基本理论有所贡献。当前，我指导的在读博士研究生沈晓雨也在努力解决这个问题）。第三个敢闯敢试的是我的2011级硕士研究生刘艳，我交给她的任务是对“三级建制、两级管理”的说法进行验证与反思。她的研究表明：以一级学科为边界的学院，其学系的职责权限与资源条件明显不足，与以前高校普遍设立的教研室没有原则性区别；而由多个一级学科组建的学院，其学系的设立多以一级学科为依据，虽然学系拥有相对较多的职责权限与资源，但这类学院内部矛盾重重，学系要求独立为学院的呼声较高。

接下来，我的2011级博士研究生张继龙、2012级硕士研究生李良立与段梦涵、2013级硕士研究生刘静与闫梦娇、2013级学术型博士研究生吴慰与教育博士肖乃涛、2014级硕士研究生李秋芸、2015级硕士研究生熊星、2015级学术型博士研究生李良立与教育博士田华泉、2016级硕士研究生张贝、2016级学术型博士研究生褚照锋等也相继投入院系设置与治理改革研究。因为参与人员较多，所以不好一一展开来追忆过往。特别欣慰的是，吴慰的博士学位论文《学系在美国大学的形成与早期发展研究》、褚照锋的博士学位论文《“双一流”建设高校趋向单一学科设置学院现象及其制度分析》接连入选2020年度与2021年度“中国高等教育学会学术创新计划——高等教育学博士学位论文文库”。我认为吴慰做学问的基础与潜质非常好，甚至希望她继续从事博士后研究，把学部、学院等高校内部学术与人才培养单元的由来，以及高校内部架构不断分化之后对组织运行所产生的影响也研究清楚。遗憾的是，她毕业之后选择了到企业发展，并且对出版自己的博士学位论文也没有兴趣。此外，李良立的博士学位论文《民国时期国立大学的院系治理模式及其形塑机制》也早就答辩过了，并且评价很好，可惜也未能纳入丛书得以出版。

2020年武汉因新冠疫情封城期间，应中国高等教育学会秘书处的邀请，就如何培养高等教育学博士研究生，我写了一篇自己指导学生的经验体会文章，题目是《导师积极干预是提高培养质量的硬道理》，被收录到《高等教育学学科博士生培养大家谈》(郝清杰主编，高等教育出版社2021年版)。读到这本书"编后感"与我有关的内容，着实吓了一跳。我确实认为："导师积极干预是提高培养质量的硬道理，对于需要学生完成的研究任务，导师要努力做到及早干预、全程干预和深度干预，不能任由学生自己去摸索，至少不能让学生自我摸索的时间过长，强迫学生不妥，放任学生更糟糕，有意识地引导和磨合是上策。"与我等针锋相对的观点，我也很认同，甚至还颇有感触。但是，有如此之多的学生跟着我研究院系设置与治理改革，并不意味着是做命题作文，更不是为了"方便、省事"，也有我指导的不少学生的毕业论文选题与这个研究领域毫无关系。即便是这个研究领域的选题，也各有各的做法，还有一些是在历经选题的磨难之后才走向这个研究领域的。当然，在指导学生的问题上，我还是倾向于积极干预。导师的研究领域与能力毕竟是有限的，与学生一起团队作战，对大家都有好处。不得不说的是，这几年我要应对的事情实在太多，因此放松了对学生的指导与督促，结果显然是不利于学生成长的。

在领着学生向前冲的同时，这些年来我也力所能及地在院系设置与治理改革研究领域做点事情。除了写有几篇文章，还完成一项教育部人文社会科学研究课题"我国高校所设学院重要事项的决策权配置及其整合机制研究"，主编了一本以"院系治理改革"为主题的《中国院校研究案例(第六辑)》(华中科技大学出版社2018年版)，并组织召开了一次"中国高校院系设置与治理改革学术"研讨会。关于这次研讨会，在此多说几句。研讨会时间是2017年5月20—21日，由上海对外经贸大学高教所具体承办。时任中国高等教育学会院校研究分会会长刘献君教授、教育部综合改革司体制改革处王猛处长、上海市教委综改办有关领导以及来自华中科技大学、南京师范大学、苏州大学、复旦大学、大连理工大学、中国人民大学、浙江大学、中央财经大学、湖南大学、重庆大学、中国海洋大学等30多所高校40余名专家学者应邀参会。刘献君教授在致辞时指出，院系治理是院校研究的重要内容，当前我国高校在学院设置标准、学院领导体制、学院学术治理以及校院系权力边界等方面存在着诸多需要深入研究的问题，推进学院治理改革的重要性与迫切性不容忽视。王猛处长作了"高校综合改革与院系治理"主旨发言，他认为院系治理改革是推进高校综合改革的支点，是全面实现高等教育功能的落点，是当前高校内部治理体系改革的重点，也是我国高校历次院系调整的痛点，深入研究高校的院系设置与治理改革具有重要的实际价值。这次会议充分阐明了院系设置与治理改革研究的重要性，也极大地鼓舞了我和诸多从事这方面研究的学术同行。

因为各种各样的事务，近几年来我较少关注这个领域的研究，好在在上海师大工作的张继龙与在杭州师大工作的褚照锋等已开始成长起来。我坚信，院系设置与治理改革仍然是我国高校需要高度重视和深入推进的重要事项，也是具有较多研究问题与较大研究空间的学术领域。但愿我们推出的这套"院系研究丛书"能够引起高校管理人员的关注，能够成为高教研究同行进入院系设置与治理改革研究领域的参考书目。

我也深知，这套丛书还较为浅陋。特别是丛书自纳入出版社出版计划到最终出版，间隔了较长时间，也根据形势变化进行了多轮修改，有些内容与原始书稿相去甚远。不当之处，敬请不吝赐教。

陈运超

2025 年 6 月 6 日

前　言

数百年来，大学被赞誉为“象牙塔”，知识和文化在这里汇聚，理想主义在这里植根，师生们仰望星空，跟随着理想的指引，引领着社会前进。人们毫不吝啬地用世间最华美的词藻来赞美她：“大学是知识的源泉”，“大学是真理的福地”，“大学是创新的活水”，“大学是社会的灯塔”，“大学是道德的高地”，“大学是自由探索者的乐园”，“大学是科技革命的动力站”，“大学是政府决策的思想库”……然而，在改革大潮下，高等教育领域面临着诸多的挑战与待解的难题，这些深层次的问题逐渐显现，引发了社会各界对中国大学教育的广泛讨论与反思。

近年来，社会及大学内部对我国高等教育改革的呼声日益高涨，高校管理体制机制改革既是高等教育改革的难点，也是高等教育改革的痛点。《中国教育现代化2035》明确提出：“将改革作为推进教育现代化的根本动力，深化教育领域综合改革，增强系统性、整体性和协同性，破除不合时宜的体制机制弊端。”“先行试点、总结推广”是马克思主义认识论、实践观中国化的重要理论成果，是我国改革开放最为宝贵的经验。由点及面、先易后难的渐进式改革，是对唯物辩证法质量互变规律的丰富和发展，有利于最大限度地积累改革经验、降低改革风险，并能将试点成功的有效机制快速地复制和推广，这已经成为新时期深化改革开放、探索新发展模式的重要途径。

政策试点是我国改革开放的宝贵经验和现象级事物，教育领域也特别注重试点改革，教育部 1987 年至 2024 年的工作要点中均有试点改革的内容，且以高等教育试点改革居多。自 2010 年 10 月《国务院办公厅关于开展国家教育体制改革试点的通知》发布以来，高等教育领域改革试点遍地开花。2011 年 10 月 31 日，经过多轮论证和评审，国家教育体制改革领导小组办公室从 55 所申报单位中遴选出 17 所国家试点学院。在 17 所国家试点学院的带动下，云南、湖北、河北、广东 4 省纷纷效仿，自 2012 年底开始，历时 6 年分批设立了 103 所省级试点学院，各自加快“省级试点—区域示范—国家试点”的筹备工作，力图奠定向国家试点学院跃升的基础。近年来，教育部陆续推出中西部高校推进现代产业学院、未来技术学院、高水平公共卫生学院等一系列学院层面改革。总的来看，以高校的学院（含系、部）为单位所实施的试点改革，在中国大地上已有较长时间和较大规模。

十余年来，试点学院基于改革学生招录与选拔方式、改革人才培养模式、改革教师遴选与考评制度以及完善学院内部治理结构“三改革一完善”的试点任务要求，进行了各具特色的实践探索，取得了一定的试点成效，但是距离国家设立试点学院的初衷与期待相去甚远，不仅没有摆脱试点项目化的困境，而且基本上处于停滞状态，值得高等教育战线进行反思和总结。试点学院作为教育主管部门自上而下组织遴选、高校二级学院自下而上申请创建的“教育教学改革特别实验区”，是探究和解答教育改革“自上而下”“自下而上”“上下联动”三条路径之争的难得选题。当前关于高校学院层面试点改革的研究文献总体偏少，有关试点学院的研究文献多以国家或省级相关试点情况概述、某高校试点学院改革个案介绍为主，个别研究散见于专著或论文集的某一章节，多为一般性经验总结，欠缺规律性、专门化的理论研究，迄今没有一部关于高校学院层面试点改革的学术著作。

《试点学院改革探索与案例研究》忝列“院系研究”丛书，着力探究以试点学院为代表的高校学院层面自下而上体制机制改革的主要困境及其破解路径。本书在梳理试点改革相关期刊论文、专著以及 H 省试点学院改革实践第一手资料的基础上，围绕试点学院、办学自主权、高校管理体制机制等核心概念，按照“描述现象—提出问题—分析问题—研究对策”的逻辑顺序展开论述，全书共分为七章。

本书遵照马克思辩证唯物主义认识论关于理论源于实践、理论指导和回归实践的思想，较为透彻地厘清试点学院高校管理体制机制改革试验的理论本质，提出了推进大学双重自主的具体对策。期望本书对 17 所国家试点学院、103 所省级试点学院改革有所助益，同时能够为教育部高校国际化示范学院、“三全育人”综合改革试点院系、未来技术学院、现代产业学院，以及山东、浙江等省域的高校学院层面的试点改革提供可借鉴的实践样本，以期为我国高校管理体制机制改革摸索出一条新路。

本书仅一家之言，难免有错漏之处，敬请专家学者批评指正。

目录

Contents

第一章
试点学院改革的政策使命

改革是指对旧有的生产关系、上层建筑作局部或根本性的调整变动，试点则是改革的率先实践。政策试点作为中国政策制定与创新的特有机制，是中国共产党治国理政的重要手段，为中国经济社会发展作出了重要贡献。近年来，我国各级各类政策试点不断涌现，有的政策试点不断推广直至上升为国家或地方的政策法规，有的政策试点却止步首轮或不了了之。试点作为低风险、低成本的教育改革策略，由于复杂的主客观原因，不同程度地存在着阻滞现象，这已成为我国高等教育领域亟须解决的难题，迫切需要高等教育战线探究其产生的深层次原因、寻求破解试点改革进展不力的有效路径。本章首先对试点学院的概念进行界定，并基于政策试点视角展现试点学院创设的时代背景和高等教育的宏观环境。继而梳理试点学院改革的主要环节，扼要论述120所国家及省级试点学院综合改革的顶层设计、选点布局与督导落实情况。同时，对试点学院的政策定位以及改革使命进行分析和阐释。

第一节　试点学院改革的时代背景

一个教育概念一般可以通过三种方式进行界定，即规定性定义——规定某一词语所代表的意义，描述性定义——对被定义的对象进行适当描述，以及方案性定义——或隐或显地告知人们事物应该成为的样子。[①] 那么，试点学院的内涵该如何理解呢？从描述性定义来看，"试点"是马克思主义实践观的重要概念，其本义指在全面付诸实践之前，先在一处或几处试做，可理解为以"先行"为标识、以"检验"为特点、以"推广"为目的的"实践—认识—再实践"过程。试点与试验、实验、试行等近义词的共同点在于"试"，也就是对新理念、新办法等进行尝试，观察比较新模式、

① 伊士列尔·谢富勒.教育的语言[M].林逢祺，译.台北：桂冠图书公司，1994：30.

新做法是不是更有效。不同之处在于“试点的重心在‘点’，通过个别点、小范围的先行试验，检验新做法的实效，取得经验后再去指导更大范围的工作”[①]。先小范围试验后再大规模推广的政策试点，可以划分为不同的类型。根据试点目的的倾向性，可分为验证设想的探索型试点与提供典型的示范型试点；根据试点任务的复杂性，可分为单一目标的专项性试点与多元目标的综合性试点；根据试点发起者的层级，可分为中央授权的国家级试点与地方自主的省级试点；根据试点事项的来源地，可分为本土创设的内生性试点与域外经验的外生性试点；等等。

“学院”主要是指门类科目较少、专业性强的学习机构，对应的英文有 college、school、institute、academy、faculty、centre 等。但是，学院究竟是什么？不同的时代、不同的地域，学院的形式、内容相去甚远。结合复旦大学杜作润的考察论证，当前学院大致有四种形态。一是“古典学院”，它是众多具有财政自主权、独立法人地位的学院以“联邦”的形式组成大学，各学院学生生活、学习于一群院落之中，英文称之为 hall、house、college，即学堂、书院、学舍等。[②] 如剑桥大学的彼得豪斯学院、牛津大学的默顿学院都是典型的古典学院。二是“专业或学科学院”，它是根据相近专业或同一学科（通常是学科门类或一级学科）设置的基层学术组织，英文称之为 college、institute、school 等。专业或学科学院是大学的中间组织，既是大学领导下的一级教学科研机构，也是一级行政机构，一般设有“系”一级的直接从事教学研究的基础性机构。专业或学科学院是目前全球大多数大学设置最多的基层教学科研组织。三是“作为行政机构的学院”，它属于组织、协调全校教学科研工作的机构，英文称之为 school。如剑桥大学的自然科学学院，有自己的教员，但是学生都在“古典学院”中注册。我国的研究生院则相反，有注册的学生，但没有专任的教师。成人教育学院仅负责组织教学、发放证书，也属于“作为行政机构的学院”。四是“独立学院”，一般指规模较小的专业学院，也用 college、institute、academy 称呼，这类学院比较复杂。比如，欧洲的维也纳音乐艺术学院是单科性学院、美国的阿默斯特学院是综合性的专业学院、日本的大阪教育大学是只有一个教育学部的大学。我国的独立学院是指“实施本科以上学历教育的普通高等学校与国家机构以外的社会组织或者个人合作，利用非国家财政性经费举办的实施本科学历教育的高等学校”[③]，俗称“三本”院校。截至 2024 年 3 月，全国共有尚未转设的独立学院 164 所。

---

① 郑玉飞.试点方法：学校发展的中国经验[J].山西大学学报（哲学社会科学版），2019(6)：96-102.

② 杜作润.学院识别及大学学术结构模式粗探[J].高等工程教育研究，1993(4)：16-17.

③ 独立学院设置与管理办法：中华人民共和国教育部令第 26 号[Z].2008-02-04.

可见，试点学院中的“试点”属于探索型试点，“学院”则指四种学院形态中的第二类“专业或学科学院”，也就是校、院、系三级学术组织建制的中间层次。这与2011年国家开放大学依托各省级广播电视大学等分部，组建相对独立、开展学历与非学历教育的地方学院（甘肃、江西等省份称之为“国家开放大学试点学院”）有着本质区别；同时也与2000年之后的200余所新建本科院校向教育部引导的应用型大学转型发展，其中小部分称为“转型发展试点学院”截然不同。本书所论述的试点学院均指教育部和各省份在高校内部遴选、承担“三改革一完善”任务的专业性或学科性学院。

一、政策试点成为中国共产党治国理政的重要方法

人类对客观世界的认知是一个无限的过程，而人类知识的不完备性、预见的困难性，以及行为范围的受控性，导致人类理性的有限性。① 有时甚至对何谓理性，何谓非理性，在很多情况下都无法作出判断，只能在有限理性的视野下通过试验来作出区分和判断。② 试验是人类为应对未知而采取的最佳策略，是获取实际经验的必经之途。社会领域的政策试点如同自然科学研究的实验、工程研制的样品，将科学实验设计植入政策实践活动之中，是人们通过实践认识客观世界的一种行为方式。政策试点的目的是通过局部的、小范围的改革创新来解决某些个别问题，总结经验教训，为解决某些共性问题摸索出可复制、可持续、可推广的有效做法和优选路径，最终达到“星星之火，可以燎原”，是“个别到一般”哲学思维在改革实践中的具体应用。

马克思在《资本论》中指出，“理论的方案需要通过实际经验的大量积累才臻于完善”③。搞试验、抓典型、树典范被视为中国土生土长并被实践证明行之有效的工作方法，也是最具中国特色的政策行为。政策试点发源于土地革命时期，1928年邓子恢在闽西土地改革中结合实际制定并推行了《溪南里土地法》，摸索出典型试验、由点到面的有效做法，毛泽东将其提炼为“突破一点，取得经验，然后利用这种经验去指导其他单位”④。抗日战争时期，在特殊环境下很多工作只能边干边学，中共晋

---

① 赫伯特·西蒙.管理行为：管理组织决策过程的研究[M].杨砾，韩春立，徐立，译.北京：北京经济学院出版社，1988：74-76.

② 杨小凯，黄有光.专业化与经济组织：一种新兴古典微观经济学框架[M].张玉纲，译.北京：经济科学出版社，1999：358.

③ 马克思恩格斯文集：第五卷[M].北京：人民出版社，2009：437.

④ 毛泽东选集：第三卷[M].北京：人民出版社，1991：897.

冀鲁豫根据地于1939年建立了“实验县、实验区村”制度，为“农村包围城市”的正确革命道路奠定了基础，并以特殊方式得到传承。解放战争时期，政策试点在更广阔的地域得到应用，树立典型、渐次推进，成为中国共产党普遍采用的一种工作方式，并由特定领域上升为普及性的工作方法。中华人民共和国成立后，随着政策试点运用到经济社会多个领域，中国共产党对政策试点进行了系统总结和科学定位，1963年《人民日报》发表社论，“典型试验是一个科学的方法，就是毛泽东同志所提倡的一般和个别相结合的工作方法”①。

改革开放以来，中国共产党通过试点项目、试验区等形式，在一定时间、一定范围内生成和检验政策方案的科学性、合理性、可行性，政策试点的内涵与外延不断丰富，政策试点的广度与深度快速拓展。邓小平一再强调改革开放“胆子要大一些，敢于试验，不能像小脚女人一样。看准了的，就大胆地试、大胆地闯”②。他还将新时期的改革开放总体上界定为一场大规模的试验，并以通俗易懂的话语多次强调在试验过程中要敢于摸索、勇于创新。比如，他说“干革命，搞建设，都要有一批勇于思考、勇于探索、勇于创新的闯将”；对于试验过程中出现的失误，他还说“不断总结经验，有错就赶快改，小错误不要变成大错误”。③ 此后，“注重试验，鼓励探索”“勇于探索，大胆试验”等政策试点内容，自1987年起在历届中国共产党全国代表大会报告中都有所体现。1992年，试验的重要性进一步提升，被载入《中国共产党章程》，要求全党“积极探索，大胆试验，开拓创新，创造性地开展工作”。自此之后，试点试验逐渐成为新时期各项改革工作遵循的一项重要决策机制，开创出试点项目、试验区、改革特区、示范区等多种形式，甚至达到了朱光磊所提的“每改必试”的程度④。

政策试点作为中国土生土长的政策测试与创新机制，已发展成为具有中国特色的国家治理方法。习近平总书记在2017年中央全面深化改革领导小组第三十五次会议上明确指出，“抓好试点对改革全局意义重大”，并强调各级领导干部要敢于试点、勇于实践，抓好抓实各项改革试点，“多出可复制可推广的经验做法，带动面上改革”。⑤ 在中央层面不断强调以及中央部署的试点项目带动下，国务院各部委、各级地方政府甚至企事业单位，积极贯彻政策试点，迅速扩大试点范围，在不同层面、不

① 典型试验是一个科学的方法［N］.人民日报，1963-09-19(1).

② 邓小平文选：第三卷［M］.北京：人民出版社，1993：372.

③ 粟多树.先摸索后推广：邓小平政策试验思想探析［J］.学习与实践，2008(10)：65-69.

④ 朱光磊.当代中国政府过程［M］.天津：天津人民出版社，2008：151.

⑤ 习近平.认真谋划深入抓好各项改革试点 积极推广成功经验带动面上改革［EB/OL］.(2017-05-23)［2020-06-12］.http://www.xinhuanet.com//politics/2017-05/23/c_1121023049.htm.

同地方、不同领域实施了大量的试点项目。在中央人民政府政策文件搜索系统中，进行“政策试点”全文查询，结果显示，截至2024年7月，有中央有关文件238份、国务院文件1 445份，政策解读2 859份；按文件名查询“试点”，则有中央有关文件7份、国务院文件145份，政策解读168份。① 政策试点涉及我国经济社会发展的各个方面，试点频次处于前十的领域，依次为经济、环境保护、政府改革、农村农业、社会治理、教育科技文化、社会福利、医疗、财税、就业及社会保障。经济领域试点最为频繁，财政部、国家发展改革委是开展试点最多的两个中央机构。教育领域试点频次居中间位次，教育主管部门近年来发起的试点呈现明显上升趋势。

近年来，国务院政府工作报告政策试点涉及税收、医疗、投资、农业、电商、环保、“互联网+”等国民经济社会发展的诸多方面，特别是2017年深化高考综合改革试点，2019年改革高职院校考试招生办法、项目经费使用“包干制”试点等，在高等教育领域引起强烈反响。2020年政府工作报告虽受新冠疫情影响属40年来最短篇幅，但也4次提及改革试点。“在中国的大地上，几乎所有的重大决策都是从各种各类的试点中获得经验，并且由此及彼地在不同的层级进行实施。”②

从党的十八大至党的二十届三中全会，习近平总书记主持召开了73次中央全面深化改革委员会（领导小组）会议，审议并通过了关于经济体制和生态文明体制改革、民主法治领域改革、文化体制改革、社会体制改革、党的建设制度改革、纪律检查体制改革六个方面的改革试点方案、意见或报告。据不完全统计，36次中央全面深化改革委员会（领导小组）会议全文中词频最高的是“改革”（1 280次），排第二的是“制度”（276次），排第五、第七的分别是“机制”（208次）、“体制”（193次），第八位则是“试点”（191次）③，改革试点数量之多、力度之大前所未有。

2020年10月，党中央、国务院高位推动深圳建设“中国特色社会主义先行示范区”综合改革试点，集中反映了国家政策试点精髓。习近平同志自1983年在正定县开展“半城郊型经济”试点、“大包干”试点以来，在此后各个工作岗位上都领导或部署了各级各类改革试点。习近平总书记在2015年6月5日中央全面深化改革领导小组第十三次会议上强调指出，“试点是改革的重要任务，更是改革的重要方法。试点能否迈开步子、趟出路子，直接关系改革成效。要牢固树立改革全局观，顶层设计要立足全局，基层探索要观照全局，大胆探索，积极作为，发挥好试点对全局性改革

① 中华人民共和国中央人民政府政策文件搜索系统[EB/OL].[2024-07-31].http://www.gov.cn/zhengce/.

② 王洪.实践哲学的中国范式[N].中华读书报，2019-04-24(16).

③ 黄飚.当代中国政府的试点选择[D].杭州：浙江大学，2018.

的示范、突破、带动作用”[①]。可见，起源于土地革命时期的政策试点，经过社会主义革命、建设和改革开放等不同时期长达90多年的磨炼和洗礼，得到不断总结和完善，已经成为根植于中国政策过程的特殊和关键机制。试点机制以及领导小组机制、督察机制，分别集中代表了中国改革的创新能力、决策能力和执行能力。[②] 总之，试点方法已上升为“政策制定与执行的原则和制度，成为塑造中国模式、探索中国道路的重要支持性机制”[③]，与中国共产党百年伟业交相辉映。

二、先行先试是我国高等教育体制改革的首选方略

先行先试、由点到面，是中国共产党在领导中国革命、建设和改革的长期历史过程中经过反复实践才逐渐形成和确定下来的[④]，有效地防止了主观主义的先验论、经验论。中国共产党多年来的实践检验和事实证明，政策试点具有强大的生命力，“是中国共产党工作方法的生动体现，是中国共产党政策创新和制度创新的重要模式，更是中国共产党治国理政的重要方式”[⑤]。近年来，我国高等教育建设成就举世瞩目，为国家政治、经济、社会和文化发展作出了不可磨灭的贡献。但不可回避的是，我国高等教育也出现了一些问题，深化高等教育体制机制改革势在必行。然而，我国高等教育世界第一的超大规模、不同区域间高等教育水平的巨大差异，决定了我国出台任何一项教育改革政策或举措要考虑的因素都必然较多。高等教育事关国计民生，如果贸然在全国范围内推行一项没有经过前期试验、没有突发问题解决预案的改革政策，极有可能会出现意料之外的重大问题，甚至引发社会震动。唯有量力而行，通过先行一步、积累经验，由点带面推动全国教育改革的步伐。

先行先试成为理解中国高等教育改革的关键词。中华人民共和国成立后，我国教育领域持续开展了种类多样的试验（试点）。如，1950年的冬学试点，1964年的半工半读、半农半读的教育制度试点，1965年的农业教育革命试点，1970年的大学招生试点等。改革开放以来，高等教育领域的试点改革此起彼伏。1987年以来，教育部30多年的工作要点，历年均有改革试点事项，试点出现频率年均超过10次，且以

① 中央全面深化改革委员会（领导小组）会议［EB/OL］.（2020-02-18）［2022-04-20］. http://www.12371.cn/special/zyqmshggldxzhy19/.

② 周望.从改革成功看中国治理的机制优势［N］.北京日报，2018-06-04（13）.

③ 刘义强，余孝东.中国共产党试点方法的百年演进与时代接续［J］.学习与探索，2021（1）：21-29，202.

④ 韩博天.通过试验制定政策：中国独具特色的经验［J］.当代中国史研究，2010（3）：103-112.

⑤ 闫义夫.“政策试点”：中国共产党治国理政的重要方式［J］.社会科学家，2017（10）：72-76.

高等教育领域居多。1993 年，北京率先进行高等教育学历文凭考试试点（2004 年教育部宣布取消学历文凭考试，各试点民办高校 2005 年停止招生，2007 年停考国家和各省市统考课程）。2000 年，教育部确定在华中科技大学、武汉大学、华中师范大学、厦门大学、华东师范大学进行教育职员制度改革试点（2003 年增加中国农业大学）。2002 年，教育部确定清华大学、北京航空航天大学、中国人民大学、上海交通大学、西安交通大学、武汉大学、西北工业大学 7 所“985 工程”高校，以及黑龙江大学、南京财经大学 2 所地方院校为首批创业教育试点院校。

2010 年 3 月，全国两会召开，正值《国家中长期教育改革和发展规划纲要（2010—2020 年）》征求意见，全社会对高等教育改革的呼声日益高涨。九三学社社员、全国政协委员孟安明向全国政协十一届三次会议提交了“关于设立高等教育改革试点校”的提案。他建议：成立由中央领导（政治局常委级别）领衔的“高教改革领导小组”，遴选 2 所左右的国内顶尖大学为“高教改革试点校”，中央赋予试点校完全的自主办学权，允许试点校脱离原有管理体制，在办学体制、招生制度、人事制度、工资体系等方面进行大胆的探索和改革。[①] 全国政协委员、中国科学院院士胡海岩建议由国家和地方人民政府共同设立若干高等教育改革试验区（简称高教特区），选择少量省市、高校和教育家开展小范围试点，对不同发展模式进行比较，做到改革试点“可行”“可控”“可比”。[②]

2010 年可视为中国教育体制改革试点元年，其标志是国务院办公厅印发教育体制改革试点专项通知，支持部分地区和学校深化教育体制改革，此后教育领域改革试点爆发式增长。国家教育体制改革试点共计 3 大类 15 项（见表 1-1），其中 10 项专项改革试点涉及学前教育、义务教育、中等教育直至高等教育的体制机制改革；另有基础教育、职业教育、高等教育和民办教育 4 个重点领域综合改革试点，以及北京、上海、安徽、广东等 7 省市教育统筹综合改革试点。[③] 国务院教育体制改革办公室进一步将其划分为 10 大重点改革任务、50 项试点任务，承担试点的地区遍布 31 个省级政府及全国各级各类院校。

---

① 孟安明.建议设立改革试点校先“摸石头”[N].人民政协报，2010-06-23(10).

② 胡海岩院士：设立高等教育特区 突破教育改革瓶颈[EB/OL].(2010-03-09)[2022-03-22].http://news.sciencenet.cn/htmlnews/2010/3/229272.shtm? id=229272.

③ 国务院办公厅.关于开展国家教育体制改革试点的通知：国办发〔2010〕48 号[Z]. 2010-10-24.

表 1-1 2010 年国家教育体制改革试点任务一览表

试点类型	改革任务	试点任务及责任单位
专项改革试点	1.加快学前教育发展	构建学前教育公共服务体系(辽宁省大连市等)等
	2.推进义务教育均衡发展	探索城乡教育一体化发展的有效途径(北京市部分区县等)等
	3.推进素质教育	规范中小学办学行为(辽宁省盘锦市等)等
	4.改革职业教育办学模式	推进校企合作制度化(天津市等)等
	5.改革人才培养模式	设立试点学院,开展创新人才培养试验(北京大学等部分高校)等
	6.改革高等教育管理方式	推动建立健全大学章程(北京大学等 26 所部属高校)等
	7.改革高等学校办学模式	构建高校产学研联盟长效机制(北京市等)等
	8.改善民办教育发展环境	探索营利性和非营利性民办学校分类管理办法(上海市等)等
	9.健全教师管理制度	加强农村中小学教师队伍建设(北京市等)等
	10.完善教育投入机制	完善保障教育优先发展的投入体制(北京市等)等
重点领域综合改革试点	11.基础教育综合改革试点	山东省、湖南省、重庆市
	12.职业教育综合改革试点	天津市、辽宁省、河南省、四川省
	13.高等教育综合改革试点	黑龙江省、江苏省、湖北省
	14.民办教育综合改革试点	浙江省
省级政府教育统筹综合改革试点	15.省级政府教育统筹综合改革试点	北京市、上海市、安徽省、广东省、云南省、新疆维吾尔自治区、深圳市

据不完全统计,2010 年至 2024 年教育部工作要点中的高等教育领域改革试点事项达到 108 项,年均超过 7 项,2011 年至 2013 年高峰期年均高达 13 项(见表 1-2)。在此前后,高等教育及校院两级管理综合改革试点、高校教育信息化试点、职业教育现代学徒制试点、中国工程教育专业认证试点、地方本科高校转型试点、专业学位研究生教育综合改革试点、现代远程教育试点、民办高校学历文凭考试试点、体育美育浸润试点等各类试点项目如雨后春笋般涌现出来。“设立试点学院,开展创新人才培养试验(北京大学等部分高校)”,作为开展国家教育体制改革试点的 50 个重点任务的第 22 项,隶属第五类即“改革人才培养模式,提高高等教育人才培养质量”改革任务。此后,“试点学院”这一术语得到广泛关注和运用。教育部 2012 年至 2015 年连续四年的工作要点均提及试点学院改革,比如,2012 年指导试点学院探索人才选拔方式,2013 年支持试点学院改革探索,2014 年扎实推进试点学院综合改革,2015 年推进试点学院综合改革取得突破性进展。总体来看,试点学院改革的要求逐年递增,层次逐年递进,不可谓不重视。

表 1-2　教育部 2010—2024 年工作要点中的高等教育改革试点一览表

年份	教育部年度工作要点涉及的政策试点事项
2010 年	启动重大教育项目和改革试点,免费为农村定向培养全科医生试点,教师资格考试试点,民办学校实行营利性和非营利性分类管理试点等
2011 年	深化专业学位研究生教育改革试点,推进高校基础研究改革试点,启动开放大学建设试点,全面落实国家教育体制改革试点任务,开展普通本科和高等职业教育分类入学考试试点,全面推进省级政府教育统筹综合改革试点等
2012 年	扩大高校自主选拔录取改革试点范围,指导高校试点学院和条件成熟的中外合作办学机构探索人才选拔方式,推进民办教育改革试点,开展直属高校开展校长公开选拔改革试点,开展选聘委派高校总会计师试点,深入推进高校试点学院改革,开展现代学徒制试点,推进高校音乐学、美术学(师范教育类)本科专业教学改革试点等
2013 年	开展地方高校技能型人才培养试点,支持试点学院改革探索,深化高校自主选拔录取改革试点工作,开展高校招生考试综合评价改革试点,推进研究生招生改革试点,扩大公开选拔大学校长试点,启动现代学徒制试点,推动科研评价改革试点,推进开放大学建设试点,扩大教师资格考试改革和定期注册试点等

续表

年份	教育部年度工作要点涉及的政策试点事项
2014 年	扩大独立学院验收试点范围，启动考试招生制度改革试点，开展高校校园网络文化建设专项试点，扎实推进试点学院综合改革等
2015 年	推进高校思政课特聘教授试点，上海、浙江高考综合改革试点，启动部分地方本科高校向应用技术型高校转型发展改革试点，探索推进医学教育分阶段考试改革试点，推进试点学院综合改革取得突破性进展，开展不同类型学习成果认证试点等
2016 年	开展博士研究生培养模式综合改革试点，推进专业学位硕士研究生考试招生改革试点，做好教育管办评分离改革试点工作，指导开放大学开展学分银行试点工作等
2017 年	实行直属高校党政同审试点，实施北京、上海两市临床医学博士专业学位研究生培养模式改革试点，启动第二批中国特色现代学徒制试点等
2018 年	开展教育立法后评估试点，实施博士研究生教育综合改革试点，实施宽带卫星联校试点行动等
2019 年	启动家校共育共治机制实践试点，启动实施 1+X 证书（学历证书+职业技能等级证书）制度试点，开展产教融合建设试点，开展“一站式”学生社区综合管理模式建设试点等
2020 年	深化未来技术学院与现代产业学院试点，推进“医学+”复合型高层次医学人才培养改革试点等
2021 年	加强教育融媒体试点指导，推进教育统计现代化改革及试点，深化新时代教育评价改革试点地区和学校，2021—2025 年本科教育教学审核评估试点，推动海外中国国际学校试点建设，推进本科层次职业教育试点等
2022 年	深化事业单位改革试点，实施全国健康学校和急救教育试点，试点建设一批学科交叉中心，推进虚拟教研室试点建设，指导推进教育信息化新领域新模式试点示范，推进海外中国学校试点建设等
2023 年	探索推进未来学习中心试点，加强对高校数字化改革试点的指导，推进国家教师队伍建设改革试点等
2024 年	推进高等教育综合改革试点

自国家教育体制改革试点专项通知颁布以来,“教育改革试点已基本覆盖全国各地的各级各类教育以及教育领域所涉及的基本事项。在相对集中的时间之内,试点改革任务如此之多,试点改革单位如此之广”①。对本科及以上层次高校影响很大的试点改革,至少有两项。一是应用技术大学转型发展试点,“按照试点一批、带动一片的要求,确定一批有条件、有意愿的试点高校率先探索应用型(含应用技术大学、学院)发展模式”②。在“产教融合”等国家战略引导以及有关部委支持下,全国超过600所本科院校宣称将向或正在逐步向应用技术型大学转型。二是全国博士研究生教育综合改革试点。为破除制约博士研究生教育质量提高的体制机制障碍、提供博士研究生教育综合改革政策样本,教育部组织遴选并重点支持北京大学、清华大学、北京航空航天大学等14所国内博士研究生教育顶尖高校,进行大胆探索、先行先试,着力建设拔尖创新人才培养示范平台,形成博士研究生教育发展的政策机制。③

国家教育体制改革试点全面铺开的十多年来,以本科院校内部非独立法人的学院为实施单位的试点改革大量涌现,除了17所国家试点学院,以及湖北省、广东省、河北省、云南省试点学院综合改革以外,全国性、区域性及个别性学院层面的试点改革渐次开花(见表1-3)。十多年来,全国性的学院层面改革试点主要有:国家外国专家局、教育部2014年启动的高校国际化示范学院推进计划,在天津大学药物科学与技术学院等13个学院试点创建国际教学示范区。教育部思想政治工作司2018年划拨专项经费,推进“三全育人”综合改革,除了在部分省份、高校进行试点外,还分两批遴选了95个院系进行全员全过程全方位育人改革试点。教育部在2010年遴选了北京大学等64所高校,在少量专业学位授权类别(或领域)进行研究生教育综合改革试点;重庆大学等部分高校自行成立了研究生教育综合改革试点学院。教育部2017年发布《新工科研究与实践项目指南》(也称“北京指南”),随即江苏、福建等省新建本科院校兴建了一批向应用型转型的产业学院。2020年8月,教育部、工信部联合发文分批试点建设若干与地方政府、行业企业等多主体共建共管共享的现代产业学院;2021年,教育部高教司在新工科、新医科、新农科、新文科领域,遴选

① 陈廷柱,周静.教育改革试点向示范转进的逻辑与隐忧:基于H省本科院校转型发展试点示范现象的考察[J]. 苏州大学学报(教育科学版),2018(3):1-12.

② 教育部,国家发展改革委,财政部.关于引导部分地方普通本科高校向应用型转变的指导意见:教发〔2015〕7号[Z]. 2015-10-23.

③ 关于开展博士研究生教育综合改革试点工作的通知[EB/OL].(2017-08-04)[2022-03-22].http://www.moe.gov.cn/jyb_xxgk/xxgk/neirong/fenlei/sxml_gdjy/gdjy_yjspy/yjspy-zcwj/201708/t20170804_310685.html.

建设了湖北工业大学芯片产业学院、湖北汽车工业学院东风 HUAT 智能汽车产业学院等首批 50 个产学研用联动的现代产业学院。教育部学校规划建设发展中心在 2018 年启动了以“AI+智慧学习”为主题的人工智能学院试点项目，虽名为智能学院，但实际上承担任务的是 28 所本科及高职院校，以及合作共建的行业企业。教育部 2021 年 5 月批准了北京大学、华中科技大学等 12 所高校建设首批学科专业融合、培养科技创新领军人才的“未来技术学院”。教育部 2021 年底提出了以计算机领域本科教育改革试点为先导的“101 计划”，以及至 2023 年初已分两批立项支持 240 所高校及其学院牵头或参与承担计算机、数学、化学、物理学、生物科学、基础医学、人工智能以及哲学等基础学科拔尖人才培养“101 计划”。

山东省 2016 年选取了济南大学等 5 所省属高校，试点取消二级学院领导干部行政级别、实施职员制改革。此外，西北工业大学、兰州大学、浙江工商大学、新疆大学等高校纷纷以学院为依托，进行校院两级管理、学院综合改革、混合所有制办学等试点改革。中国科学技术大学早在 1978 年就创建了“少年班”，招收成绩优异、特长突出、尚在中学教育阶段的青少年进行个性化、精英式培养，2008 年将“少年班”升格为“少年班试点学院”。可以断定，试点学院不是第一个学院层面的改革试点项目，也绝不会是最后一个学院层面的改革试点项目。我国改革的突出经验是采取先行试点、总结推广的有效方式，我国教育改革紧跟、效法经济领域改革方法，先从点上开始，再将改革的成功经验由点向面推广。

表 1-3 2010—2021 年我国高校学院层面改革试点一览表

序号	试点改革名称	试点时间	试点实施学院	试点内容
1	国家试点学院	2011 年	清华大学理学院等 17 所学院	改革学生招录方式、改革人才培养模式、改革教师遴选与考评制度，完善学院内部治理结构
	湖北省高校试点学院	2013 年	华中科技大学光学与电子信息学院等 49 所学院	
2	国家外国专家局、教育部高校国际化示范学院推进计划	2014 年	天津大学药物科学与技术学院等两批次 13 所学院	成建制聘请外国专家，建立国际教学试验区，创新教学、科研、管理体制机制

续表

序号	试点改革名称	试点时间	试点实施学院	试点内容
3	教育部“三全育人”综合改革试点院(系)	2018年	北京师范大学教育学部等两批次92个院系	构建一体化育人体系,形成全员全过程全方位育人格局
4	教育部基础学科拔尖人才培养“101计划”	2021年	北京大学计算机、数学、物理学、化学等基础学科学院	基础学科拔尖创新人才课程、教材、教师、实践项目等教育教学试点改革
5	山东省取消省属高校二级学院行政级别试点	2016年	济南大学、山东理工大学等5所山东省属高校内部学院	逐步取消二级学院院长、副院长行政级别,实行职员制
6	西北工业大学管理体制改革试点学院	2011年	西北工业大学材料学院、机电学院和理学院	人事制度、学院内部管理机制、师资队伍建设、学科平台建设等
7	兰州大学校院两级管理改革试点学院	2018年	兰州大学管理学院、物理科学与技术学院、化学化工学院	调整校院两级管理的权力、责任和义务,下放财权、人事权,推进学院为实体
8	浙江工商大学混合所有制办学试点学院	2019年	浙江工商大学泰隆金融学院	浙江工商大学与浙江泰隆商业银行试行混合所有制办学,探索产教融合发展模式
9	新疆大学“双一流”综合改革试点学院	2019年	新疆大学马克思主义学院、数学与系统科学学院、信息科学与工程学院、化学化工学院	优先选择一流学科群牵头学科所在学院进行综合改革,建成促进内涵式发展的体制机制

总而言之,政策试点开始于中国共产党土地革命时期、发展于社会主义改造时期、成熟于中国改革开放以后,伴随着中国共产党由弱到强、全面执政,已经成为我国治国理政的特有机制和重要手段。近年来,政策试点与项目制相耦合,各级各类

试点项目遍布我国政治、经济、社会发展的诸多方面。教育领域也概莫能外，特别是2022年我国高等教育毛入学率达到59.6%，步入了普及化新阶段，高度行政化的教育管理体制与世界第一的高等教育规模已不相适应。一方面，高等教育体制改革本身既敏感又复杂，在全国范围推广任何一个教育改革方案，无不关系到国计民生，都需要先行先试、总结经验，再由点及面、总结推广；另一方面，高等教育领域不同的利益相关者拥有不同的改革立场、倡导不同的改革举措，急需改革试点来实践检验和鉴别优劣。

第二节 试点学院改革的缘起追溯

唯物辩证法认为，事物的发展是过程论与阶段论的统一，高等教育改革试点亦是如此。先行先试、由点到面，是我国高等教育领域改革试点的两个阶段，与之对应的分别是“选点、组织、设计、督导、宣传、评估”以及“部署、扩点、交流、总结”十个环节。[①] 几十年来，我国高等教育试点改革在目标、内容、方式和运作模式等方面虽然有了较大程度的发展变化，但基本形成了“选择开展试点、组织实施试点、宣传报道试点、总结评估试点、推广扩散试点”五个依次递进的试点环节和工作思路，试点学院改革也概莫能外。我国部委级及以上政策试点的遴选过程，大致可以分为五种模式，具体包括自上而下的中央直接指定型、上下协作的部委意见型、先上后下的地方政府申报型、自下而上的地方政府申请型与地方政府自行组织型。[②] 试点学院选择过程属于典型的部委（国务院参事室）意见型。

一、试点学院的酝酿动议

政策试点可以划分为前试点、试点和后试点三个阶段。所谓前试点阶段是指施行政策目标的内容和工具尚不充分明确时，下级地方政府在创新竞争的驱动力下开展的前置于政策制定的多种自主试验；试点阶段表现为上级政府组织与地方自发的政策试点的共同推进；在后试点阶段，试验过程基本结束，通过试验得出的政策共识

① 周望.中国“政策试点”研究[M].天津：天津人民出版社，2013：79-93.

② 王晓.我国国家级政策试点选择过程及标准研究[D].济南：山东大学，2019.

将进入正式扩散程序。[①] 设立试点学院，最早是国务院几位参事在广泛调研基础上提出的改革建议。2009 年 5 月，时值《国家中长期教育改革和发展规划纲要(2010—2020 年)》的起草和征求意见阶段，国务院分管领导指示参事室成立深化教育改革课题组，调研和考察国内外教育改革情况。国务院参事室主任陈进玉组织开展了 3 次国内外考察和一系列专题研讨活动，得出四点结论："第一，强国必先强教；第二，深化高等教育改革是推动整个教育体制改革的龙头；第三，广大教师是教育改革的主力军；第四，落实学校办学自主权是关键。"[②]为此，调研组在 2010 年 3 月 17 日向国务院正式提出了《关于在部分高校设立试点学院 率先开展创新人才培养教改试验的建议》。

值得注意的是，国务院参事室调研组建议在部分高校选择学院，而不是选择部分高校进行创新人才培养改革试点。在调研组看来，高校管理体制的整体改革，牵涉面广、难度大，风险也大。学院是高校人才培养的主要承载体，对其进行试点改革，实行特殊政策，既有利于教育改革重心下移，又能降低高校改革的难度和风险。同时，我国很多高校已经积累了在学院层面开展教育改革试点的实践经验。况且，我国经济体制改革也开始于创办深圳等经济特区，其成功经验可供高等教育体制机制改革汲取借鉴。

时任国务院总理温家宝、国务委员刘延东等中央领导同志对设立试点学院的建议高度重视，立即作了重要批示。温家宝总理指出，"大胆改革，鼓励先行先试，是贯彻、完善和发展《规划纲要》的重要动力"[③]。刘延东国务委员指出，要"全面考虑，统筹安排，细化要求，拿出配套实施方案，积极稳妥实施试点"，"有些具体问题可在试点探索时予以论证并逐步完善"。[④] 在教育部直属高校工作咨询委员会第二十一次会议上，刘延东国务委员再次强调了试点学院改革问题，要求教育部科学论证、精心组织，确保改革有序开展、取得实效。由此可见，试点学院改革的起点之高、立意之高，在近年来高等教育改革试点中实属罕见。

① 刘伟.政策试点：发生机制与内在逻辑：基于我国公共部门绩效管理政策的案例研究[J].中国行政管理,2015(5)：114-115.

② 2011 年 6 月 28 日，国务院参事室主任陈进玉在"试点学院"工作座谈会上的发言《解放思想 先行先试 推动高校改革向纵深发展》对设立试点学院的建议作了介绍.

③ 教育部高教司.关于《教育部关于推进试点学院改革的指导意见》的起草说明[Z].2012-09-16.

④ 教育部高教司.关于《教育部关于推进试点学院改革的指导意见》的起草说明[Z].2012-09-16.

二、试点学院的选点布局

在中央高度重视和自上而下的推动下，试点学院改革启动，有关教育主管部门及部分省级政府迅速行动，部分高校自下而上积极争取试点资格。2010 年 10 月，教育部将试点学院作为综合性配套改革项目，纳入国家教育体制改革专项试点。2011 年 3 月，国家教育体制改革领导小组办公室按照重大改革项目推进方式，组建以国务院参事室参事业务一司司长张彦通为组长的试点学院项目组，专门负责推进试点学院改革工作，使试点学院在 500 多个体制改革试点项目中占据举足轻重的地位。

2011 年 6 月 28 日，教育部、国务院参事室联合召开了试点学院工作座谈会，对国家试点学院改革工作进行动员部署，拉开了试点学院改革序幕。试点学院改革反映了大学的心声和学院的期盼，响应者甚众，争设者云集。经过多轮论证和评审，2011 年 10 月 31 日，国家教育体制改革领导小组办公室发函（教改办函〔2011〕54 号），批准了 17 所高校设立国家试点学院（见表 1-4）。其中包括北京大学物理学院、清华大学理学院等 13 所“985 工程”大学所属学院，北京交通大学经济管理学院、苏州大学纳米科学技术学院、上海大学钱伟长学院 3 所“211 工程”大学所属学院，以及省部共建高校黑龙江大学所属的中俄学院。至此，国家层面试点学院选点布局落地。

表 1-4 教育部批准的 17 所国家试点学院一览表

序号	学院名称	所在地区	所在高校	学院性质
1	北京大学物理学院	华北	部委属/985 工程	理工类
2	清华大学理学院	华北	部委属/985 工程	理工类
3	北京师范大学教育学部	华北	部委属/985 工程	师范类
4	北京航空航天大学能源与动力工程学院	华北	部委属/985 工程	理工类
5	北京交通大学经济管理学院	华北	部委属/211 工程	文科类
6	天津大学精密仪器与光电子工程学院	华北	部委属/985 工程	理工类
7	南开大学泰达学院	华北	部委属/985 工程	综合类

续表

序号	学院名称	所在地区	所在高校	学院性质
8	上海交通大学机械与动力工程学院	华东	部委属/985 工程	理工类
9	同济大学土木工程学院	华东	部委属/985 工程	理工类
10	上海大学钱伟长学院	华东	省部共建/211 工程	理工类
11	浙江大学基础医学院	华东	部委属/985 工程	医药类
12	中山大学管理学院	华南	部委属/985 工程	文科类
13	中国科学技术大学物理学院	华东	部委属/985 工程	理工类
14	华中科技大学光学与电子信息学院	华中	部委属/985 工程	理工类
15	四川大学生命科学学院	西南	部委属/985 工程	医药类
16	黑龙江大学中俄学院	东北	省部共建	综合类
17	苏州大学纳米科学技术学院	华东	省部共建/211 工程	理工类

云南省是最早建立省级试点学院的省份，这得益于云南省入选 8 个教育统筹综合改革试点省份。国家教育体制改革领导小组办公室函询“设立试点学院”改革项目，云南省推荐了云南大学物理科学技术学院、昆明理工大学国土资源工程学院候选国家试点学院，同时遴选了云南民族大学职业技术学院、云南财经大学国际工商学院作为省级试点学院。这 4 所省级试点学院隶属云南省备案的 11 项国家教育体制改革专项试点之列。湖北省随即跟进，2013 年 5 月设立了本省第一批试点学院，至 2017 年底分四批立项建设了 48 所，达到省级试点学院数量之最。广东省在中山大学管理学院获批国家试点学院后，在 2013 年至 2017 年间分五批建设了华南理工大学生命科学创新学院、南方医科大学公共卫生与热带医学学院等 32 所省级试点学院。河北省在国家试点学院名单公布之后，也迅速启动了省级试点学院遴选工作，确定了河北大学化学与环境科学学院、燕山大学电气工程学院等首批 18 所省级试点学院，此后再未新增。各省试点学院基本情况见表 1-5。

表 1-5 各省份高校试点学院基本情况一览表

省份	时间	批次	数量	批文
云南省	2011 年 7 月	第一批	4	云教函〔2011〕159 号
湖北省	2013 年 5 月	第一批	16	鄂教高函〔2013〕15 号
	2015 年 12 月	第二批	8	鄂教高函〔2015〕42 号
	2016 年 10 月	第三批	9	鄂教高函〔2016〕28 号
	2017 年 12 月	第四批	16	鄂教高函〔2017〕28 号
广东省	2013 年 8 月	第一批	4	粤教高〔2013〕41 号
	2014 年 7 月	第二批	14	粤教高〔2014〕97 号
	2015 年 7 月	第三批	5	粤教高函〔2015〕133 号
	2016 年 10 月	第四批	8	粤教高函〔2016〕233 号
	2017 年 12 月	第五批	1	粤教高函〔2017〕214 号
河北省	2013 年 8 月	第一批	18	冀教高〔2013〕41 号

2018 年前后，高等教育领域学院层面改革试点“风向”生变：云南省、河北省试点学院止步首轮，转向本科高校转型发展试点学院、“三全育人”综合改革试点院校；广东省在实施省级试点学院综合改革的同时，重点建设了 27 所产业学院。湖北省立足于省部共建武汉城市圈教育综合改革国家试验区，不断探索高等教育管理的新体制、新机制，省级试点学院综合改革开始时间较早、遴选范围广、持续时间长，而且湖北省试点学院不仅包括 48 所省级试点学院，还将 17 所国家试点学院之一的华中科技大学光学与电子信息学院囊括在内，纵横兼顾（见表 1-6）。湖北、广东等省域高等教育的发展壮大，扭转了以往高等教育系统自上而下的央地关系，省域高等教育系统承上启下、自下而上的纽带地位及引擎功能越发突显。

表 1-6　湖北省 49 所高校试点学院一览表

时间	批次	个数	试点学院名单	学校性质	所在地
2013 年 5 月（鄂教高函〔2013〕15 号）	第一批	16	华中科技大学光学与电子信息学院	部属公办高校	武汉
			华中师范大学物理科学与技术学院	部属公办高校	武汉
			武汉理工大学材料科学与工程学院	部属公办高校	武汉
			中国地质大学（武汉）地球科学学院	部属公办高校	武汉
			湖北大学资源环境学院	省属公办高校	武汉
			武汉科技大学机械自动化学院	省属公办高校	武汉
			三峡大学电气与新能源学院	省属公办高校	宜昌
			长江大学农学院	省属公办高校	荆州
			湖北工业大学机械工程学院	省属公办高校	武汉
			武汉工程大学材料科学与工程学院	省属公办高校	武汉
			武汉纺织大学现代纺织学院	省属公办高校	武汉
			湖北中医药大学国医学院	省属公办高校	武汉
			武汉轻工大学食品科学与工程学院	省属公办高校	武汉
			湖北经济学院金融学院	省属公办高校	武汉
			武汉体育学院新闻传播学院	省属公办高校	武汉
			武昌理工学院生命科学学院	省属民办高校	武汉
2015 年 12 月（鄂教高函〔2015〕42 号）	第二批	8	湖北师范学院化学化工学院	省属公办高校	黄石
			湖北汽车工业学院材料科学与工程学院	省属公办高校	十堰
			湖北民族学院信息工程学院	省属公办高校	恩施
			湖北工程学院经济与管理学院	省属公办高校	孝感
			湖北理工学院机电工程学院	省属公办高校	黄石

续表

时间	批次	个数	试点学院名单	学校性质	所在地
			荆楚理工学院中兴通讯信息学院	省属公办高校	荆门
			武汉生物工程学院药学院	省属民办高校	武汉
			武汉工商学院电子商务学院	省属民办高校	武汉
2016年10月（鄂教高函〔2016〕28号）	第三批	9	湖北医药学院护理学院	省属公办高校	十堰
			湖北警官学院法律系	省属公办高校	武汉
			湖北科技学院爱尔眼视光学院	省属公办高校	咸宁
			黄冈师范学院电子信息学院	省属公办高校	黄冈
			湖北第二师范学院文学院	省属公办高校	武汉
			武汉商学院体育学院（国际马术学院）	省属民办高校	武汉
			武汉东湖学院计算机科学学院	省属民办高校	武汉
			武昌工学院机械工程学院	省属民办高校	武汉
			武汉设计工程学院成龙影视传媒学院	省属民办高校	武汉
2017年12月（鄂教高函〔2017〕28号）	第四批	16	武汉理工大学机电工程学院	部属公办高校	武汉
			中国地质大学（武汉）环境学院	部属公办高校	武汉
			湖北大学材料学院	省属公办高校	武汉
			武汉科技大学信息科学与工程学院	省属公办高校	武汉
			三峡大学生物与制药学院	省属公办高校	宜昌
			长江大学石油工程学院	省属公办高校	荆州
			湖北工业大学土木建筑与环境学院	省属公办高校	武汉
			武汉工程大学计算机科学与工程学院	省属公办高校	武汉
			武汉轻工大学电气与电子工程学院	省属公办高校	武汉
			湖北汽车工业学院汽车工程师学院	省属公办高校	十堰

续表

时间	批次	个数	试点学院名单	学校性质	所在地
			湖北经济学院财政与公共管理学院	省属公办高校	武汉
			湖北警官学院侦查试点学院	省属公办高校	武汉
			武汉体育学院足球试点学院	省属公办高校	武汉
			湖北科技学院药学院	省属公办高校	咸宁
			武汉生物工程学院生命科学与技术学院	省属民办高校	武汉
			武昌理工学院广信商学院	省属民办高校	武汉

三、试点学院的督导实施

设立试点学院，是贯彻落实国家教育规划纲要的重要举措，也是推动高等教育体制机制改革的重要突破口。教育部和相关省份教育厅多次召开专题会、推进会、座谈会，指导和部署试点学院改革工作。其中，最值得关注、最有影响力的是教育部从政策上指导和推进试点学院综合改革。2012 年 3 月，教育部将“推进试点学院改革”写进《关于全面提高高等教育质量的若干意见》（也称“高教三十条”）。该文件第二十二条明确提出：“建立教育教学改革试验区，在部分高校设立试点学院，探索以创新人才培养体制为核心、以学院为基本实施单位的综合性改革。”①

由于试点学院综合改革难度大、期望高，改革初期试点学院及其主办高校对加大力度推进改革存在畏难情绪，等待观望气氛较浓、实质性改革进展缓慢。2012 年 11 月，教育部为推进试点学院改革进程，专门研制出台了《教育部关于推进试点学院改革的指导意见》，为试点学院改革明确了思路、提供了多项政策支持和保障条件。② 该指导意见共八条，分为四个部分。第一部分（第一条），明确试点学院的改革目标要求。第二部分（第二、三、四、五条），明确试点学院改革的支持政策，重点围绕“三改革一完善”，出台针对性强、可操作的政策支持事项。第三部分（第六、七条），健全试点学院的工作机制，进一步明确了推进试点学院人才培养和体制机制改革的组织领导等，突出政策导向，明确各方责任。第四部分（第八条），突出试点学院

① 教育部.关于全面提高高等教育质量的若干意见：教高〔2012〕4 号[Z].2012-03-16.

② 教育部.教育部关于推进试点学院改革的指导意见：教高〔2012〕11 号[Z].2012-11-21.

的改革实效,对教育主管部门和主办高校在政策支持和条件保障等方面提出明确要求,制定激励措施,加强指导,务求改革实效。

第二部分是指导意见的核心部分。针对试点学院改革面临的体制性、政策性困难和突出问题,教育部高教司、人事司、教师司、规划司、学生司、学位办、财务司、国际司、留学基金委等司局单位协同研究,推出“三改革一完善”24项支持性政策措施,落实并扩大试点学院办学自主权。这些政策支持在一定程度上为试点学院突破现有体制机制束缚创造了软硬条件,为试点学院大胆探索、先行先试、创造经验、办出特色奠定了政策基础。

一般而言,试点项目的启动,通常是在处于上位的中央政府“推动力”和处于下级的地方政府“竞争力”这两个基本因素的交互作用下展开的(这种上下关系是相对的,有时地方政府在试点项目中会处于主导地位)。根据上级部门推动力度的大小和下级单位竞争程度的强弱,试点项目会形成争取、指定、追认、自发四种类型的触发机制(见图1-1)。[①] 回顾和总结试点学院的改革进程,可以发现在国家试点学院的发起、选点和督导过程中,国务院参事室、教育部等中央政府有关部门始终强力主导和务实推动。各部委属高校和地方高水平大学积极竞争具有排他性的试点资格,进而在众多申请者中脱颖而出,进入试点名单,这一工作机制和模式在H省试点学院的遴选中得到仿效和复制,试点学院改革得以较强力度启动和实施。

		中央政府试点“推动力”	
		强	弱
地方政府试点“竞争力”	强	争取	追认
	弱	指定	自发

图1-1 试点项目启动的四种机制

① 周望.如何“先试先行”?:央地互动视角下的政策试点启动机制[J].北京行政学院学报,2013(5):20-24.

第三节 试点学院改革的政策定位

长期以来,高等教育改革成为中国深化改革的一大难题,而高校学院层面缺乏活力成为难题中的难题。我国高等教育改革顶层设计思路大致有三种:第一种思路是"脱胎换骨"式的体制性改革,即完全照搬照抄西方大学治理模式,全面变革中国大学治理体系;第二种思路是"伤筋动骨"式的制度性改革,即改革与我国高等教育不相适应的管理体制;第三种思路是"劳筋苦骨"式的技术性改革,即在目前的高等教育体制之下,有针对性地修补诸如高考制度、教师职称评审等个别性的问题。[①] 很显然,第一种改革思路不符合我国国情、政治制度,乃至法律体系,根本不予考虑;第三种改革思路是我国普遍实施的,但是多年来"头痛医头、脚痛医脚",改革效果多遭诟病。试点学院采取的是第二种思路,即有针对性地对我国高校管理体制进行综合改革。国家自上而下开展试点学院综合改革,选择在部分高校设立教育教学改革试验特区,赋予试点学院一定特权,支持试点学院率先进行改革,"诸如招生考试、专业设置、教师评聘、岗位薪酬、经费管理、内部运行机制等,凡属看准了的,应允许并鼓励其先行先试"[②],犹如改革开放初期创设的深圳经济特区,期望试点学院作出有力度、有深度的改革,以撬动试点高校乃至整个高校管理体制变革,着力解决我国高等教育体制机制深层次问题。

不同的改革事项,有着不同的政策定位和预期目标。当前及今后相当长的一段时期内,体制机制改革仍将是我国教育改革的重点和难点。我国教育体制改革试点的任务,就是力争在人才培养体制改革、办学体制改革、管理体制改革以及保障机制改革四个方面取得新突破。[③] 国家教育体制改革试点的四个新突破是密切联系、相互作用的。改革人才培养体制,首先要改变落后的办学体制,否则各级各类学校就难以创新人才培养体制,即使有所创新也难以持久;而改革办学体制,其前提是改革教育管理体制,因为办学体制改革的关键在于政府给学校放权,而放权必须先改革现行的教育行政管理体制。可以说,教育管理体制改革的新突破是其他三个新突破

---

① 韩永红.大学自治与我国高校的改革发展[J].电子科技大学学报(社科版),2011(5):89-93.

② 陈进玉."试点学院"特在哪儿[N].人民日报,2013-02-21(18).

③ 教育部.国家教育体制改革领导小组办公室负责人就教育体制改革试点有关问题答记者问[EB/OL].(2010-12-05)[2022-08-12].http://www.moe.gov.cn/jyb_xwfb/s271/201012/t20101205_114578.html.

的关键环节和首要前提。[1] 试点学院作为高等教育领域的一项重大改革项目，理应遵循教育体制改革的基本逻辑，将高校管理体制改革放在第一位，努力服务于国家教育体制改革。

一、试点学院改革的综合性

教育改革是一项系统工程，某个方面的改革既受其他方面改革的制约，也影响其他方面的改革。我国以往单个、零散进行的教育改革由于缺乏协调性、整体性，存在头痛医头、脚痛医脚、分兵作战、修修补补的问题，经常因得不到与之关联的其他方面的必要改革而难以为继，这就决定了整体性的"综合"改革成为当下中国教育改革的必然选择，不仅是不改革没有出路，而且是不进行"综合"改革照样没有出路。[2] 有鉴于此，党的十八大报告在"努力办好人民满意的教育"中明确要求"综合改革"。教育部专门成立了综合改革司，负责研究提出国家教育体制改革重大举措，组织承担国家教育体制重大改革项目，监督落实国家教育体制改革试点工作。

《教育部关于推进试点学院改革的指导意见》也明确指出，试点学院是在高校内部选择特定学院设立的"教育教学改革特别试验区"，旨在推进以创新人才培养体制为核心、以学院为基本实施单位的综合性改革。[3] 从国家设立试点学院的初衷和教育主管部门的顶层设计中可以认定，试点学院的改革首先是综合性的。它不是一般意义上的教学改革，也不是单纯的人才培养模式创新，[4]其实质是以学院为单位进行全面的、综合的体制机制改革，目的在于破除制约创新人才培养的体制机制障碍。国务院参事室调研组提出了试点学院改革的十条内容，涉及办学指导思想、办学自主权、教授治学、人才培养模式、教师的评聘及待遇、自主招生和改革成果评估等诸多方面。《教育部关于推进试点学院改革的指导意见》将其归结为"三改革一完善"，即改革学生招录与选拔方式、改革人才培养模式、改革教师遴选与考评制度，完善学院内部治理结构。可见，试点学院作为综合性配套改革项目，涉及面广、难度大、政策性强，通过试点学院综合改革突破高校管理体制瓶颈，对于建设和发展中国特色的现代大学制度至关重要。

---

① 吴全华.论教育改革试点的非理性现象[J].全球教育展望，2018(11):63-71.

② 吴康宁.改革·综合·教育领域：简析教育领域综合改革之要义[J].教育研究，2014(1):43-44.

③ 教育部.教育部关于推进试点学院改革的指导意见：教高〔2012〕11号[Z].2012-11-21.

④ 朱秀林.深化试点学院改革 为学校发展注入活力[J].中国高等教育，2014(11):25-28.

二、试点学院改革的过渡性

由点及面、先易后难的渐进式改革，是对唯物辩证法质量互变规律的丰富和发展，有利于最大限度地积累改革经验、降低改革风险，并能将试点成功的有效机制快速地复制和推广。改革试点如同科学实验一样，具有探索性、试错性，需要针对现实生活中某一问题或某些问题，进行大胆假设、小心求证。这就意味着改革试点是有风险的，改革试点既有可能成功，也有可能失败，甚至失败的可能性更大。这一方面要求改革试点的发起者和执行者要敢于试验、敢闯敢干。邓小平早在1992年南方谈话中就强调："深圳的重要经验就是敢闯。没有一点闯的精神，没有一点'冒'的精神，没有一股气呀、劲呀，就走不出一条好路，走不出一条新路，就干不出新的事业。"[①]另一方面需要鼓励探索、宽容失败，特别是当前教育改革进入过深水区、啃硬骨头、打攻坚战的阶段，迈向存量改革与增量改革并重的阶段，要避免改革中的"领头羊"成为失误的"替罪羊"。[②]

试点学院改革遵循"典型试验—合法性认可—组织化扩散"的线性逻辑（见图1-2）。试点学院作为一种探索性组织，改革或许成功，或许失败。如果改革成功了，试点学院探索出来的办学模式就可以"复制"到普通学院，试点学院这种过渡性的组织就会退出历史舞台，为新的普通学院所替代。如果改革进展不力，试点学院本身体量小，"船小好掉头"，就退回普通学院。换句话说，试点学院改革遵循"解冻—变革—重新冻结"的组织变革程序，其最终结局要么创造新的学院治理"范式"，并使其他学院治理"范式"发生改变，要么就退回到原有的学院模式，不会也不能以试点的身份长期存在。至于试点学院过渡期的长短，则取决于试点学院改革的成效。

---

① 邓小平文选：第3卷[M].北京：人民出版社，1993：372.

② 徐宪平：防止改革中的"领头羊"变成"替罪羊"[EB/OL].(2017-12-17)[2022-10-22].http://www.gsm.pku.edu.cn/info/1316/19907.htm.

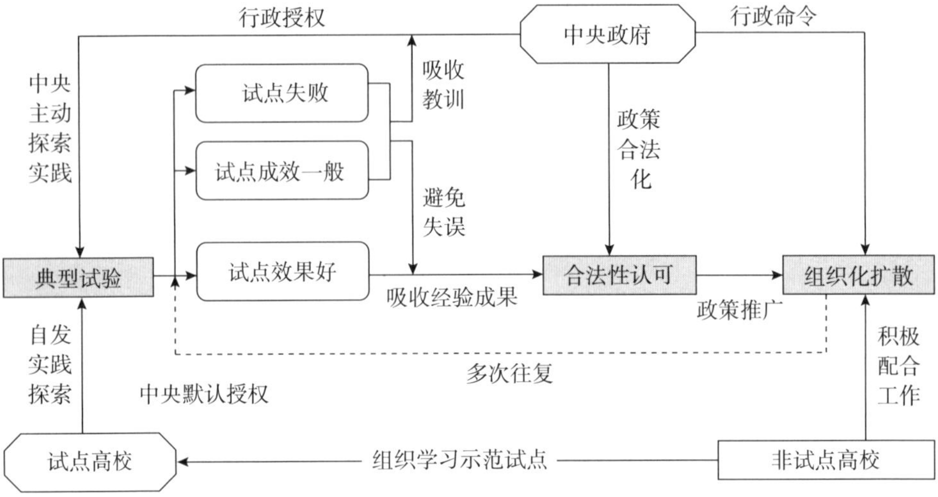

图 1-2 试点学院体制改革“试点—推广”过程①

三、试点学院改革的推广性

试点一般是先在局部尝试，进而总结改进，并争取在更大的范围实施。衡量试点政策成败的一条重要标准，就是试点政策作为一种特殊的非正式制度能否上升为地方甚至全国的正式制度。评判教育改革试点的成效，关键是看改革试点的内在效益和外在效益。内在效益是指教育改革试点能在一定程度上解决学校自身和试点学校所在区域的教育问题，试点学校及所在地区能够获得改革效益；外在效益是指教育改革试点能够探索、总结出可复制、可推广到其他学校及地区的改革经验。相对于内在效益，人们更加期待试点的外在效益，或者说通过试点，获得外在效益是教育改革试点的主要功能。② 可以说，试点的核心功能是进行体制机制创新，为更大范围的政策改革提供经验和成熟做法。③ 试点学院是我国高校管理体制改革的“星星之火”，及时总结改革成果，建立长效机制，为高等教育整体综合改革积累经验，发挥示范效应是其重要使命。众所周知，试点学院改革不仅涉及教育行政管理部门，还涉及高校人、财、物和科研管理等方面的改革，不可避免地涉及人事、社保、财政、发

① 试点学院综合改革“试点—推广”过程图，系依据张勇杰“政策试点—推广”过程图略作修改而成.

② 吴全华.论教育改革试点的非理性现象[J].全球教育展望，2018(11)：63-71.

③ 杨雪冬.改革试点的走样变形[EB/OL].(2014-05-12)[2022-06-11].http://theory，gmw.cn/2014-05/12/content_11283583.htm.

改物价、科技等多个部门的现行政策调整。试点学院必须先行先试，在探索实践中找出解决矛盾的具体办法，一方面争取赢得各方对改革的支持，另一方面要在总结试点成功经验的基础上，形成具有普遍意义的改革举措，进而在所在高校乃至全国加以推广。这也决定了试点学院改革只能是在一定增量改革基础上的存量改革，否则试点学院探索出来的"改革经验"普及性就不强、覆盖面就不广，就会丧失存在价值和试点意义。

试点是我国攻坚克难、推进改革的重要手段，是中国特色的政策制定方式，还是我国重大改革不可或缺的前置环节，以至于被誉为创造"中国奇迹"不可或缺的基础性治理机制之一。[①] 以"试点—扩散"为核心的政策试验，得益于中国特色社会主义政治制度优势，在政策制定与政策执行过程中，将中国改革开放的紧迫性与渐进性、决策流程的自上而下与自下而上结合起来[②]，既鼓励先行先试，又敢于容错纠错，极大地降低了改革的成本和风险，促进了我国各项事业的发展和进步。

教育体制改革与经济体制改革虽属不同领域，但有许多相通之处，教育体制改革相较于经济体制改革具有后发性，因此更多的是学习、模仿经济体制改革。

从体制机制创新意义上讲，试点学院对于高等教育体制改革，占有极为重要的地位。21 世纪以来，高等教育战线涌现了各具特色的拔尖创新人才培养新型学院和各种试点班、特长班。其中，知名度较高、影响力较大的有浙江大学"竺可桢学院"（2000 年）、复旦大学"复旦学院"（2005 年）、南京大学"匡亚明学院"（2006 年）、北京大学"元培学院"（2007 年）、华中科技大学"启明学院"（2008 年）等知名本科精英学院。[③] 2016 年，武汉大学为培养数学、物理、化学、生物等基础学科的拔尖领军人才，创办了跨学院跨学部、彰显校训精神的"弘毅学堂"。2017 年，陕西省政府宣布支持建设 108 个创新创业教育改革试点学院，探索开展"高校创新+孵化器+人才培养"等多种创新创业教育模式。2020 年，受新冠疫情影响及国内上下对生命健康的更加重视，各高校争相创办了一批生物医学与健康管理学院。那么，这些人才培养试点班、试点学堂、创新创业试点学院与本书的试点学院究竟有何本质区别呢？

《教育部关于推进试点学院改革的指导意见》明确提出，试点学院作为"教育教

---

① 李壮.中国政策试点的研究述评与展望：基于 CSSCI 数据库的分析[J].社会主义研究，2018(4)：141-149.

② 宁骚.政策试验的制度因素：中西比较的视角[J].新视野，2014(2)：27-33.

③ 陈金江，李太平.中国大学本科精英学院运行模式研究：基于多案例的分析[J].高等教育研究，2011(9)：102.

学改革特别试验区”，主要任务是“三改革一完善”，即改革学生招录与选拔方式、改革人才培养模式、改革教师遴选与考评制度，完善学院内部治理结构。试点学院“三改革一完善”是有机联系的，也是有主次之分的。首先，试点学院改革的目标在于创新人才培养模式，培养拔尖创新人才，是为回应和尝试解决“钱学森之问”——为什么我们的学校总是培养不出杰出的科技创新人才？其次，培养拔尖创新人才的基础和前提，是能够招录优秀的、符合学院选拔标准的学生。最后，培养拔尖创新人才的关键，在于一流的师资，在于教师的付出与激励。然而，“人、财、物、事四权的正确行使，资源的有机整合和利用，教师学术水平的提升，都要依靠现代化的学院治理体系，因此试点学院改革的问题就是学院治理体系”①。

试点学院作为高等教育体制机制改革的试验田，“三改革一完善”的重点在于改革并完善学院内部治理结构。“创建有利于提高教学质量和学术水平的基层学术组织及其运行机制，突破制约学术功能充分发挥的体制性障碍”②，已经成为试点学院改革发展的重中之重，这也是试点学院区别于高校普通学院、本科精英学院及其试点班的核心所在。也就是说，试点学院改革的应然是以学院为支点进行综合改革，突破制约拔尖创新人才培养的体制机制障碍，建立健全学院治理结构及其制度规则，进而自下而上撬动整个高校管理体制的深刻变革。

美国休斯敦大学理查德·E. 马特兰德基于政策目标和手段的模糊性，以及政策执行过程中上下级之间的冲突性，提出了政策执行的“模糊—冲突模型”（见图 1-3）。该模型以政策模糊性的高低为横轴，政策执行的冲突性强弱为纵轴，以二维象限法依次区分为政治性执行、象征性执行、行政性执行、试验性执行四种类型。该模型认为，改革政策明确、冲突较弱适用于自上而下路径，而改革政策模糊、冲突较强则适用于自下而上路径。③ 无论模糊性的高低、冲突性的强弱，都表明政策执行的冲突始终是存在的，区别仅在于冲突的强弱程度不同而已。

---

① 仰丙灿，张兄武.试点学院改革下的大学二级学院治理[J].现代教育管理，2019(2)：37-42.

② 王海龙，杨秋波，曾周末.高校二级学院综合改革的实施路径[J].中国高等教育，2014(Z3)：38-40.

③ 叶敏.政策执行：权力运作与社会过程[M].桂林：广西师范大学出版社，2015：13-14.

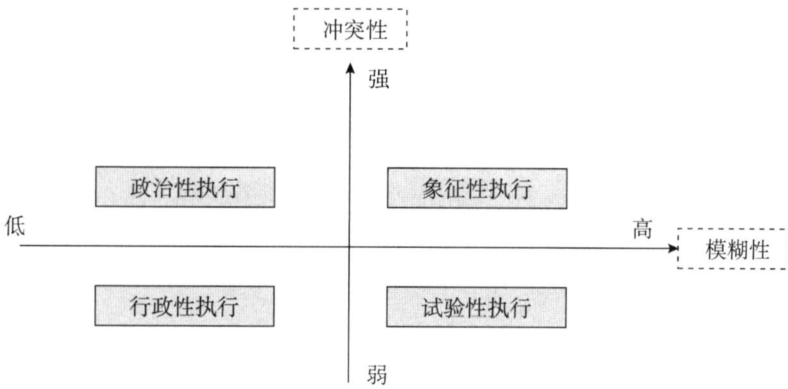

图 1-3　政策执行“模糊—冲突”模型

试点学院综合改革是场硬仗，探索可复制、可推广的高校管理体制模糊性较高、冲突性很强，预示着试点学院综合改革绝不可能一帆风顺、水到渠成。由此带来一个问题：如果不赋予试点学院特权和资源，试点学院改革依据就不充分，既难以撼动国家、省域及高校自上而下嵌套的束缚高等教育发展的政策、法规、制度，又调动不了试点高校及其学院改革的积极性。如果赋予试点学院特权和资源，不仅背离了国家设立试点学院“推进存量改革、创新高校管理体制”的初衷，而且会导致高校及试点学院在项目体制的传统路径上越陷越深。这就形成了一个悖论，试点学院在改革实践中不可避免地陷入两难的困境。

第二章 H省试点学院改革的典型案例

试点学院是高校培养创新人才、改革管理体制机制的试验田，其主要任务是“三改革一完善”，核心在于改革并完善学院内部治理结构，自下而上创新高校管理体制。试点学院“三改革一完善”实然状况如何？本章选取并实地考察了H省5所代表性试点学院，客观描述这5所案例试点学院改革的思路、做法和成效，尽可能呈现H省试点学院改革的实然状态。本章之所以采用多案例研究方法，一方面是因为教育部批准设置了17所国家试点学院，H省、G省等分批设立了103所省级试点学院，部委属高校、省属公办高校、省属民办高校等多类型的多个高校同时开展试点学院改革，而每所试点学院都是具有自身特点的二级学院组织，也是一个可单独研究的对象，单案例研究不仅代表性不强，说服力也不够；另一方面，本书为了客观展现H省试点学院的改革现状，全面揭示H省试点学院改革的实然状况，需要多案例、多角度、多层面描述和分析H省试点学院的整体情况。本书基于试点学院的代表性、地域性、设立时间、改革成效，以及笔者的研究能力和时间精力，从主客观两方面考虑，精心挑选了HZ大学G学院、SX大学D学院、WF大学X学院、HJ学院F学院、WD学院J学院5所代表性试点学院（见表2-1）进行全面、系统、深入的考察。

表2-1 H省5所案例试点学院一览表

序号	试点学院名称	批准时间	试点学院性质
1	HZ大学G学院	2011（教育部） 2013（H省）	部委属公办高校 国家试点学院
2	SX大学D学院	2013（H省第一批）	省属公办高校地市州试点学院
3	WF大学X学院	2013（H省第一批）	省属公办高校理工类试点学院
4	HJ学院F学院	2013（H省第一批）	省属公办高校文科类试点学院
5	WD学院J学院	2016（H省第三批）	省属民办高校试点学院

本章案例研究的材料来源包括文件、档案、问卷、访谈和亲身体验。一是查阅并收集了教育部、H 省教育厅关于试点学院的正式文件、指导意见和通知，以及教育主管部门领导关于试点学院的文章和讲话；二是收集并整理了案例学院的试点申报书、年度进展报告和自评报告，以及案例学院相关人员发表的论文、讲话及未公开的其他文件资料；三是通过微信、QQ 等方式收集和整理了 5 所案例试点学院的《H 省试点学院改革情况调查问卷》（见附录）；四是实地考察并访谈了 5 所案例试点学院的有关领导和直接负责人，采访了 H 省试点学院主管部门——省教育厅高教处有关负责人；五是作为省级试点学院所在高校工作人员，及时在"H 省高校试点学院"QQ 群沟通交流。这些案例研究资料来源广泛、内容真实、数据可信，为本书奠定了坚实的文献基础。

鉴于试点学院是以学院为主体、以人才培养体制机制为核心的综合性改革，本书基于创新人才培养，分别将 HZ 大学 G 学院、SX 大学 D 学院、WF 大学 X 学院、HJ 学院 F 学院和 WD 学院 J 学院的试点改革，提炼概括为群英教育模式、工程教育模式、素质教育模式、分层培养模式和产教融合模式，并扼要阐述 5 所案例试点学院改革的总体思路、"三改革一完善"的主要做法及其利弊得失。

第一节　HZ 大学 G 学院：群英教育模式

HZ 大学 G 学院（以下简称 G 学院），是 13 所"985 工程"高校理工类国家试点学院在华中地区的代表，也是 H 省首批试点学院。G 学院是 HZ 大学 44 所二级学院（系）中规模最大、实力最雄厚的院（系）之一。G 学院按照"群体培养与多元发展相统一、工程实践与科学思维相统一"的人才培养理念，建立以"一课三化"为核心的综合育人体系，提升学生创新能力，促进学生个性化、多元化发展，推进面向较大规模全体学生创新能力培养的群英教育。

一、G 学院试点改革的总体思路

G 学院在推行试点改革过程中深感传统的高校管理体制机制制约了教师"向教力"和学生"向学力"的提升，成为拔尖创新人才脱颖而出的桎梏。这主要体现在以下四个方面。

一是重科研轻教学，教师教书育人精力普遍投入不足。当前对高校、对教师的评价体系存在注重短期效应，重科研轻教学、重学科轻育人的弊端。这种片面性的考评“指挥棒”驱使教师将科研当主业、教学作副业。教师大多数精力用于搞科研、发论文、出成果，教学极易成为“跛腿”，致使教书育人、立德树人工作被忽视，教学模式难以创新、教学内容难以更新，教学改革滞后于人才培养的实际需要。

二是重模式化教学轻个性化培养，制约了学生自由全面发展。在高校扩招和规模化教育背景下，大学的优质教育资源往往只能向少数学生投放。高校只能大面积推行模式化、大课堂教学，以统一教材教法、同样育人模式、类似培养规格和考试方法对待大多数学生。人才培养的中心地位不牢，学生的个性化需求无法满足，学生的差异化培养难以实现，学生容易千人一面，如同生产线上的标准件，缺乏现代创新型人才应有的个性和特质。

三是重课堂教学轻实践认知，人才培养难以适应社会和企业需要。学院的招生选拔、专业设置、培养方式等传统机制僵化，不能很好地适应经济社会快速发展和科技创新的需要。教学理念和内容更新滞后，科研机构和高新企业的最新科研成果、技术革新进展没有及时进教材、进课堂、进学生头脑。

四是重应用轻基础，制约了学术创新潜能和行业领军气质培育。由于学术卓越意识不强、数理专业基础不牢、质疑批判精神不足，学生科技攻关和原始创新能力匮乏，难以产生创新火花和探究激情；加之专业引导不够，学生普遍缺乏对产业状况的了解、缺乏对专业前景的认知、缺乏对知识结构的把握，学习主动性不强，求知探索欲日渐衰弱。

为破解上述制约人才培养质量的瓶颈性矛盾，G学院对症下药，着力探索“四个有效机制”：探索教师将教学和科研摆在同等重要地位，把主要精力和最新成果投入学生智育与德育培养的有效机制；探索将东湖示范区等区域光电信息产业集群优势尽快转化为人才培养优势的有效机制；探索将武汉光电国家实验室等国家级平台的科教优势转化为优质教育资源的有效机制；探索与国际一流的光电人才培养体系接轨，实施多元化选拔、个性化培养、动态化进出，形成提升光电人才国际竞争力和行业影响力的有效机制。通过探索“四个有效机制”提升教师的“向教力”和学生的“向学力”，努力营造教师安心教书育人、学生积极追求卓越的文化氛围，探索具有中国特色的学院管理体制和运行机制，致力于将G学院打造成未来光电学术精英的重要培育摇篮、未来光电工程精英的重要培育基地、示范区高端人才定制培养中心和光电人才国际合作培养示范区。

二、G学院学生招录与选拔方式改革

2023年10月，G学院拥有在校生2 000余人，其中本科生1 450人、硕士研究生450多人、博士研究生170多人。在本科生招生选拔方面，G学院实施"高考+自主招生+校内二次选拔"相结合的本科生招生政策，适度调减本科生招生规模，多渠道提高生源质量，力争生源质量的"三最"。

一是通过普通高考，录取选拔最优秀的本科生。G学院每年录取本科生360人左右，高考招录的学生高考成绩高、排名靠前，学生最低录取名次在H省高考排名2 000名左右，连续15年位居HZ大学高考招生分数最高的学院；其中有特殊潜质的学生调整到有关班级进行个性化或特质化培养。

二是通过自主招生选拔，录取最具创新潜质的特长生。G学院从2013年起以试点学院名义实施本科生自主招生，HZ大学每年给予试点学院一定数量的本科生自主招生名额。2013—2017年，G学院每年自主招收本科生30至40人，再从新生中择优选拔40名左右具有创新潜质的特长生，分别编入光电信息科学与工程"王大珩"班、"卓越工程师"班和微电子科学与工程"九思"班（每班不超过30人），实行8年制本硕博贯通培养。鉴于G学院高考录取的学生本身就是成绩拔尖、综合素质较高的学生，自主招收的学生与高考招录的学生相比优势不是太明显，而且自主招生程序繁杂、资格审查严格，为堵住"泄题""压分"等自主招生中的风险点，学院需要投入大量人力、物力和财力，进而确保自主招生工作规范、公平、透明。综合考虑利弊，G学院于2018年叫停了本科生自主招生。

三是面向全校筛选最具国际化培养潜力的学生，进入国际试验班。学生进校半年后，根据数理基础和外语能力，选拔部分学生进入"中法国际合作试验班"，使得G学院本科生出国学习率达30%。此外，G学院研究生招生录取实行"申请考核制"，逐步探索与国际三大光学中心联合培养研究生，实施"3+3"研究生国际化联合培养。HZ大学对试点学院研究生招生指标单列管理，硕博连读、直接攻博申请不限指标，优先保证优秀应届本科毕业生推荐免试攻读硕士学位研究生的指标。

三、G学院教师遴选与考评制度改革

2024年初，G学院有教职工130人，专任教师102人，其中教授42人，副教授41人。高层次人才有教育部长江学者特聘教授2人、国家级教学名师1人、国家杰出青年基金获得者6人、国家优秀青年基金获得者6人、教育部新世纪优秀人才12

人、“楚天学者”特聘教授5人，以及华中学者15人。G学院通过多种举措，着力构建“6211”的师资结构，即学院内部固定编制占60%，光电国家实验室优质师资占20%，国外大学专家占10%，国内教学名师和企业导师占10%，建构固定编制与流动编制相结合、教学与科研相结合、国内与国际相结合、理论与实践相结合的高水平师资队伍。

一是全面推行教师聘任制。G学院新进教师程序严格、要求高，至少经过“按学科需要设岗—学院人才领导小组初步评判—国际通讯评审拟进教师的学术水平和发展潜力—学院教授委员会评议—报学校人事处审核—学校人才工作领导小组审定”6道程序、历时10个月以上。G学院近年来没有拟进教师被学校否决，而校内其他学院约有三分之一拟进人员被学校否决。G学院逐步自主聘任教授、副教授，推行国际学术评议；面向海内外、校内外选聘一批专职、兼职主讲教授、副教授进入试点班和国际班，承担部分主干课程；面向世界一流大学的博士和博士后，推行终身教职（Tenure-Track）制度，提高新进教师待遇，在教学质量和学术水平两个方面进行综合考评，采取“非升即走”的晋升制度，真正实行优胜劣汰的教师考评机制。

二是自主确定教师薪酬。HZ大学授权G学院自主制定教师选聘标准、一流期刊学术评价标准、聘期考核标准和绩效工资标准，在薪酬设计等方面给予G学院最大限度的自主权。G学院实行岗位管理与薪酬待遇挂钩，逐步推行年薪制，一人一协议、一人一待遇、一人一考核，以学术水平定职称，以教学质量定待遇。HZ大学还多渠道筹款，出资补足G学院主讲教师薪酬待遇的国家下拨经费缺口；将所收试点学院科研管理费的50%返还G学院；积极争取国家配套科研间接成本费；协调解决试点学院人事改革中分流人员的安置事宜，为G学院收入分配改革、人事制度改革夯实财力基础和条件保障。

三是大力改革教师考评制度。G学院探索“以学术水平定岗位、以教学质量定薪酬”，侧重聘期考核，强化质量点、贡献率的激励机制。G学院实行质量点考核制度和科研补偿教学制度，将项目训练、学业导师等18项指标列入“教书育人质量点”年度考核内容，考核重心从重视工作量转变为重视教育质量。G学院规定所有教师必须为本科生和研究生上课。新进教师进入学院后不能直接上讲台，要先跟随教授做一年的助教，然后开始讲授16学时的课程、再讲授32学时的课程，由此循序渐进。《G学院职称晋升教师教学工作总体评价实施方案》规定，拟晋升的教师在近五年10个学期内，教学综合评价排名要有半数以上位居前50%，如果有2次在后20%或1次在后10%的，一律不得申报职称晋升。如果教学综合评价在后5%的，无论是谁,先诫勉谈话,然后停课,当年不准再上讲台,下一年从助教重新开始。这些激励机制极大地调动了教师主体的积极性和创造性。

四、G 学院人才培养模式改革

研究型大学工科类专业较大规模学生培养中存在一些共性问题。例如,创新教育资源欠缺,学生参与科技创新、项目训练和科研训练的机会不多;教学资源不足,尤其是课程体系中的实践训练有欠缺;学生所受教育趋同,自主学习选择空间较小;工科类学生基础理论深度不强,原始创新潜力偏弱;校内外科研和产业资源未能有效地转化为优质教学资源。为扩大学生受益面,G 学院采取"国际标杆、两型培养、区院共建、校企联盟"的人才培养改革方针,实施"一课三化"的群英教育模式(见图 2-1)。

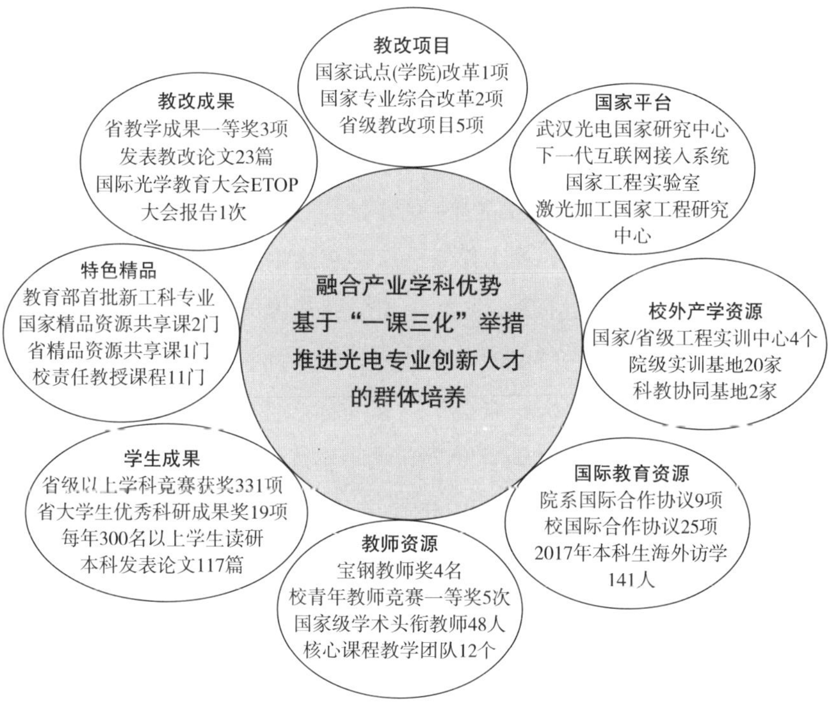

图 2-1　HZ 大学 G 学院群体培养资源及实施效果

"一课"是指强基固本的核心课程群。本科生四年内大约有 18 门核心课程,实行课程组制,责任教授负责,每门课程确定 3—5 名教师,对标国家精品课程进行建设。"三化"包括:(1)自主研究式学习的"数字化",将虚拟仿真技术深度应用于核心课程学习、资源建设中,通过扫描二维码,在网络平台上答疑、做题、检查、互动和全仿真实验，学院购买正品企业软件对学生进行真题训练；（2）理论和实践互动融合的“一体化”，构建起贯穿本科四年的一体化“四级实验实践体系”，即认知型（培养专业兴趣）—基础型（夯实专业基础）—综合型（强化光电系统构建）—能力提升型（分析解决问题能力培养）[①]，设定节点课程，布置大作业，每个大作业 100 个小时左右，五大类光学课程、四大类力学基础课程全覆盖，践行工程实践和科学思维的统一；（3）多方优质资源协同的育人环境“社区化”，通过挖掘学科优势、产业资源、社区资源，多渠道筹集办学资金，进行双百导航，邀请企业家、工程师、校内知名专家举办报告会、交流会，营造全社会协同育人环境。

G 学院试点改革顾问、HZ 大学教科院相关专家指出，针对“目前重点高校普遍存在的创新人才培养受益面窄、关注‘高峰’有余而关注‘高原’不足、学生自主学习能力缺乏等问题，大众化时代须扬弃精英高等教育的人才培养模式，避免倾斜与重点资源配置造成培养对象对资源的过度依赖”[②]。HZ 大学着力破解从“精英”到“群英”的一流本科教学困境，为 G 学院增加了 2 万平方米的理论教学与实验教学场所，为每个小班配备固定教室，并配套相关物业管理等运行经费；支持建设光电信息学院实验教学大楼，楼内建有大学生科创基地、公共项目实验室、小班教室、多功能活动室；HZ 大学还参照牛津、剑桥“住宿制”学院模式，建设“喻园书院”，设立学业导师、社区导师、心理导师、党建导师工作室。G 学院学生集中居住，辅导员、部分导师入住“喻园书院”，营造师生共同学习、生活和探究知识的良好氛围。G 学院每年还拿出 100 万元，按“新东方教育标准”对新生进行语言培训。

近五年，G 学院本科人才培养取得了一系列标志性成果，2020 年发表 ESI 高影响论文 96 篇，高居全校第二；本科生发表高水平学术论文 117 篇（其中本科生作为第一作者发表 88 篇），影响因子大于 10 的论文 9 篇，获批专利授权 39 项，累计获得国家和国际级学科竞赛奖 190 余项；6 名本科毕业生获全球光子学领域十佳学生称号，其中 2 名同时获得 IEEE 青年马可尼奖（每年全球仅 4 名获奖者）。2022 年，G 学院本科毕业生继续深造率为 82.8%左右，其中保送研究生、考取研究生、出国留学的本科生分别约占毕业生总数的 28%、24%、21%，各项指标均位居学校前列。一部分优秀学生进入剑桥大学、斯坦福大学、哥伦比亚大学、马里兰大学等世界一流名校

---

① 让每个学生都成为创新精英：华中科技大学光电信息学院“一课三化”教改成果［N］.中国教育报，2019-04-15(6).

② 柯佑祥，唐静，谢冬平，等.从“精英”到“群英”：一流本科教学的困局与超越——华中科技大学光电信息国家试点学院教学改革的探索与实践［J］.高等工程教育研究，2017(2)：160-165.

深造，涌现了大批创新创业生力军，对武汉·中国光谷乃至全国的光电子、微电子以及信息产业起到较大支撑和辐射作用。G 学院毕业生质量不断提升，为 G 学院赢得了良好社会声誉。

五、G 学院内部治理结构改革

G 学院积极争取教育主管部门、学校下放办学资源和有关办学权限，大力推进学院综合改革。G 学院会同相关部门共同研究制定了《HZ 大学试点 G 学院章程》，明确了管理体制和运行机制，确立了改革发展、规章订立、教师聘任、人才培养、资金筹措、民主监督等原则规范。设立了教授委员会、教学指导委员会、学术委员会、青年教师发展委员会、公共资源委员会、学位评定委员会 6 个专门委员会，建立了以委员会为核心的咨询决策制度。起草制定《国家试点 G 学院党政联席会议议事规则》，探索院长负责制的有效实现形式。完善国家试点 G 学院发展改革国际专家咨询委员会人员组成，坚持定期咨询论证，指导学院改革发展。面向校内外公开遴选试点学院副院长、管理团队核心骨干成员。成立国家试点 G 学院筹款委员会，聘请资深知名社会公益人士担任委员会主任，完善多渠道筹款机制。G 学院在 HZ 大学率先启动"大学院制"体制机制改革试点，在将光电科学与工程学院和电子科学与技术系合并组建 G 学院的基础上，初步建立 G 学院与武汉光电国家实验室协同构建模式，健全以学术和学科为中心，以大学院为管理重心的新型体制机制。

HZ 大学构建领导联动机制，并予以政策支持。在学校层面成立了由副校长担任组长的试点学院领导小组，并设立了试点学院办公室。学校出台 8 项政策在人才培养、师资建设和教学改革等方面支持试点改革，给予试点学院自主设置专业培养方案，自主选拔、聘任教师和确定薪酬，自主预算决算内部财务，以及探索校院两级管理模式的改革权限，采取划拨专项经费、自主招生、提高研究生指标及推荐免试研究生比例、推进书院制、扩建教学实验中心等措施，推行财务包干制度，优先支持试点学院改革、建设和发展。[①] HZ 大学党委常委会、校长办公会定期听取试点学院工作汇报，实行试点学院每两周"例会制"，营造良好的改革氛围和创新环境。

G 学院 2022 年拆分前在校生曾超过 4 000 人，规模庞大，"群英"育人体系实践、教师结构优化、教育教学质量评价体系完善都要有一个过程、一定的周期，需要一定的时间，需要更大的资源投入和经费支持。2021 年以来，国家、H 省和 HZ 大学没有

---

① 张良玉.试点学院改革研究[D].兰州:兰州大学,2014.

为试点学院划拨专项经费。2014 年,教育部从中西部高校综合实力提升工程中划转 1 亿元经费,支持 17 所国家试点学院改革,G 学院获批 500 万元。HZ 大学在 G 学院获批国家试点学院后的 2012 年,以试点学院的名义为 G 学院增加 1 330 万元建设经费,此后仍按学生人数加专项的形式划拨经费,但没有以试点学院名义追加经费预算。G 学院每年的科研经费突破了 1 亿元,但运行经费仅有 1 000 万元,而且经费开支受诸多限制,学院办学自主权并不充分。

总的来看,G 学院管理团队经验丰富,掌握国内外学院改革态势,锐意赶超世界一流学院意愿强;教师团队集体水平高,科学研究能力强,学术领军人才多,国际交流范围广;学生基础好,专业素质高,进取精神强,为群英教育提供了优越的主客观条件。G 学院试点综合改革,既需要教育部专项经费持续支持,也需要学校政策跟进,合力营造一个宽松、可持续的改革环境。

第二节　SX 大学 D 学院:工程教育模式

SX 大学 D 学院(以下简称 D 学院),入选 H 省首批试点学院,是一所电力特色鲜明、行业优势明显的专业性学院。D 学院设有电气工程系(仿真中心)、电力电子系(新能源微电网研究中心)、输电线路工程系、高电压技术系、自动化系(创新创业中心)5 个系,现有电气工程及其自动化、输电线路工程、自动化、智能电网信息工程 4 个本科专业。D 学院依托 SX 大学水利电力和省部共建优势,对标国家专业认证标准,探索并推进工程教育人才培养模式改革。

一、D 学院试点改革的总体思路

D 学院处于 SX 大学教育教学改革第一方阵,按照“五大思路一内容”的顶层设计,率先在全校拉开试点改革帷幕。“五大思路”即坚持育人为本、教授治院、协同发展、文化立院、大胆创新,推进学院基本制度及管理体制机制创新。“一内容”是指改革内容,坚持以市场导向、行业导向、社会导向为牵引,围绕二级学院科学发展,着力推进综合改革。[①] D 学院改革的总目标是形成促使教师安心教书育人、学生主动学

① 屹立潮头竞百舸 深化改革育英才:三峡大学试点学院改革纪实[N].中国教育报,2015-04-02(11).

习的体制机制，培养具有国际视野和创新开拓精神的电气工程精英人才。①

二、D学院学生招录与选拔方式改革

D学院2023年各类在校学生5 000多人，其中本科生3 600人、研究生1 500余人、各类留学生400余人，主要通过大类招生和校内择优录取学生。本科新生进校后全部采取电气信息类大类培养模式，一年后进行专业分流。D学院采取先通识后专业教学模式，低年级通识教育，中年级宽口径专业教育，高年级专业高峰体验教育，着力培养宽口径、厚基础、强专业人才。SX大学增加试点学院转专业指标，以D学院需求为主确定转入、转出指标。D学院结合当年学生转入转出情况，自行制定具体的转入转出办法。②

SX大学在试点学院改革学生招录方式方面，提出了三条支持举措，即支持试点学院全国自主招生以及大类招生，支持试点学院校内择优选拔，在学校总规划内支持对试点学院研究生招生计划实施单列管理，适当增加招生指标。D学院自2013年入选省级试点学院至2023年累计招生8 109人（见表2-2），其中校内选拔491人（2013年215人、2014年124人、2015年152人），自主招生并未实质性开展。

表2-2　SX大学D学院2013—2023年本科生招录情况一览表

年份	招生人数/人	各专业人数/人			
		电气工程及其自动化	输电线路工程	自动化	智能电网信息工程
2013	587	414	89	84	0
2014	592	440	89	63	0
2015	676	494	103	79	0
2016	682	464	113	65	40
2017	648	423	132	45	48
2018	618	378	126	68	46

① 黄悦华，黄首晶，唐波.基于现代大学制度的试点学院改革探索：以S大学D学院为例[J].中国高教研究，2016(4)：90-96.

② 三峡大学试点学院改革实施方案[DB/OL].(2014-10-10)[2022-08-10].http://sxdxjwc.ctgu.edu.cn/info/1038/5532.htm？PageSpeed=noscript.

续表

年份	招生人数/人	各专业人数/人			
		电气工程及其自动化	输电线路工程	自动化	智能电网信息工程
2019	704	471	138	46	49
2020	742	478	163	57	44
2021	828	504	199	69	56
2022	957	568	231	70	88
2023	1 075	609	265	108	93
小计	8 109	5 243	1 648	754	464

注:本表是根据 SX 大学 D 学院试点改革报告及学校招生就业相关数据整理而成。

三、D 学院教师遴选与考评制度改革

D 学院 2023 年拥有教职工 200 余人,其中有突出贡献的中青年专家、全国优秀教师等国家级人才 4 人,湖北名师、“楚天学者”等省级人才 29 人。D 学院主要从以下三个方面改革教师遴选与考评制度。

一是改革教师聘任制度。D 学院制定了《教师岗位设置与考核管理办法(试行)》,核心是实行评聘分开,每四年一轮,一次考核不合格的给予高职低聘;连续两次考核不合格的,自行转岗或者解除聘用合同(老人老办法,2010 年及以后引进的教师施行新办法)。同时,D 学院对教师进行合同管理,采取聘期考核、同行间业绩比较等考评方式。设置 A、B、C、D 四类岗位,完成岗位职责任务的,每月分别增加不同的岗位绩效。2013 年至 2023 年,共有 170 余名教师受聘于 A、B、C、D 四类教师岗位,初步动摇了教师“铁饭碗”的旧体制,建构了考聘新机制。

二是加大教师发展培训力度。D 学院坚持引进来、走出去两条腿走路,实行引育并举。2014 年至 2023 年引进博士 80 余人,与清华大学、南京邮电大学等高校签订学术流动岗 6 人;选送教师攻读国外大学博士学位 7 人、出国交流 20 人次。对教师英语教学能力进行培训,按照雅思考试的方式进行考核,已有 130 余人参加了 96 学时的语言培训。大力培养“双师型”教师,全面推行校企协同育人、共享优质教育资源。截至 2023 年,累计选派 80 余名教师前往国家电网技术学院进行培训。

三是创新教学质量评价机制。D 学院制定了《教师教学工作业绩考核管理办法》,实行教师教学质量与业绩、待遇、评聘挂钩。教师教学(包括理论和实践)质量

评价,实行学院同行(教学委员会)评价(50%)、学生评价(40%)和教学管理人员评价(10%)三结合,分档进行处理。教学质量评价结果优秀(前10%)的,上调20%的基本工资;教学质量评价结果较差(后10%,但得分超过85分的除外)的,下调15%的基本工资;教学质量评价结果倒数(后5%且得分低于80分)的,下降30%的基本工资;连续三年位居倒数10%的,转岗或解除聘用合同。

四、D学院人才培养模式改革

D学院全面贯彻工程教育认证理念,在2018年电气工程及其自动化专业、2019年自动化专业通过工程教育专业认证的基础上,进一步对课程体系、教学模式、实践教学等进行改革完善,强化创新创业实践,大力推行工程教育育人模式。

一是全面实行"一制三化"。(1)导师制。专业导师和思想政治教育导师在本科四学年内全程指导学生的专业与课程选择、学业生涯计划与时间安排,以及思想政治教育。(2)小班化。小班上课和大班讲授相结合,吸收并采纳"翻转课堂""MOOC(大型开放式网络课程)"等教学改革。(3)个性化。按照卓越工程师计划(电气卓越班)、拔尖创新人才计划(电气英才班)、国家电网公司订单式培养(电气求索班)3个类别进行人才培养模式改革试点。(4)国际化。学院留学生20%的课程采取全英文教学与双语教学。

二是优化校内外实践教学体系。全面取消课程实验,按照科教一体、产教协同的模式构建新型综合实验平台。D学院与西门子(中国)有限公司联合成立"先进自动化技术联合示范实训中心",企业赞助844.57万元,共同培养电气工程高级专门人才;大力建设电气工程国家级虚拟仿真实验教学中心、输电线路工程国家级实验教学示范中心,与青岛特锐德电气股份有限公司、美国ETAP集团等联合建设电力系统综合仿真实验室,创造良好的实验教学条件;投入1 500万元联合成立"湖北国智恒三大电力科技有限公司""宜昌科赛新能源科技有限公司""宜昌夷和新能源科技有限公司"三家高科技公司,有160多名学生参与公司项目课题研发;投入4 000万元建设"高电压实验室""交直柔混联电网动态模拟实验室"等高水平实验教学平台,将研究成果转化为实验教学资源;与中国长江电力股份有限公司、国家电网湖北省电力有限公司、中国长江三峡集团有限公司三家大型企业合作,联合建设SX大学电气工程实习实训基地。

三是开展个性化的人才培养。制定2023版人才培养方案,将原有的课堂教学由140个学分降为100个学分以下;专业核心课程大量优化调减,其他专业课程放入选修的专业拓展课程中;重点增加课程作业(必选)、综合作业(分类别必选)、学科竞赛等核心模块,大量引入工程师课堂模块(必选);整合并调整了部分实践类课程,同时又新增了一些与专业方向关系更加密切的实践课程;开展以学生能力培养为导向的综合作业教学模式,承担探索性、综合性的工程项目或企业课题,培养学生解决复杂工程问题的能力;切实加强专业核心课程和专业拓展课程建设,全面按照小班化开展慕课教学;增加应用文写作、经典阅读(手写心得体会)、高级英语及其他学科专业课程等素质拓展课;投入500万元,建成13个研讨室、400余个学生自习室工位。

四是创新学院管理育人模式。D学院借助"互联网+"思维,开发并推送学校、学生、家长、社会"四位一体"的"I电气"App,加强校友对学院的了解和互动,为家长掌握子女在校学习生活情况提供便利,为招生录取和社会公众了解学院提供资讯渠道;"I电气"App的应用,在D学院营造了立德树人、追求卓越、团结协作的文化氛围。近年来,D学院学生的设计能力、团队精神、写作和口头表达能力等得到不断提升。毕业生主要面向国家电网公司、中国南方电网等大型国有企业,就业率高达99%。

五、D学院内部治理结构改革

D学院在内部治理方面,积极响应SX大学"以改革、创新的精神大力推进内部管理体制改革,把合并与改革结合起来,在合并中改革,再以改革促进合并"的号召,从以下三个方面完善学院内部治理结构。

一是依据章程变革学院领导模式。D学院在试点改革前与校内其他学院一样,学院党委、行政包揽学院内部管理。这种模式有利于发挥学院党委的政治作用和院长的行政领导作用,但普通教职工参与学院管理的机会少、学生的权利容易被忽视。D学院试点改革后,第一步便是制定学院章程。《试点D学院章程》明确了学院治理结构改革的原则和方向,可以说是学院治理结构的理论基础和制度改革的思想指南。[①] D学院依据章程,设立了学院党委会、学院党政联席会、学术委员会和教学委员会,并规定了各二级机构的定位、职责和权利。学院实行党委与行政集体领导、共同负责。学院党政联席会议是学院工作的最高决策形式。院长实行交流任职或竞聘上岗,由校长任免。《试点D学院章程》奠定了学院内部治理改革的制度基础。

① 王梦黎.大学学院治理结构改革研究:基于三峡大学试点学院的分析[D].宜昌:三峡大学,2016.

二是对系(中心)实行目标考核。D学院内部治理改革的第二步就是进行系部调整,将原来的6个系部整合成4个系、4个中心,以及1个市级、2个校级电路工程与电子检测创新实验平台。8个系(中心)实行研究方向、研究平台、研究队伍、研究生"四统一"。D学院取消了原有的博士教授工作室、行政领导工作室,为每位教师提供办公工位,腾出空间、优化资源配置,确定每个系(中心)有近400平方米的教学科研用房。《D学院目标考核管理办法(试行)》规定权力重心向系(中心)下沉。D学院每年还拿出人员经费总额的30%,用于发放8个系(中心)的基本目标、核心目标、约束目标等考核绩效奖励。

三是充分落实教授治学。D学院组建有学术委员会,院领导及有行政职务的教师不超过委员会人数的三分之一。学院学术委员会在主任的主持下,开展学院学科建设、对教师及学生学术成果进行评价、拟定计划并推进学院学术发展。D学院还设有教学委员会,学院教学委员会及各分委员会是在学院院长和各分管副院长领导下的教学工作辅助决策机构,其主要职能是协助院长及各分管副院长监督、检查、审核和指导本科生、研究生和留学生的教学工作。院学术委员会、院教学委员会,以及院学位评定分委员会、院工会,为学院教职工尤其是教授治理学院提供了较多的途径和平台,赋予了教授在学科建设、职称评审、成果评价等学院学术事务中的主导作用,为教授治院创造了机遇和条件。

纵观SX大学D学院综合改革,人才培养模式改革、教师考核制度改革、学生招录选拔方式改革相比学院内部治理结构完善,更易于实施,成效也更加明显。

D学院获批H省试点学院以来,H省教育厅累计投入专项经费303万元,其中2014年63万元、2015至2017年各投入80万元。D学院以其高水平的工程人才培养和扎实的校企合作,争取到可观的办学资源,并在2019年荣获全国教育系统先进集体。比如,D学院与深圳市必科信实业有限公司、宜昌欧洋新能源电动设备有限公司联合组建的宜昌科赛新能源电力科技有限公司,研发的家庭式光伏储能一体机,累计销售收入近2亿元。2016年6月,知名校友、青岛特锐德电气股份有限公司董事长于德翔向D学院捐赠现金500万元,以及价值1 000余万元的11万伏智能变电站实习实验设备。2020年D学院为国网宜昌供电公司、国网荆州供电公司等单位综合培训416人,创收近150万元。以工程教育模式培养行业高层次专门人才,积极服务行业企业需求,从而争取一批试点经费和改革资源,成为D学院试点改革的特色和亮点。

第三节 WF 大学 X 学院:素质教育模式

WF 大学 X 学院(以下简称 X 学院),是 WF 大学为竞争和承担 H 省试点学院改革项目,于 2013 年在原有的 4 个国家级卓越工程师计划专业的基础上新组建的二级学院。中国是纺织大国,但尚不是纺织强国,培养纺织高端人才是国家的期盼、行业的重托,更是唯一以纺织冠名的"WF 大学"的神圣职责。X 学院试点改革责无旁贷,紧密围绕"三改革一完善"的试点任务,构建 CQ 素质教育课程体系,创办崇德书院,践行素质教育模式,着力将学校的行业优势与政府的政策优势转化为人才培养优势,努力培养面向纺织产业链的具有国际视野、独立思维能力、实践创新能力和健全人格的应用型创新人才。

一、X 学院试点改革的总体思路

X 学院立足实际,瞄准纺织产业链的人才需求,以体制机制创新为引领,以人才培养质量提升为核心,以高水平师资队伍建设为龙头,探索并实施试点学院改革总体方案,以及学生招录、人才培养、教师考评、学院治理的"一总四分"改革方案,努力做到"四个三"。

一是实现"三个突破":(1)招生选拔机制的突破,建立基于奖学金、多种渠道相结合的自主招生选拔模式;(2)教师流转退出机制的突破,对于考核不达标的教师,实行学院、学校两级分流转岗和淘汰退出机制;(3)学院办学自主权的突破,给予学院人、财、物等方面的特殊政策,支持试点学院创造性地开展教学、科研和管理活动。

二是推动"三个创新":(1)创新人才培养模式,推进国际化与校企联合培养,提高学生自主学习的积极性;(2)创新教师评聘制度,全面推行教师聘用制,非聘即转、非聘即走,提高教师对人才培养的责任心;(3)创新管理体制,建立教授治学制度,扩大试点学院教学、科研和管理自主权,提高学院办学活力。

三是突出"三个特色":(1)行业特色,聚焦纺织行业重点领域,建立稳定的企业导师和创新人才培养基地,面向纺织产业链培养应用型创新人才;(2)实践创新特色,坚持理论与实践结合,将其贯穿在培养目标、理论教学体系、实践教学体系、教学内容、教学方式方法、考核评价等人才培养的全过程;(3)国际化特色,借鉴国际一流大学的成功经验,探索与国际接轨、适合我国国情的学院管理体制机制。

四是实现"三个转变":(1)学的转变,学生从被动学习向主动学习、全面发展与个性发展相结合转变,促进学生知识、能力、品格协调发展;(2)教的转变,教师从以知识传授为主向以能力培养为主转变,从轻教学向重教学转变;(3)管理的转变,从以行政治学为主向以教授治学为主转变,从集中管理向分权管理转变,形成教授治学、民主管理的合力。

二、X学院学生招录与选拔方式改革

X学院面向全国招收纺织工程、服装设计与工程、轻化工程、机械设计制造及其自动化4个国家级"卓越工程师培养计划"专业,以及"纺织工程英才计划"专业的学生,2019年9月共16个班470名本科生,已经有两届毕业生共257人。X学院通过卓越班单列招生计划,2013年校内二次选拔招录学生,但学校其他学院也招录纺织工程、服装设计与工程等专业的学生,对X学院优先选拔优秀学生有意见,同时学生之间"攀比"学习资源。2014年至2019年,X学院按照学校招生政策统一招生,学生高考成绩比非试点学院高5分左右。同时,X学院允许学生申请转入、自愿转出。总体而言,X学院学生的高考分数、综合素质、家庭经济情况,与"985工程""211工程"大学相比,差距还很大。

三、X学院教师遴选与考评制度改革

X学院与H省其他高校试点学院的最大区别就是没有自己的专任教师,只有6名工作人员,其中1位学院党委书记、1位院长,另有2名行政人员、2名辅导员。X学院与化工学院、机械学院等校内学院共享专任教师,聘任了76名学生学业导师、CQ素质导师,3名兼职系主任。2018年,X学院重新修订了《WF大学试点学院学业导师制暂行办法》,进一步明确了学业导师的职责与要求,要求导师以项目制申请组建学生团队,并以项目为依托带领学生团队开展实践创新活动;导师每学期提交《试点学院学业导师工作自评考核表》,作为其年度考核的参考材料;进一步健全了导师"进入—退出"机制,强调了导师与学生的双向选择权利。X学院聘请的教师课酬高于校内同类教师课酬,但是吸引力不大,教师更愿意花时间和精力去搞科研,目前主要是青年教师、新进博士兼职学生导师。

四、X学院人才培养模式改革

X学院按照"知识、能力、品格协调发展"的育人理念,构建"嵌入现代纺织产业链”的创新人才培养体系，不断加强 CQ 素质教育。

一是践行 CQ 素质教育理念。CQ 不同于 IQ（智商）和 EQ（情商），主要通过政治品德（character education）、沟通交流能力（communication）、创新创业能力（creation）、团队协作能力（collaboration）、阅读写作能力（comprehension）、社交礼仪艺术鉴赏能力（connoisseurship）六个方面对学生进行综合素质培养，以促进学生全面发展为主旨，以提高学生综合能力为重点，着重将素质教育融于专业教育、融入校企合作、融进创新创业，不断拓展素质教育的形式和内容（见图 2-2）。X 学院按照这六种能力设计了 CQ 素质教育课程，课程设置 22.5 个学分，368 学时，贯穿本科四个学年。课程按性质分必修课和选修课两类。X 学院对 CQ 素质教育课程学分认定、实习实践教育等都制定了具体方案，将 CQ 素质教育理念内化到学生的每一节课、每一次活动、每一次参赛中，充分体现了试点学院素质教育人才培养的特点。

图 2-2 WF 大学 X 学院 CQ 素质教育人才培养规格

二是探索书院式学生管理模式。X 学院筹措经费、寻找场地、购置设备建立了崇德书院。崇德书院遵循“生活即教育”的教育理念，以“崇德、修身、尚书、明礼”为院训，结合学校人才培养改革实际，竭力将学生生活和学生培养、管理、服务融为一体，努力实现专业教育和素质教育并重、书院与学院互补、教师和学生和谐、校园与社会对接、服务和管理融合的育人场域。崇德书院每年开展“厚德载物 以先启行”CQ 文化节，以学生自治委员会为核心，每月开展相应的主题活动，不断加强文化活动的内涵建设，培养学生的人文情怀和健康心灵；深入开展志愿服务与社会实践活动,实现全员覆盖,并定期举办暑期优秀社会实践评比活动,极大地丰富了学生的暑期社会实践,营造了良好的民主氛围和轻松有序的学习环境。近年来,我国高校陆续进行书院制建设,经历着从无到有、从小到大、由浅入深的发展历程。总的来看,书院制改革还处于自发阶段,目前只有少数高校试行并取得了一定成效,大多数高校还在观望之中,书院制既没有上升为国家意志,也没有得到教育主管部门自上而下的顶层设计和政策推动。①

三是改革教学方式方法。X学院着力推进启发式、互动式、探究式的教学方法改革,推进理论学习和科研项目相结合的教学方式。实施小班制教学,把小班教学与课程改革结合起来,把小班教学与学分制结合起来;实施英语分班教学,积极参与学校英语高级班选拔学习,最大限度地促进学生英语能力的提升;实施体育课俱乐部改革,体育课教学实行俱乐部制:三分之一内容为集体学习太极拳、八段锦;三分之一内容按学生爱好,以俱乐部形式进行技能锻炼;三分之一内容进行体育文化、历史、保护、团队等教学。学院还依托导师制举办创新创业文化节和构建学科竞赛平台,使得学生100%参与科技创新活动。此外,学院每年组织10余名师生暑期赴香港理工大学开展为期一周的学习交流,动员学生参与学校国际交流合作项目,分别赴意大利、美国、韩国、泰国等国家开展学习交流活动。2017年至2019年,X学院学生共获得70余项省部级及以上学科竞赛成果,35项国家级各类奖励;毕业生签约率达到94%,就业率超过97%,考研录取率接近45%。

五、X学院内部治理结构改革

X学院在内部治理改革上坚持制度先行,拟定了《WF大学试点学院管理办法》《WF大学X学院导师制暂行办法》《WF大学X学院CQ素质教育/训练导师选聘管理办法》《X学院教授委员会章程》《X学院(崇德书院)管理体系》等相关制度。成立了由WF大学、纺织材料国家工程实践中心、英国利兹大学、俄罗斯伊万诺沃国立纺织学院、澳大利亚迪肯大学等相关机构人员等共同组成的理事会。然而,X学院没有自己的专任教师,只有少量管理人员,更像一个松散的非正式联盟。学院内部管理主要通过党政联席会议决策,参考聘任导师组成的教授委员会意见,完善学院内部治理结构基本上流于形式。

X学院从诞生之日起就较为“另类”,WF大学一方面争取H省省级试点学院资

---

① 郭俊.书院制教育模式的兴起及其发展思考[J].高等教育研究,2013(8):76-83.

格、分享试点学院改革政策红利,另一方面又对试点学院改革信心不足、存有疑虑。

由此,WF 大学对试点学院重视程度不够。教职工也不太了解、不太清楚什么是试点学院。2013 年至 2017 年,H 省教育厅每年“戴帽下达”试点学院改革经费 60 万元;2018 年则没有“戴帽下达”,而是统称教育教学经费。X 学院从学校争取了 40 万元经费,由于财政经费下达较晚、学校预算已经安排完毕,加之采购招标、财务报账、审计等流程复杂、耗时较长,试点学院改革经费一方面欠缺,另一方面有钱花不出去。

总体而言,X 学院“三改革一完善”各项工作还处在初步探索阶段,主要工作是进行人才培养改革和崇德书院建设。依此现状,X 学院不太可能全部完成“三改革一完善”任务。学校多次专题研讨 X 学院的出路:一是将 X 学院 CQ 等素质教育有益成果和经验推广到全校本科一、二年级教学中;二是 2019 年底新建的人工智能、数据科学与大数据技术、智能制造和机器人工程 4 个本科专业,引进专任教师、校内调配师资组建人工智能学院,与 X 学院实行“一套班子两块牌子”。2022 年 X 学院这个试点学院回归到普通学院,退出试点学院的舞台。

第四节 HJ 学院 F 学院:分层培养模式

HJ 学院 F 学院(以下简称 F 学院),是 H 省第一批经管类试点学院的代表,是 HJ 学院第一个省级试点学院(2018 年 HJ 学院财政与公共管理学院获批第四批省级试点学院),也是 HJ 学院 10 个校内试点学院的标杆。F 学院围绕金融行业办学,开设了金融学、保险学 2 个国家一流专业,以及投资学、金融工程、金融科技 3 个普通本科专业,形成了“区域金融发展”“金融风险管理”“农村金融制度”3 个相对稳定的学科方向,2021 年金融专业硕士点正式获批。针对高校专业人才培养模式同质化、目标单一化等共性问题,F 学院开展了多元分层协同培养应用型金融人才的探索实践,确立了分层培养应用型金融人才的指导思想,建立了多元主体合作的协同育人机制,制定了差异化的人才培养方案①,着力满足社会多样化的人才需求、家庭多样化的教育诉求以及学生多样化的人生目标。

---

① 许传华,漆腊应,刘宁,等.多元分层协同培养应用型金融本科人才的宏观思考:基于湖北经济学院的探索与实践[J].金融理论与教学,2017(5):60-63.

一、F 学院试点改革的总体思路

F 学院把试点改革作为学院工作的主线，在“三改革一完善”等方面开展探索，其试点改革的总体思路是：立足金融行业、服务金融行业，以 H 省“金融学专业综合改革项目”为依托深化人才培养模式改革，以“规范章程、完善制度、教授治学、民主决策”为原则推进特色院系建设，以共建“农银长江学院”为契机推动校企协同发展，以实现“激励与约束相容、充满生机与活力”为目标开展体制机制改革，在国家法律和政策框架下充分落实和扩大学院办学自主权，把 F 试点学院建设成为具有引领与示范效应的教育教学改革试验区，为 H 省经济社会发展培养更多、更好的应用型、创新型、复合型金融人才。

二、F 学院学生招录与选拔方式改革

2023 年，F 学院在校生近 1 900 人，其中硕士研究生 200 余人，从最初的每年招收 10 名研究生递增到每年招收 70 人左右。F 学院在 HJ 学院 15 个二级学院中综合实力靠前，学生高考入学成绩高于学校平均水平。F 学院主要通过以下四种途径进行校内学生优选。

一是实行“金融学拔尖创新培育计划”校内优选。英语、数学高考成绩均不低于 115 分的新生，先参加笔试；依据笔试成绩、高考成绩进行排名，按照遴选名额 1∶2 的比例从高到低确定面试学生名单，然后择优组建 30 人的“金融学拔尖创新班”。截至 2023 年共计培养了 230 余名“金融学拔尖创新班”学生。

二是实行“农银长江班”校内优选。金融学“农银长江班”面向毕业后有志向到中国农业银行湖北省分行系统工作的学生，由学生自愿报名，经 H 省农行面试合格，确定“农银长江班”入围人选。“农银长江班”人数为每年 50 人左右，截至 2023 年共计培养了 380 余名“农银长江班”学生。

三是实行校内转专业优选。根据数理基础和外语水平，强调创新能力，在全校新生和大学二年级学生中通过自愿报名、参加笔试和面试，综合确定排名，分别选拔优秀学生进入 F 学院各班级。每年约有 50 名学生通过转专业优选，截至 2023 年共计培养了近 400 名转专业学生。

四是打通学院内学生流转通道。制定《HJ 学院 F 学院学生流转办法》，开展“国际金融试验班”学生流转改革。根据学生上学年的成绩及操行，实行淘汰制，通过面试考核和评委评议方式，淘汰“国际金融试验班”若干名学生到其他金融班。同时，

对同届其他金融平行班级中表现优秀的若干名学生通过面试和评委评议的形式，优选到“国际金融试验班”学习。此外，为适应大类招生人才培养模式改革，F 学院制定并实施了《大类招生学生专业分流办法（试行）》，打通学院内部各专业的流转通道，引导金融学大类招生学生合理专业分流，以提高学生学习的积极性和主动性，满足学生的个性化需求。

三、F 学院教师遴选与考评制度改革

2023 年，F 学院实有教职工 73 人，包括专任教师、行政服务人员、教学辅助人员和思想政治教育人员。专任教师 58 人，另与法商学院共享专任教师 35 人。行政人员 4 名（1 名院长、2 名副院长及 1 名为试点学院增聘的专职副院长），另有 1 名学院办公室主任。教学辅助人员有 1 名教学秘书、1 名学科秘书（负责研究生教学管理）。另外，还聘请了 1 名教学秘书、1 名科研秘书，专门负责“农银长江班”“金融学拔尖创新班”“国际金融试验班”的教学与科研工作。思想政治教育人员包括学院党委书记、副书记及 5 名辅导员。F 学院主要从以下两方面引进和管理专任教师。

一是实行“双轨制”的全面聘任制。教师“双轨制”聘任采取“老人老办法、新人新办法”，突出人员聘任的国际化、社会化和竞争性。“老人老办法”是针对编制内人员，核心是能上能下、非聘即转。对聘期内优秀拔尖人才试行低职高聘，选拔条件高于现行职称评审标准。在聘期考核不合格的，下一聘期转型或者降级聘用，降级聘用教师仍无法达到聘用要求的予以转岗。对新进人员的聘用采取“新人新办法”，即非聘即走、非升即走。新进教师经教授委员会（以教授为主、副教授为辅）讨论通过后，实行首聘制，没有编制，三年后考核实行双向选择；有部分新进教师自愿选择科研聘用岗，以科研工作绩效取得相应报酬。2019 年以来，F 学院引进清华大学、中国人民大学等名校的青年博士 15 人，台湾省籍教师 6 人。继“楚天学者”“彩虹学者”设岗之后，聘请了时任长江成长资本投资有限公司总裁的董腊发先生为产业教授，引进知名学者杨胜刚为基地首席专家，邀请了国内外一批“楚天学者”和知名教授来校讲学。

二是实施业绩导向的绩效考核。F 学院修订了《F 学院教职工绩效津贴分配办法》，突出“注重实绩、鼓励先进、公平公开”的激励原则，施行以业绩为导向的绩效津贴发放标准，激励与约束政策并行，对标学校下达的经费任务，责任到系、任务到人，鼓励教师参与社会服务。依据《HJ 学院 F 学院教师岗位分类、聘任与考核办法》，将教师分为教学型、教学科研型、科研型三类进行考核，考核内容包含师德师

风、常规性工作、创造性工作和领导评价四大模块。个别考核不合格的教师，从教师岗转到管理岗、实验岗。试点改革以来，多名教师荣获全国模范教师、全国金融系统优秀教育工作者、H省名师等荣誉称号。2019年，F学院获批国家社会科学基金3项、其他省部级课题8项，19名教师立项新课题，覆盖面远超往年，课题立项数位居全校前列；到账经费近200万元，比2018年增长30%。许传华主持的“多元分层协同培养应用型金融本科人才的探索与实践”获得H省优秀教学成果奖一等奖。2019年至2023年，F学院获得全国财经类高校教学竞赛奖励9项，其中一等奖3项，获得省社会科学优秀成果奖、省优秀调研成果奖等省级科研奖励5项，提前完成了学院预期的学科和科研建设指标，受到教育部本科教学审核评估专家一致好评。

四、F学院人才培养模式改革

F学院一直坚持需求导向，着力破解需求与培养脱节的难题，建构了四种分层培养模式：普通班级培养复合应用型金融人才（主体），国际金融试验班培养创新型人才（2003年），金融学英才计划培养拔尖创新型人才（2011年），农银长江班培养订单式人才（2013年）。不同的班级对应不同的人才培养目标，服务于不同的金融机构。F学院主要从以下三个方面改革人才培养模式。

一是改革教学管理模式。F学院全面实施学生导师制，成立了F学院本科生导师工作领导小组，为每个大一班级配备本科生导师，实现教师全覆盖和学生全覆盖，每年评选出院级优秀导师10名，累计10余名导师被评为学校优秀导师。学院充分尊重学生的选择权，扩大学生选课的自主权，鼓励学生参加第二课堂，支持学生早进课题、早进重点基地、早进团队。2019年至2023年共选拔本科生助教100余人次，本科生助管80余人次，临时性本科生助管100余人次。学院大力推进小班教学，适度控制班级学生规模，保证试点班小班教学。保障货币金融学、国际金融学、商业银行管理学、证券投资学等专业核心课程小班教学，大部分实验课程实现小班教学。学院还打造“双层（教师学生）双向（引进来走出去）”的国际化培养模式，支持教师优化学缘结构、丰富境外经历，支持学生境外游学，每年有50余名学生赴香港岭南大学和澳门科技大学游学，20余名学生赴美国游学。

二是强化实践教学环节。F学院持续升级改造实践平台硬件设施，使用中央财政支持地方高校项目建设经费，重新购置了金融类实践教学软件。学院不断完善“四位一体”的课外实践教学体系，每年安排学生成建制参加暑假实习实训，试点班及保险学专业、投资学专业还成建制组织中期实习，每年有320余名学生赴中国农业银行 H 省分行(H 省实习实训示范基地)、泰康人寿武汉后援基地、国泰君安京汉大道营业部、兴业证券 H 省分公司、交通银行 H 省分行、中国银行 H 省分行等单位成建制实习。课外实践教学呈现出“竞赛实践层次高、社会实践范围广、科研实践效果好、专业实践平台强”的良好发展趋势。学院不断加强本科生论文过程化管理,加大实践环节比重,学生毕业论文质量逐年提升。

三是推进联合培养人才。F 学院联合中国农业银行 H 省分行,共建省级示范实习实训基地——“农银长江学院”,与武汉市金融工作局共建武汉区域金融发展研究院。学校还与中国社科院金融所共建 F 学院,校企、校地联合进行课题研究、科技攻关,共同商定学生培养方案、教学计划和实践环节,努力实现资源共享、互惠互利。学院还与其他高校联合培养研究生,与中南财经政法大学联合培养金融学博士,截至 2023 年已合作培养金融学博士 8 人、金融学硕士 17 人、金融硕士 72 人,已毕业 43 人。2019 年以来,F 学院学生获得中国金融教育发展基金会学生论文评选特等奖 2 项,其他等次奖励 30 余项;30 余名学生个人、多个学生团队获得全国地方(财经)高校金融教育联盟竞赛等省部级以上学科竞赛奖励;20 余个项目获得国家级大学生创新创业训练计划立项;2023 届 482 名本科毕业生初次就业率达 83.41%,超半数留省就业创业,106 名学生考取包括“双一流”高校在内的境内外高校研究生,多元分层人才培养模式初见成效。

五、F 学院内部治理结构改革

F 学院制定了试点学院章程,明确了学院管理体制、运行机制以及规章订立、教师聘任、人才培养、资金筹措、民主监督等重要内容,遵循理事会治理、教授治学、学术自治的原则,构建吸纳各利益相关者资源的决策权结构。

一是组建 F 学院理事会。2014 年,HJ 学院成立 F 学院理事会。18 名理事分别来自中国社会科学院金融研究所、H 省人民政府金融办、W 市人民政府金融办、中国人民银行武汉分行、中国银行业监督管理委员会湖北监管局、中国保险监督管理委员会湖北监管局,以及有关商业银行、政策性银行、证券公司、高等院校和企业单位,中国社会科学院金融研究所党委书记何德旭任理事长,HJ 学院分管试点学院的副校长任副理事长。理事会根据《HJ 学院 F 学院理事会章程》,审议和批准试点学院发展规划,指导制定学院财务规划,审定全程人才培养方案,定期通报理事会单位的有关情况,促进理事会单位之间的联系与合作,研究理事会工作计划及其他重要事项。

二是规范落实学院党政联席会议制度。根据HJ学院党政联席会议制度，F学院坚持并完善学院党政联席会议制度，按照民主集中制原则，全面贯彻落实试点学院改革、发展、稳定的重大问题，不断探索院长负责制的有效实现形式。F学院院长拥有5万元以内的经费签批权，高于非试点学院院长3万元的审批权限，而学校行政管理部门负责人只有5 000元的审批权。

三是赋予学院教授委员会决策权。F学院教授委员会由9名教授组成（根据需要有关副教授列席），院长是教授委员会当然成员，但末位表态。教授委员会主要审议试点学院发展规划及资源配置导向，学院教师工作考核、成果评价的原则和标准，院聘教授、副教授及以下教师岗位。每年教授委员会至少召开10次专门会议，商议试点学院学科建设、人才引进、教师考核等事项，并对学术事项、教师福利分配具有评议权和表决权。

四是充分发挥工会作用。F学院不断完善工会委员会设置，进一步规范教职工大会组织流程，增强工会职能；通过增补工会委员，完善工会委员结构，做到学院工会委员各系、行政、辅导员全覆盖。规范学院教职工大会组织流程，提高会议质量，组织讨论并提交高质量教代会提案，学院民主管理水平得到大幅提升。

F学院在“三改革一完善”方面，进行了诸多探索和有益尝试，特别是多元分层培养应用型金融人才成效显著。F学院的试点改革，对全校的改革、建设和发展也起到了推动作用，财政与公共管理学院获批省级试点学院，另有9个校级试点（特色）学院，近三分之二的本科教学院系参加了试点改革。在试点改革经费方面，F学院2014年至2018年累计获得H省省级财政专项经费340万元。学校2014年、2015年分别配套经费60万元，然而政策持续性不理想，经费逐年减少且不固定，没有形成专项。F学院运行经费按学生数、教师数划拨，有一定的竞争性项目经费。2018年之前项目经费使用权在学院，由学院打通使用，由于不符合专项专款使用规定，被学校职能部门回收。学院自聘、报备人事部门的工作人员，其工资、公积金、社保等则从学院创收经费中支出。

在学院内部治理改革方面，党政联席会、院务委员会、教授委员会在实际运作中，往往是“三合一”，职责权限并未严格区分。总体来看，F学院试点改革力度和成效，从高到低依次是人才培养、内部治理、教师考核、学生选拔；学院教职工担心试点学院改革半途而废、不能坚持到底。

第五节　WD 学院 J 学院:产教融合模式

WD 学院 J 学院(以下简称 J 学院),是 2016 年 10 月 H 省教育厅批准的 9 所省级试点学院之一,也是 WD 学院最大的工科学院。WD 学院迥异于前述 4 所公办高校,其前身是创办于 2000 年的武汉大学东湖分校,是全国最早设立的 4 所独立学院之一。2011 年 4 月,武汉大学东湖分校经教育部批准转为 WD 学院;2014 年 9 月,WD 学院入选 H 省首批应用型大学转型发展试点院校。2018 年通过教育部本科教学合格评估,连续 5 年位居中国民办普通本科院校竞争力排行榜 H 省榜首,2023 年综合排名位列全国民办本科院校第 7。WD 学院办学定位是建设特色鲜明的高水平应用型大学,着力培养“一体两翼”德智体美劳全面发展的高素质应用型人才。

一、J 学院试点改革的总体思路

J 学院成立于 2001 年,是 WD 学院最早设立的二级学院之一,在产教融合、校企合作推进人才培养模式改革,专业建设和课程建设、实验实习实训条件建设、“双师双能型”教师队伍建设,推进应用科技研究、服务区域经济发展等方面取得了较为突出的成绩。J 学院根据学校“地方性”“应用型”“重特色”的办学理念,充分发挥民办高校的体制机制优势,积极推进产教融合、校企合作,切实加强“政府—高校—企业”的合作。学院以培养信息技术服务应用型人才为目标,着力创新 IT 人才培养模式,着力培育学科专业新优势,着力激发学校改革发展新活力,着力构建学校与社会协同发展新机制,逐步发展侧重应用型科研、适应市场需求的应用型学院,助力 WD 学院应用型大学建设。

二、J 学院学生招录与选拔方式改革

2023 年,J 学院在校生超 2 800 人,设有计算机类(含人工智能、网络安全、物联网)、软件工程、数据科学与大数据等 6 个本科专业,以及计算机应用技术、计算机网络技术 2 个专科专业。J 学院严格遵守国家和 H 省大类招生政策,依托学校试点学院政策倾斜,积极改革本科生招生制度和实施办法。

一是动态调整招生计划。WD 学院根据当年学生第一志愿报考率、毕业生就业率等指标,对 J 学院招生计划进行动态调整。2023 年,J 学院本专科招生计划为 582

人,2024年本专科招生计划为760人,以本科生和在H省招生为主,生源较充足。

二是试点"3+2"专本联合培养招生。J学院与武汉软件工程职业学院联合创建软件工程专业"3+2"五年专本一体化人才培养模式。前3年由武汉软件工程职业学院培养(专科),后2年由WD学院培养(本科)。2022年、2023年J学院继续与武汉软件工程职业学院进行"3+2"高职软件工程专业培养工作,分别联合招生85人和73人,受国家政策支持,专科转升为本科的比例大幅提升。

三是实施学生专业转入转出机制。J学院允许学生在大一下学期依据学习成绩在相近专业间流动,不断优化生源结构,形成招生与培养良性互动。2022年转入J学院13人,1人转出;2023年则转入15人,无人转出。

三、J学院教师遴选与考评制度改革

2023年,J学院拥有专任教师67人,其中本院专职教师31人,其余为外聘教师。学院领导班子成员4人,名誉院长聘任的是武汉大学已退休的计算机科学与技术学科知名教授。学院按200名学生配备1名辅导员的比例,聘任了12名辅导员。WD学院赋予J学院在教师遴选与调配、培训、评价、激励与晋升等方面更多的自主权和改革试点权。

一是改革教师聘用制度。J学院在学校教师聘用制管理规定的基础上,结合试点改革实际,推行学院自主招聘、学校备案制度,教师聘用采用"一事一议"政策。2019年至2023年,J学院引进1名学术骨干、1名H省产业教授、1名"楚天学者"、8名青年博士。学校对试点学院高层次人才的年薪水平上调10%。

二是改革教师评价考核办法。J学院教师分类进行考核和管理,教师每年年初对照教学型、教学研究型、研究型、社会服务型的标准,自由申报本年度考核类型,教师考核类型可以每年调整。教师考核采取教师自评与同行考评、学生评价有机结合,合理确定教师在教学、科研和社会服务方面的考核指标权重,兼顾数量指标和质量指标。教师聘期考核试行"能上能下""高职低聘、低职高聘""非聘即转、非聘即走"等流转退出机制。2019年至2023年,学生评教优良率保持在90%以上。

三是建设"双师双能型"教师队伍。J学院非常重视教师岗位培训,2019年至2023年,J学院先后选派12名青年教师到企业全职工作一年,积累实践经验;同时从东软集团股份有限公司、达内科技集团有限公司等企业聘请10余名专业技术和管理人员担任兼职教师,学院"双师双能型"教师比例显著提高。总的来看,J学院教师经济效益比同级别公办高校教师高,但民办高校"不养闲人",教师的教学科研任务也相对较重。

四、J 学院人才培养模式改革

J 学院坚持"以服务地方为宗旨、以就业为导向、专业对接产业、课程对应能力"的办学思路,践行"为了行业办、围绕行业转、帮助行业干"的专业建设理念,改革并践行产教融合人才培养模式。

一是成立产教融合发展指导委员会。J 学院以东软集团股份有限公司工程实践教育基地、文思海辉技术有限公司云移动物联网应用人才培训基地、H 省服务外包人才培养(训)基地为依托,成立了产教融合发展指导委员会。委员会的重要职能是推进"8 个共同",即共同制定培养标准、共同研制培养方案、共同确定课程体系、共同开发教材、共同组建教学团队、共同建设实践基地、共同实施培养过程、共同评价培养质量。委员会每年召开年会,相关企业在 J 学院设有奖学金,1 个企业对接 1 个班级,每年出资 2 万元奖励和资助优秀学生。

二是实施应用为本的人才培养方案。J 学院软件工程专业围绕高素质应用型人才培养,加强课程设置与职业岗位需求的紧密对接,确保至少开设 5 门企业微课程。实践教学划分为实验、实训和实习三大模块,实践教学学分不低于总学分的 30%。独立开设的实验课程中 80%以上属于综合性、设计性实验。所有实验实训实习项目均须编制教学大纲和教学计划,制定具体的考核评价指标和评分标准。"三实"(实验实训实习)实施大纲、具体计划、执行过程、成绩评定由学校和企业双方商定、指导和管理。

三是实行项目驱动的教学方法。J 学院借鉴国际先进的"项目驱动式"(project driven)教学模式,强化企业环境和真实项目的应用,精讲多练,增强学生适应企业和解决综合技术问题的能力。采用针对高校的"项目驱动式"高端实训教材,全程研习项目开发成功案例,侧重提高学生实际操作能力。J 学院与东软控股、东软睿道共同筹建了 WD 学院"互联网+"大学生创新创业基地,着力提升学生基于互联网的专业技术能力和创新创业能力。"项目驱动、竞赛牵引、平台锻炼"的实践能力培养成效日趋显著,J 学院学生注册了"房医生"公司,自主研发的"WDU 可视化流程引擎系统"高价转让;92%的用人单位认为学院毕业生综合素质高、基础知识扎实、专业功底厚实,有一定的项目开发经验。学生就业情况良好,考研率随着高质量就业形势而逐年下降,保持在 10%左右。近年来先后有郑州大学软件学院、武汉商学院、武昌理工学院、武昌首义学院等 10 余所同行院校来考察、交流产教融合育人模式。

五、J 学院内部治理结构改革

WD 学院成立了试点学院改革领导小组，由学校主要领导任组长，成员由企业及学院负责人组成。J 学院成立之初，原本期望借助 WD 学院民办高校体制机制灵活优势，充分借鉴现代企业管理制度，通过试点学院改革构建符合现代大学内部管理要求的组织制度、行政管理制度、学术管理制度、组织监督制度，形成议事决策权力、行政管理权力、学术管理权力、组织监管权力相对独立、运转灵活，又有效管控、高效运转的工作机制。然而，在实际运行过程中，J 学院作为教学单位，学院行政负责日常管理工作，课程教学团队带头人负责课程建设、队伍建设、人才培养方案修订、教学改革和课程教研活动等相关事项。院校两级教学督导对课堂教学全面监控与实时管理。产教融合发展指导委员会在一定程度上履行了 J 学院理事会的职能，校企合作、协同育人机制开始起步。令人遗憾的是，由于 J 学院党委人数少、组成人员单一，学院自有教师少，教授委员会作用不大，完善学院内部治理结构仅止于理念，未能付诸实际行动。

J 学院虽然制定了试点改革总体方案以及"三改革一完善"子方案，但其主要精力放在了人才培养模式改革上，产教融合、校企协同培养应用型人才也显现出一定的成效。其他"两改革一完善"存在不少问题和困难，在改革学生选拔方式方面，仅限于统一高考招生录取，辅以少量的校内专业流动，J 学院没有自主招生资格，自主招生无从谈起；在教师引进和考核方面，自有教师与外聘教师结构不合理，民办本科高校教师职称评审的公信力不高，公办高校不认可民办高校职称评审结果，教师考核制度改革空间有限。

在完善内部治理结构方面，仅有框架设计，并无实际行动；在试点改革经费方面，H 省教育厅对民办本科高校试点学院只批项目、挂牌子，没有经费支持。J 学院的运行和改革仅依靠本科生每人每年 2.48 万元左右的学费收入；WD 学院按照一事一议原则，从专业建设、课程建设和其他项目建设中，临时给予支持、补助；经费不足、不稳定是制约 J 学院试点改革的重要瓶颈。此外，WD 学院对国家民办高校政策持观望态度，对公益性、营利性高校考量抉择，目前倾向于营利性民办高校。WD 学院董事会另行购置土地，扩大办学规模。WD 学院之所以支持校内其他学院继续申报试点学院，一个重要因素在于 WD 学院将试点学院视为一个省级高等教育教学改革项目，作为招生宣传的一块招牌，期望能够借此提高学校知名度、增强学生吸引力，最大程度地分享 H 省试点学院改革的红利。

第六节 H 省试点学院改革的经验得失

毋庸置疑,教育部、H 省教育厅以及试点高校费时耗力编制了试点学院改革实施方案,投入了大量精力、人力和物力,并在一定程度上予以试点学院政策倾斜和重点建设。5 所案例试点学院形成了各具特色的试点改革总体思路和实施方案,在“三改革一完善”方面进行了卓有成效的大胆探索,取得了阶段性成绩,同时“三改革一完善”还存在些许不足,未能从试点转为示范。

一、H 省试点学院改革的有益经验

(一)大类招生二次选拔招录学生

各试点高校依照规定实行“高考+自主招生+校内二次选拔”三者结合的本科生招生政策,辅以少量“研究生申请考核制”,探索建立校际、国际本硕连读、硕博连读机制等,同时加快建立试点学院与省级示范高中联合选拔和培养人才的新模式。受国家自主招生考试录取政策影响,大部分试点学院在学生招录与选拔方式改革方面,实行大类招生,录取进校后进行二次分流、优选,组建试点班进行人才培养,因材施教,确保人才培养的针对性和培养效果。例如,HJ 学院实行“分层次、分类别、多元化”的学生录取方式,实施动态管理;SX 大学在高考招生基础上,在全校内进行二次择优选拔,着力解决同批进校学生资源不平等问题;WD 学院实行“定制招生”,为软件服务外包公司文思海辉打造物联网工程特色班,2014 年至 2023 年累计招生培养 360 余人。

(二)因校制宜创新人才培养模式

人才培养模式改革成为试点学院改革的最大亮点,人才培养模式精彩纷呈。一是各试点学院全面落实“一制三化”培养模式:导师制,新生入校后配备高水平教授导师;小班化,开展探究式和互动式教学;个性化,制定学生有选取空间的培养方案;国际化,全面推进与国际科研院所和行业企业联合培养人才模式。例如,HJ 学院探索出了创新的应用型、工程型和复合型“三型”人才培养模式;WG 大学探索出了“三实一创”(实训、实验、实习、创新)为核心的“两型两化”(复合型、创新型、国际化、工程化)人才培养模式。WF 大学 X 学院架构了“1233”人才培养体系,即以 OBE 教育理念为指引,按专业准入和专业准出为标准,“课堂教学、第二课堂、创新创业”三线支撑,“通识基础、核心能力、Q+拓展”三阶并进,着力培养复合型创新人才。二是积极探索建立联合培养机制，充分发挥国家级（省级）实验教学示范中心、国家级（省级）大学生校外实践教育基地等实习实训项目和平台作用，与相关单位建立了联合培养人才的机制。HZ 大学 G 学院以课程教学质量提升为突破口，开发挖掘学科资源、产业优势、社区资源，推动单一封闭的教学方式向多方协同育人模式转变，引导多元资源转化为教学资源，让全体本科生都能够受益，使创新精英教育不再是少数人的“奢侈品”。HJ 学院 F 学院持续开展“业界专家进课堂”活动，邀请学院理事会成员单位、银行保险业界的资深人士给学生讲授鲜活案例和前沿资讯，丰富学生阅历。三是积极开展国际合作，拓宽学生国际视野，通过实施“海外游学计划”，加强学生国际交流。SX 大学 D 学院采取“工程+汉语”模式，与“一带一路”沿线国家建设电力协同国际合作交流中心。“一制三化”培养模式突破了传统培养模式的禁锢，在某种程度上拆除了师生沟通的梗阻墙、校企合作育人的隔离墙、国内国际人才培养的封闭墙，使学生培养的资源更丰富、渠道更顺畅、空间更广阔。

（三）探索试行教师遴选与考评制度

各试点高校全面实行教师聘用制，改革教师评价考核办法，探索建立教师竞争机制和人员流转退出机制，加大师资培养力度，全面提高师资队伍水平。在试点实践中，各试点高校积极探索教师的评聘制度，对教师进行分类管理，建立人员流转退出机制。例如，HB 大学建立了教师退出机制，对 3 年聘期内有 2 次年度考核不合格的，退交学校人事部门处理；HJ 学院实施分类管理、评聘分开的全员聘用制度，老人遵循老办法、新人采取新办法，逐步形成了现有教师“能上能下、非聘即转”、新进教师“非聘即走、非升即走”的管理制度和考评模式。HZ 大学 G 学院大胆推行专任教师“教书育人质量点”考评制度，将项目训练、学业导师等 18 项指标列入年度考核、聘期考核，并设立“人才培养突出贡献奖”，营造多方协同育人的社区化育人环境。SX 大学 D 学院持续强化青年教师助课制，连续多年实施“名师工作坊”讲座制，通过博士服务团、挂职科技副总等多种形式培养并考核教师的专业实践能力。此外，各试点学院所在高校积极创造条件，通过多种途径引育长江学者、国家优秀青年科学基金获得者，以及 H 省“楚天学者”、百人计划等高层次人才和海外优秀青年博士。

（四）推进教授治学与教授治院

各试点学院在所在高校的支持下，不断完善学院党政联席会议制度，相继组建学院学术委员会或教授委员会，试行院长由学术委员会提名、民主推荐、学校任用的制度；支持试点学院吸引社会资源办学、扩大办学经费来源渠道；建立试点学院教学质量年度报告发布制度，日益重视第三方教育中介组织评价。各试点学院围绕“学院治理”开展了大量的实践探索。一是试点学院大多设立了学术委员会、教授委员会等机构，从制度上确立教授治学、教授治院。二是教授委员会对试点学院学科建设、人才引进、教学资源配置原则、教师考核等事项进行民主协商。三是充分发挥学术委员会在学院管理、教学、学术研究、学科建设以及人才聘用等方面的指导作用和学术评价权威作用。HZ 大学 G 学院实行“院室共建”的学院管理体制，即“学院+国家级实验室”的协同共建模式，着力将优秀师资和优势科研平台转化为优质的育人资源。HJ 学院 F 学院设置有学院理事会、教授委员会和党政联席会，修订了《F 学院党委会议事规则》，2022 年选举产生了新一届学院党委委员，按期完成学院教授委员会委员换届，及时增补学院工会委员，较好地落实了“集体领导、党政同责、分级分类负责”的学院治理体制。

二、H 省试点学院改革的主要不足

改革意味着除旧布新，在实践中难免犯错。因此，任何改革从某种意义上说，就是一个试错、纠错和反思的过程。我们在肯定 H 省试点学院改革成效的同时，也不应忽视当前试点学院改革存在的问题和不足。

（一）试点学院体制创新存在难点，院系治理改革缺乏实质性突破

试点学院体制创新之所以如此艰难，原因是多方面的。一是试点学院自主权不够，试点学院被动地接受上级下达的指标指令较多，学院内部难以真正自治，管理体制仍然单一，部分试点学院缺乏自主设置学科、专业权力，缺乏自主配置资源和收入分配等权力。二是政策支持和部门间协同不够，致使改革方案难以落地。试点学院改革方案的落地，一方面需要相关政策支持，另一方面需要学校内部各部门的协调配合。三是试点高校能力不够，信心不足。部分试点学院依旧是关门办学，教育教学、人才培养与社会需求存在脱节，吸引社会资源办学的能力不够、方法不多，开放办学的力度不大。

（二）试点学院教师评聘存在痛点，打破“大锅饭”缺乏利益驱动

各试点高校在教师评聘方面推行了大量富有成效的改革举措，但从总体上看，仍然没有根本解决“吃大锅饭”的问题，在编教师“只能进不能出、只能上不能下”依然是教师评聘改革的“痛点”。一是在教师聘用方面，试点学院受学校条件限制，还做不到完全自主，与“不拘一格降人才”的改革愿景相差甚远，引进人才的体制机制不够灵活，使得人才引进特别是高层次人才引进困难。二是教师的考核机制、评价

机制、奖惩机制不足，新机制落实不到位，导致部分教师安于现状，工作的积极性、主动性欠缺。教师薪酬改革受制于学校绩效工资政策，部分试点高校拟定的年薪制、岗位制等改革设想没有得到全部落实。三是教师岗位流动性较差，部分不适应现有岗位的人员无法有效流转，缺乏退出机制。试点高校未能打破目前事业编制人员流动性的枷锁，不能做到自行聘用人员或自行解聘人员，“解聘一名教师比引进一个人才难得多”，只能通过自然减员逐步消化。

（三）试点学院人才培养存在堵点，校企协同创新缺乏长效机制

人才培养虽然是试点学院改革的亮点，但校企协同育人机制还面临着“梗阻”。一是学校“热”和企业“冷”，试点学院与企业开展联合培养和建设实习实训基地的愿望强烈，但是在具体实习实训过程中，企业往往比较冷淡，认为实习实训影响其生产，且学生易在生产、生活、往返交通中出现安全事故，导致实习实训基地的作用仅限于“参观”和“拍照”。二是高校建设的实验教学水平较低，往往没有与企业接轨，有的甚至落后一二十年；部分试点高校实践教学条件还不够完善，实验教学队伍比较薄弱；实验仪器“高端”与“低端”并存，一方面教师科研采购了大量的先进实验仪器，但共享率低、使用率低，另一方面学生实验设备整体水平偏低，不能与先进的企业设备接轨，实践教学效果不明显。三是校企协同培养人才过程中缺乏实实在在的抓手，现有校企协同往往停留在“战略协议”和“授牌挂牌”层面，缺乏协同育人的实质性、创新性措施和长效机制。由此可见，唯有推进院系治理实质性落地、引入第三方教师评聘制度、建立可持续校企协同机制，方能释放改革的巨大能量，进一步增强试点学院改革实效。

第三章
H 省试点学院改革的成效评价

H 省试点学院按照“少说多做、正面引导”的总体要求,因校制宜执行符合校情的试点学院实施方案和年度计划,在“三改革一完善”方面做了有益的探索。试点学院及所在高校是一个典型的利益相关者组织,外部的利益相关者包括“执政党,各级政府,用人单位,学生家长,校友群体,捐赠者,合作伙伴,所在社区,社会公众,新闻媒体”①,可以称之为党组织系统和社群系统;内部的利益相关者主要包括学生、教师、中高级管理者以及教辅与后勤服务人员,分别隶属学术系统和行政系统。为客观评价试点学院改革的真实成效,既要倾听内部利益相关者的意见建议,也要接受外部利益相关者的绩效考核,内部评价与外部评价相结合,防止试点改革报喜不报忧的现象,避免以偏概全。本章本着既不夸大试点学院的改革经验,也不否认试点学院存在问题的实事求是的原则,从两个层面考察 H 省试点学院的改革成效。一是内部评价,从试点学院改革主体——教师的视域,概述 5 所案例试点学院教师对试点学院改革的真实看法;二是外部评价,从教育主管部门的角度,对试点学院“三改革一完善”进行绩效分析,进而扼要地对 H 省试点学院改革的实然与应然进行比较。

第一节　H 省试点学院改革的内部评价

教师是试点学院人员构成的主体,也是试点学院改革的主要参与者、重要实施者和过程见证者。试点学院改革必须了解教师对其关注程度、对其利弊得失的评价,以及教师所持的态度和所怀有的愿景。本书通过对 HZ 大学 G 学院、SX 大学 D 学院、WF 大学 X 学院、HJ 学院 F 学院、WD 学院 J 学院 5 所案例试点学院教师进行

① 刘献君.大学共同治理的意义及其实现方式[J].山东高等教育,2015(3):5-13,2.

无记名调查，逐一实地“半结构化访谈”上述5所案例试点学院的项目负责人、院领导和部分教师，对试点学院“三改革一完善”及总体进展进行内部评价调研。

一、试点学院内部评价调查

本书编制的《H省试点学院改革情况调查问卷》包括4大部分，共36道小题，其中29题为选择题、7题为简答题。5所案例试点学院136名教师完成了问卷调查，其中学院领导班子成员、相关职能部门处级干部、个别试点学院分管校领导等管理人员29人，普通教师107人（见表3-1）。

表3-1　H省5所案例试点学院有效问卷调查一览表

序号	试点学院名称	有效问卷	管理人员	普通教师
1	HZ大学G学院	16	3	13
2	SX大学D学院	35	5	30
3	WF大学X学院	30	12	18
4	HJ学院F学院	39	6	33
5	WD学院J学院	16	3	13
小计		136	29	107

二、试点学院内部评价概述

从调查结果来看，试点学院改革反映了教师意愿，得到了广大教师的肯定和支持。大部分教师认为试点学院改革现状是比较理想的。其中，72.06%的教师认为学生招录与选拔方式改革比较理想或非常理想，82.35%的教师认为人才培养模式改革是比较理想或非常理想的，61.77%的教师认为教师遴选与考评制度改革比较理想或非常理想，72.06%的教师认为完善学院内部治理结构比较理想或非常理想（见图3-1）。

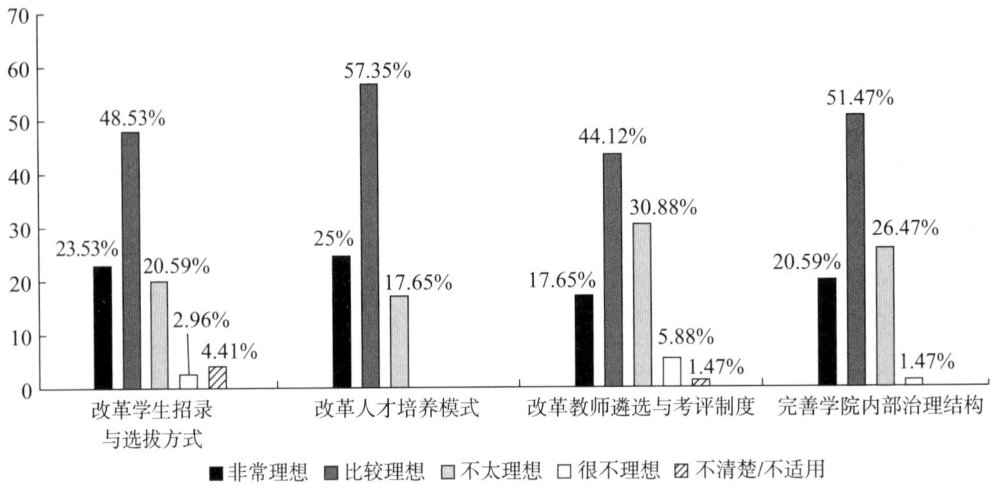

图 3-1 H 省试点学院"三改革一完善"进展情况的内部评价

就"三改革一完善"的重要程度而言,89.70%的教师认为学生招录与选拔方式改革很重要或比较重要,100%的教师认为人才培养模式改革很重要或比较重要,98.53%的教师认为教师遴选与考评制度改革、完善学院内部治理结构很重要或比较重要(见图 3-2)。大部分教师对试点学院改革现状持乐观态度,其中 45.59%的教师认为试点学院已经基本完成改革任务但效果尚不明显;33.82%的教师认为已经完成试点学院改革任务并达到了预期目标;而只有 14.71%的教师持谨慎态度,认为目前还很难判断试点学院改革成效(见图 3-3)。总的来说,试点学院改革体现了师生的切身利益,符合高校改革的客观规律,反映了教师对高校改革发展的应然追求,这既是试点学院改革的动力所在,也是中国高校改革发展的希望所在。

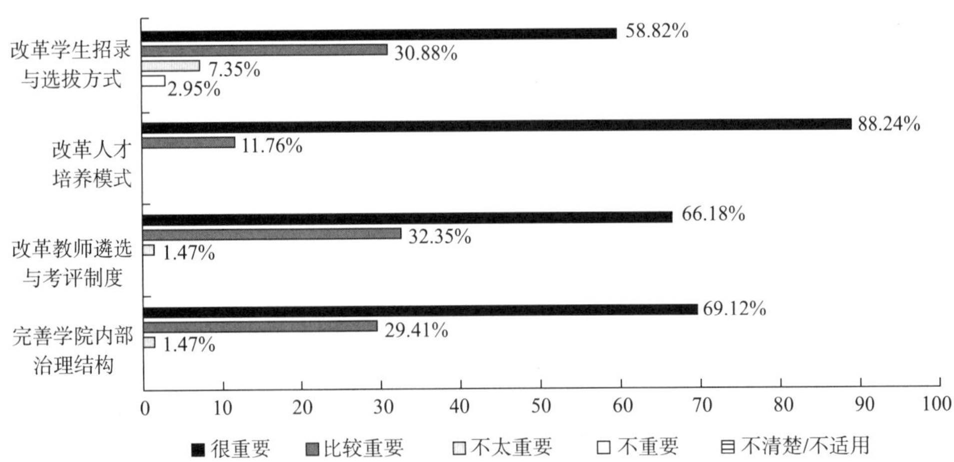

图 3-2 H 省试点学院"三改革一完善"重要性的内部评价

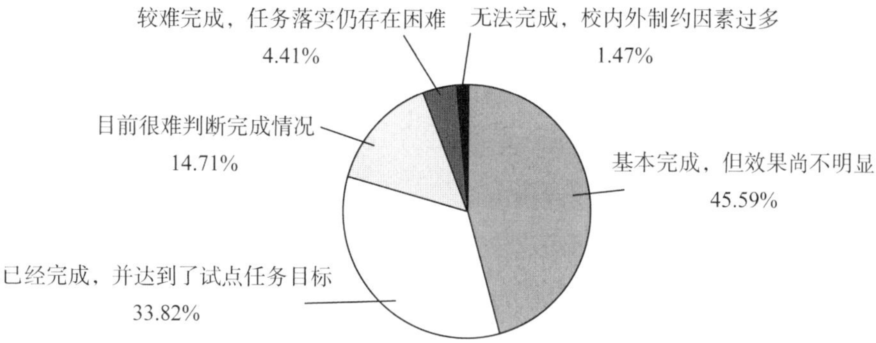

图 3-3　H 省试点学院改革任务完成情况的内部评价

第二节　H 省试点学院改革的外部评价

H 省试点学院是根据《省教育厅关于推进高校试点学院改革的意见》设立的高等教育改革项目，由 H 省教育厅组织管理，各试点高校具体实施。自 2013 年启动以来，共有四批次 35 所高校的 49 所学院入选。H 省试点学院改革不仅有省教育厅的政策支持，而且得到改革专项经费支持。省级财政覆盖其中 26 所高校的 34 所试点学院，6 所部委属高校试点学院、9 所民办本科高校试点学院不在省级财政支持之列。根据《H 省高校试点学院项目经费管理办法》“对试点学院分年度予以改革经费支持”的精神，H 省教育厅、财政厅对 34 所试点学院进行了经费支持。

截至 2019 年底，11 所试点学院已经在 4 年内共获得了 3 015 万元、6 所试点学院在 3 年内共获得了 1 080 万元、17 所试点学院在 2 年内共获得了 1 680 万元，累计专项经费 5 775 万元。2020 年，H 省教育厅、财政厅按照 40 万元/项的标准，对 2015 年立项的 6 个试点学院安排 240 万元、2016 年立项的 5 个试点学院安排 200 万元、2017 年立项的 12 个试点学院安排 480 万元，共计安排预算经费 920 万元。至此，H 省试点学院专项经费累计达到 6 695 万元（见表 3-2）。

表 3-2 H 省试点学院 2013—2020 年省级财政专项经费一览表

批次	第一批（2013 年）	第二批（2015 年）	第三批（2016 年）	第四批（2017 年）	小计
立项试点学院数	16 所	8 所	9 所	16 所	49 所
省级财政支持试点学院数	11 所（不含部委属 4 所、民办 1 所）	6 所（不含民办 2 所）	5 所（不含民办 4 所）	12 所（不含部委属 2 所、民办 2 所）	34 所
四年滚动支持专项经费数	3 015 万元	1 080 万元 +240 万元	500 万元 +200 万元	1 180 万元 +480 万元	6 695 万元

2018 年，H 省教育厅、财政厅对 22 所省属本科高校 34 所试点学院划拨了 2 160 万元专项经费。其中，22 所试点学院根据往年绩效测评情况按“优秀”80 万元、“中等”60 万元两个等级安排，12 个新立项试点学院按每个 60 万元安排。根据省财政有关规定，试点学院改革经费为常年性、部门预算项目，须接受省级财政支出绩效评价。为推进试点学院深入改革、强化结果反馈，2019 年 5 月，受省教育厅委托，H 省教育评估院联合湖北衡平楚天会计师事务有限公司组成综合评价小组，对 H 省部分试点学院 2018 年度经费支出绩效进行评价。

一、试点学院外部绩效评价指标

H 省教育厅将试点学院改革项目作为“高校质量工程专项”的子项目纳入财政预算统一编报。试点学院改革项目绩效目标被预设为“一校一特色，一校一方向”，带动现代大学制度的建立，进一步提升高校服务能力。由于该绩效目标比较宽泛和模糊，H 省教育厅和各试点学院所在高校缺乏必要的衔接和规范，没有形成上下联动、相互印证、互为参考的绩效目标体系。综合评价小组结合 H 省教育厅和各试点学院改革目标，形成了 2018 年度试点学院绩效评价指标及目标（见表 3-3）。

表 3-3　H 省试点学院 2018 年度绩效评价指标权重及目标值

<table>
<tr><th>一级指标</th><th>权重</th><th>二级指标</th><th>权重</th><th>三级指标</th><th>权重</th><th>目标值</th></tr>
<tr><td>经费指标</td><td>20</td><td>预算执行</td><td>20</td><td>试点学院年度预算经费执行率</td><td>20</td><td>≥85%</td></tr>
<tr><td rowspan="4">产出指标</td><td rowspan="4">40</td><td rowspan="4">数量指标</td><td rowspan="4">40</td><td>学生招录与选拔方式改革任务计划完成率</td><td>10</td><td>100%</td></tr>
<tr><td>人才培养模式改革任务计划完成率</td><td>10</td><td>100%</td></tr>
<tr><td>教师遴选与考评制度改革任务计划完成率</td><td>10</td><td>100%</td></tr>
<tr><td>完善学院治理结构任务计划完成率</td><td>10</td><td>100%</td></tr>
<tr><td rowspan="8">效益指标</td><td rowspan="8">40</td><td rowspan="5">社会效益指标</td><td rowspan="5">25</td><td>试点班培养学生数(人)</td><td>5</td><td>4677</td></tr>
<tr><td>人才培养与教学改革成果数(项)</td><td>5</td><td>67</td></tr>
<tr><td>新聘用机制引进教师数(人)</td><td>5</td><td>63</td></tr>
<tr><td>参与考核聘用教师数(人)</td><td>5</td><td>595</td></tr>
<tr><td>成果媒体报道数(篇)</td><td>5</td><td>198</td></tr>
<tr><td rowspan="2">可持续影响力</td><td rowspan="2">10</td><td>形成推广改革经验数(项)</td><td>5</td><td>20</td></tr>
<tr><td>学院治理改革成效巩固情况</td><td>5</td><td>巩固</td></tr>
<tr><td>满意度</td><td>5</td><td>教职工项目满意度</td><td>5</td><td>≥85%</td></tr>
</table>

试点学院改革项目绩效评价采取百分制的计分方式,其中预算执行情况 20 分、项目产出 40 分、项目效益 40 分。在三级绩效指标评分过程中,实行定量与定性相结合的评定方法。其中达成预期指标的对应分值区间为 80—100 分,部分达成预期指标并具有一定效果的对应分值区间为 50—79 分,未完成预期指标且效果较差在 49 分及以下合理确定分值。最后综合得分划分为四个等级:90 分及以上为优秀,80 分至 89 分为良好,60 分至 79 分为合格,60 分以下为不合格。对经费支出绩效进行第三方评价,划分评价等级,有利于形成真抓实干的竞争格局,有利于克服享受改革红利却虚置改革的弊端。

二、试点学院外部绩效评价分析

(一)试点学院资金执行情况分析

H省试点学院改革项目2018年预算批复资金2 160万元,34所试点学院所属的22所高校,全年执行1 975.42万元,执行率为91.45%(见表3-4)。审视试点学院所在高校自评情况,各试点高校在项目执行过程中,财务管理比较规范,未出现项目资金用于对外投资、偿还债务、支付利息、捐赠赞助等支出,也未发现提取工作经费或管理经费现象,以及挤占、挪用、虚列、套取专项资金等违规行为。

表3-4 H省试点学院2018年度资金执行情况一览表

序号	学校名称	预算资金/万元	资金执行数/万元	资金执行率/%
合计		2 160.00	1 975.42	91.45
1	HB大学	140	140	100
2	WK大学	140	140	100
3	SX大学	140	140	100
4	HG大学	140	140	100
5	HJ学院	140	140	100
6	WT学院	140	135.42	96.73
7	HQ学院	120	120	100
8	HK学院	120	120	100
9	WG大学	120	102	85
10	JG学院	120	88.85	74.04
11	CJ大学	120	85.10	70.92
12	WQ大学	120	51.32	42.77
13	HM大学	60	60	100
14	HY大学	60	60	100
15	HS大学	60	60	100
16	HE学院	60	60	100
17	HG学院	60	60	100
18	HS学院	60	60	100

续表

序号	学校名称	预算资金/万元	资金执行数/万元	资金执行率/%
19	HL 学院	60	60	100
20	JC 学院	60	60	100
21	WF 大学	60	55.90	93.17
22	HY 学院	60	36.83	61.38

但是,部分试点高校在资金管理过程中依然存在一些不足。例如,部分高校将试点学院经费超范围列支,用项目经费列支公用经费;有的高校将其纳入“创新创业项目”资金管理,而非按照规定进行试点学院改革经费专项管理,特别是集中在11月、12月报销经费,没有按照项目完成进度及时报销相关费用。部分高校资金执行率不高,甚至明显偏低。试点学院项目管理和资金使用之所以存在盲点,一是因为试点高校对项目资金管理普遍较为分散,项目资金分解到试点学院后,试点学院又进一步分解到教研室甚至教师个人,造成资金使用较为分散,难以形成合力。二是因为预算绩效管理被动应付,没有将绩效管理理念融入试点学院改革实践中,项目缺乏事前绩效评价和事中绩效监控,在事后绩效评价过程中,往往只是做业绩式的评价,而没有去发现问题和剖析原因。

(二)试点学院效益指标绩效分析

从社会效益、可持续影响力、服务对象满意度三个指标来看,H省12所进校考察的试点学院基本完成了“三改革一完善”的既定任务,社会绩效平均得分83.35分。从分项来看,“人才培养模式改革”平均完成率高达93%,“教师遴选与考评制度改革”“完善学院治理结构”“学生招录方式改革”相近,依次仅相差一个百分点(见表3-5)。

在人才培养与教学改革方面,试点学院坚持创新人才培养的核心地位,人才培养改革成效显著,涌现出一批教学改革成果。12所进校考察的试点学院培养学生4 725人,其中CJ大学、WT学院试点学院培养学生超过千人,分别达1 230人、1 378人,SX大学965人,而HB大学、HG大学、WQ大学仅有30人左右,试点学院平均规模394人,不同试点学院之间相差甚远。在教师引进与考评方面,各试点学院积极探索教师的评聘制度,对教师进行分类管理,建立人员流转退出机制。2018年12所进校考察的试点学院采用新聘用机制引进教师82人,参与聘用考评的教师有561人。

表 3-5 H 省试点学院 2018 年度“三改革一完善”完成情况一览表

学校名称	绩效评分	学生招录方式改革	人才培养模式改革	教师遴选与考评制度改革	完善学院治理结构
HB 大学	90.23	90%	95%	90%	85%
WK 大学	88.25	90%	90%	90%	70%
CJ 大学	83.50	90%	95%	80%	90%
SX 大学	88.96	75%	90%	80%	70%
WG 大学	90.50	90%	95%	80%	80%
HG 大学	71.00	60%	95%	60%	80%
WQ 大学	65.80	80%	90%	90%	70%
HM 大学	82.00	60%	100%	60%	70%
HJ 学院	86.45	80%	90%	75%	70%
HE 学院	83.25	80%	90%	90%	80%
WT 学院	85.25	60%	90%	85%	85%
HS 学院	85.00	70%	90%	70%	80%
均值	83.35	77%	93%	79%	78%

在试点成果推广与影响方面，各试点学院所在高校采用多种形式宣传报道试点学院改革成果，2018 年度媒体报道数量达到 274 篇次。在改革过程中，形成了一批可推广的改革经验，累计推广经验 13 项。在学院治理改革方面，随着改革的不断深入，各试点学院的治理结构不断完善，改革成效平均巩固率为 79.5%，为深入推进改革奠定了较好的基础。经问卷调查，试点学院教职员工对试点改革综合满意度达 94.5%，教职工对改革成效的获得感、自身价值的满足感较为强烈。

三、试点学院外部绩效评价结果

各试点学院不断创新，大胆改革，积极作为，产出和效益较为明显，经综合评价，整体得分为 87.86 分，评价等级为良好（见表 3-6）。

表 3-6　H 省试点学院改革 2018 年度绩效评价表

<table>
<tr><td>项目名称</td><td colspan="7">H 省本科高校试点学院改革项目</td></tr>
<tr><td>项目实施单位</td><td colspan="2">各高校试点学院</td><td>主管单位</td><td colspan="4">H 省教育厅</td></tr>
<tr><td rowspan="2">预算执行情况（20 分）</td><td>资金结构</td><td>预算数</td><td>执行数</td><td>执行率</td><td>完成比例</td><td>目标分值</td><td>得分</td></tr>
<tr><td>省级财政资金（万元）</td><td>2 160</td><td>1 975.42</td><td>91.45%</td><td>91.45%</td><td>20</td><td>18.29</td></tr>
<tr><td>一级指标</td><td>二级指标</td><td>三级指标</td><td>年初目标值</td><td>实际完成值</td><td>完成比例</td><td>目标分值</td><td>得分</td></tr>
<tr><td rowspan="4">产出指标（40 分）</td><td rowspan="4">数量指标</td><td>学生招录与选拔方式改革任务完成率</td><td>100%</td><td>77.1%</td><td>77.1%</td><td>10</td><td>7.71</td></tr>
<tr><td>人才培养模式改革任务完成率</td><td>100%</td><td>92.5%</td><td>92.5%</td><td>10</td><td>9.25</td></tr>
<tr><td>教师遴选与考评制度改革任务完成率</td><td>100%</td><td>79.2%</td><td>79.2%</td><td>10</td><td>7.92</td></tr>
<tr><td>完善学院内部治理结构任务完成率</td><td>100%</td><td>77.5%</td><td>77.5%</td><td>10</td><td>7.75</td></tr>
<tr><td rowspan="8">效益指标（40 分）</td><td rowspan="5">社会效益指标</td><td>试点班培养学生数(人)</td><td>4 677</td><td>4 725</td><td>100%</td><td>5</td><td>5.00</td></tr>
<tr><td>人才培养与教学改革成果数(项)</td><td>67</td><td>83</td><td>100%</td><td>5</td><td>5.00</td></tr>
<tr><td>新聘用机制引进教师数(人)</td><td>63</td><td>82</td><td>100%</td><td>5</td><td>5.00</td></tr>
<tr><td>参与考核聘用教师数(人)</td><td>595</td><td>561</td><td>94.2%</td><td>5</td><td>4.71</td></tr>
<tr><td>成果媒体报道数(篇)</td><td>198</td><td>274</td><td>100%</td><td>5</td><td>5.00</td></tr>
<tr><td rowspan="2">可持续影响力</td><td>形成推广改革经验数(项)</td><td>20</td><td>13</td><td>65%</td><td>5</td><td>3.25</td></tr>
<tr><td>学院治理改革成效巩固情况</td><td>巩固</td><td>79.6%</td><td>79.6%</td><td>5</td><td>3.98</td></tr>
<tr><td>满意度</td><td>教职员工对试点学院改革满意度</td><td>≥85%</td><td>94%</td><td>100%</td><td>5</td><td>5.00</td></tr>
<tr><td colspan="6">合计</td><td>100</td><td>87.86</td></tr>
</table>

第三节 H 省试点学院改革的执行偏差

政策试点是分阶段推进的，不同的阶段有着不同的试点目标、任务和重点。评估是政策试点“十环节”①之一，位列选点、组织、设计、督导、宣传之后，在部署、扩点、交流、总结之前，处于“先行先试”和“由点到面”这两个阶段之间，起着承上启下的枢纽作用。从试点学院内部评价来看，72.06%的教师对试点学院改革是比较满意的，而 79.41%的教师认为试点学院已经完成或基本完成既定的改革任务。从教育主管部门组织的第三方评价来看，试点学院改革产出及效益较为明显，综合绩效评价 87.86 分，评价等级为“良好”。各方评价无疑是比较理想的甚至是成功的。然而，现实中 H 省试点学院的处境比较尴尬，面临着进退维谷、难以为继的局面。为何存在这样一个悖论，即“H 省试点学院各方评价都比较理想却终将不了了之”呢？

毋庸讳言，这是由于 H 省试点学院政策执行出现了偏差，“执行主体未完全按照教育政策目标执行，导致执行结果偏离原政策意图”②。由于政策试点大多是边规划边执行，在增强政策执行主体的自主性、创造性和灵活性的同时，自由裁量权也导致试点政策执行出现偏差，比如照搬式、附加式、选择式、象征式、替代式、观望式、抑制式等多种形态。③ 政策执行是实现既定政策目标的一系列相互关联的动态行为过程，某一环节出现问题都将影响到政策执行效果。改革开放 40 多年来，之所以出现某些“虎头蛇尾”的改革案例，究其原因就是政策执行出现阻滞。5 所案例试点学院政策执行偏差主要体现在三个方面。

一、H 省试点学院改革的选择性执行

教育部和 H 省有关试点学院的通知要求、指导意见等政策文件，都明确将试点学院的主要任务归结为“三改革一完善”，重点在于完善学院内部治理结构，教育部还为此提出了 24 项支持政策。从本、硕、博学生招录与选拔方式到人才培养模式所涉及的要素、环节与条件，从改革教师遴选与考评制度到完善学院内部治理结构所

① 周望.政策试点是如何进行的?：对于试点一般过程的描述性分析[J].当代中国政治研究报告，2013(1)：83-97.

② 袁振国.教育政策学[M].南京：江苏教育出版社，2001：321.

③ 黄冬梅，陈星林.公共政策执行偏差研究综述[J].法制与社会，2012(4)：142-143.

需要的组织依托与权责调整，只要对创新人才培养有价值，原则上均可以先行先试。由此可见，试点学院改革的应然是以学院为单位进行综合改革，从而为我国高校管理体制变革提供可持续、可复制、可推广的成功经验。考察5所案例试点学院发现，H省试点学院在试点政策执行过程中，出乎教育主管部门的政策精神和教职员工的特别期待，一致选择了“那些自以为最可能成功的，但却不一定是最需要的”试点任务。[①] 对于24项支持性政策，有关高校也有所保留或选择，试点学院只是将24项支持性政策部分地付诸实施。人才培养模式改革成为试点学院可予称道的亮点；学生招录与选拔方式改革仅限于校内二次选拔和少量转入转出；教师遴选与考评制度改革、完善学院内部治理结构处于中等层次，不同的试点学院呈现不同的排序，在整体上表现出人才培养模式改革、教师遴选与考评制度改革、完善学院内部治理结构、学生招录与选拔方式改革由强到弱。试点学院进行“三改革一完善”的增量改革和“技术创新”，改革重心偏移到表层的人才培养模式改革，而完善学院内部治理结构成为“附带品”，业已确定的试点学院政策目标与实际试点活动的目标指向出现了偏差。

二、H省试点学院改革的双轨制运行

试点改革需要克服惯性、突破常规和走出新路，必须有适当的特殊政策支持或必要的自主探索空间，由此也导致试点学院与非试点学院常常遭遇“双轨制”的困境。一轨延续常规治理与发展模式，一轨享受特殊政策与经费支持，一轨无法示范带动另一轨。出于试点激励与绩效方面的考虑，试点高校与教育主管部门多半不会刻意强调试点改革与重点建设之间的区别，甚至乐见“试点”演变成为“重点”。此举既情有可原，又各有利益，或许这便是试点改革容易变为“造点”运动的根源所在。试点是为了“带面”，或是为面上改革扫除体制机制障碍，或是为面上改革提供示范引领，试点学院也是要探索具有普遍意义的制度安排或改革举措，进而在试点高校的其他学院乃至全国的高校加以推广。

然而，令人遗憾的是，5所案例试点学院在“三改革一完善”过程中侧重于增量调整与既有权属范围内的技术创新，或多或少都有将“试点”变为“造点”的嫌疑。政策倾斜、经费投入、总结表彰聚焦于“点”，而体制机制共性问题破解、试点经验扩

① 李允杰，丘昌泰.政策执行与评估［M］.北京：北京大学出版社，2008：32.

散推广则不放在心上，“造点”由手段变为试点目的，“以点带面”停滞于“以点代面”。[①] 试点学院似乎陷入“造点”逻辑的困境之中，尤其是当前少数试点学院实行的是迥异于改革目标的增量改革、精英教育，更是被各方诟病，成为教育公平正义的一大焦点问题。机械试点的结果无疑会对所在高校的其他院系造成挤压，非试点普通学院对试点学院有不同看法与攀比心理，甚至是误解，这对体制机制改革并无助益，要发挥示范带动作用也几无可能。

三、H省试点学院改革的达成度不一

效果评价是政策试点承上启下的关键一环，效果评价理想则政策试点极有可能推广扩散，效果评价不理想则可能中止试点甚至追责。“对一项探索性实践进行价值判断，通常有两种评价尺度：一是以实践的原点为基准，看它告别原点走向人们预期目标的距离；二是以预期目标为基准，看它接近目标还有多远。”[②]换言之，探索性的政策试点有两种评价尺度：一种是正向型的，重在考察试点前后的进步与成就；另一种是反向型的，对照试点目标度量现状与目标之间的差距。从实际进展来看，H省试点学院“三改革一完善”的目标达成度依次为人才培养模式改革、教师遴选与考评制度改革、学院内部治理结构完善、学生招录与选拔方式改革。与此同时，5所案例试点学院基于“理性经济人”原则，在试点政策执行过程中或多或少地采取“象征性合作”[③]，试点学院之间的改革总体成效存在着较大差距，由高到低依次为HZ大学G学院、SX大学D学院、HJ学院F学院、WD学院J学院、WF大学X学院。

从表象上看，H省试点学院及所在高校“三改革一完善”成果丰硕，超过七成教师对试点学院改革基本满意并持乐观态度，在H省教育厅试点学院绩效考核中获得优良等级。表象的背后，实质上是试点学院改革政策执行出现偏差，试点学院之于校内非试点学院未获得充分认可，试点学院之于试点高校治理体系建设影响有限，试点学院之于高校管理体制改革“存在感”偏低。试点学院停留在本学院“典型试验”阶段，没有在校内由试点转为示范，改革经验并未有效扩散到校内非试点学院，对所在高校内部治理结构完善贡献度偏小，也未能取得试点高校非试点学院以及非

---

① 陈廷柱，肖乃涛.试点改革如何才能推进高等教育体制机制创新：基于国家试点学院兴衰成败的案例反思[J].江苏高教，2020(10)：1-7.

② 田培炎.公务员制度试点的回顾与反思[J].法学研究，1994(1)：28-35.

③ 布雷塞斯，霍尼赫，张蓉燕.政策效果解释的比较方法[J].国际社会科学杂志(中文版)，1987(2)：115-134.

试点高校的“合法性认可”。即便试点学院的旗帜仍然被某些试点单位艰难地托举着，或是被某些试点单位功利地舞动着，但未能深度触及国家高等教育管理体制机制创新是基本事实。可以预见，试点学院无望通过行政命令自上而下实现“组织化扩散”，这与当初其所拥有的地位、所承载的期望不相匹配。

试点学院改革是一场攻坚战，也是一场持久战。H省教育厅对试点学院改革秉承“边试点边评估”“走一步看一步”的基本态度，“对试点学院的改革发展情况实行定期检查，建立动态管理机制”。[①] 与此同时，对试点学院实行滚动支持，“组织专家对部分省属公办高校改革项目进行考核评价，考核评价结果将作为下一年度教育事业项目预算安排的重要参考”。可见，试点效果评估与试点改革进程正相关，如果试点评估效果好，H省教育厅会据此增加经费投入、加大政策支持力度，进而加快试点学院改革进程；反之，将减少试点经费预算、责成试点高校自查自纠，甚至行政问责，这必然延缓、搁置试点学院改革。

① 湖北省教育厅.关于推进高校试点学院改革的意见：鄂教高〔2013〕2号[Z].2013-01-18.

第四章
H 省试点学院改革制约因素的实证分析

从内外部评价来看，教育主管部门对 H 省试点学院改革总体上是持肯定意见和满意态度的。然而，与之形成反差的是个别试点学院改革举步维艰甚至停滞不前。本章首先基于试点改革相关文献和现状分析，提出制约 H 省试点学院改革的 5 个可能因素；接着依据 5 所案例试点学院的问卷调查数据，对 5 个可能因素进行检验分析；最后根据检验结果，归纳、阐释制约试点学院改革的主要因素。

第一节　制约 H 省试点学院改革的可能因素

试点是政策求解的重要手段，也是减少不确定性、形成改革共识的基本经验，其常见过程是选点、实施、评估、宣传和推广。然而，并非所有试点都遵循这一过程，试点结果大致有三类：全国扩散、局部推广、止步首轮。2000—2012 年中央机构发起的政策试点结果表明，在信息可信度高、可供观察影响因素全的 186 项政策试点样本中，100 项政策试点范围扩大到全国或上升为法规政策，59 项政策试点得到局部推广，27 项试点则止步首轮。[①] 当然，首轮试点停止又分为两种情况：一种是在试点过程中外部条件发生不可预见性的变化，导致不宜继续开展试点，试点组织者和实施者主动停止试点，比如公立高校公开招聘校长改革试点；另一种是试点受到多种因素影响，无法按既定的方案开展下去，不得不被动停止，比如高校人事代理制度改革试点等，此种情形较多。

从试点学院改革进程来看，5 所案例高校仅有 HJ 学院试点学院改革在校内有所推广，校内 10 个院系进行改革试点，并建有 2 所省级试点学院；H 省仅有 12 所高校拥有 2 所试点学院，其他高校大多只有 1 所试点学院；试点学院大多仅局限在本

① 吴怡频，陆简.政策试点的结果差异研究：基于 2000 年至 2012 年中央推动型试点的实证分析[J].公共管理学报，2018(1)：58-70，156.

学院进行试点，并未扩散和推广到校内其他学院，对所在高校管理体制机制改革的影响微乎其微。教育部主管试点学院工作的高等教育司，2014 年后基本停止了试点学院相关工作，试点学院改革专栏官网于 2020 年更新撤销，国家试点学院基本搁置。云南省、河北省仅仅设立了首批省级试点学院。广东省虽然分五批设立了 32 所省级试点学院，但在 2018 年后转向产业学院。H 省试点学院从 2013 年的专项改革，到 2017 年纳入“本科教学质量提高工程”子项目，再到 2021 年停止专项经费支持，后续不再审批省级试点学院。目前，笔者尚未发现首轮试点周期超过五年、后续仍然能够推广的试点案例。因此，可以判断试点学院改革将止步首轮、不了了之。试点改革无非成功和失败两种结果，只成功不失败的试点现象绝不正常。从理论上讲，无论试点成败都应进行经验教训总结。基于已有的文献资料和试点学院案例考察，本书认为存在以下影响和制约试点学院改革的主要因素。

一、办学自主权的大小决定着试点学院改革的进度和深度

落实和扩大办学自主权是试点学院改革的题中应有之义，也是试点学院改革顺利开展的根本保障。2018 年 12 月 29 日，第十三届全国人民代表大会常务委员会第七次会议通过了修订的《中华人民共和国高等教育法》（第二次修正），其第三十二条至第三十八条具体规定了高等学校享有的 7 项自主权，涉及招生录取、学科（专业）设置、教学实施、科研服务、国际合作、机构设置和资产使用[①]，基本覆盖了高校办学活动的主要方面。特别是近年来国家通过法律确权、章程赋权、简政放权、依法维权等举措，一定程度上落实和扩大了我国公办高等学校的办学自主权。[②] 试点学院作为一项综合改革试验，与目前一些高校旨在培养拔尖人才的实验班、试点班迥然不同，试点（实验）班往往是在专业、课程层面进行单项改革，较少涉及管理体制及制度体系问题。如果赋予试点学院充分的教学、科研和管理自主权，并承担相应责任，则能加快试点学院“三改革一完善”进程。反之，如果试点学院办学自主权虚化，那么试点学院很难突破现行考试招生、专业设置、教师聘任、经费使用、考核评价等规章制度的束缚，与普通学院无异。

① 中华人民共和国高等教育法[Z].2018-12-29.

② 孙霄兵.我国高等学校办学自主权的发展及其运行[J].中国高教研究，2014(9)：9-15.

二、规章制度是试点学院改革的重要前提，推动或延缓着试点改革的进程

近年来，我国修订了《中华人民共和国高等教育法》《中华人民共和国教育法》，出台了《中华人民共和国学位法》《学校教职工代表大会规定》《高等学校章程制定暂行办法》《高等学校学术委员会规程》《普通高等学校理事会规程》《普通高等学校学生管理规定》，高等教育的国家法律体系不断完善。此外，中国特色社会主义高校治理的制度约束不仅包括国家的宪法、法律、行政法规和部门规章，还包含以党章为核心的与高等教育有关的党内法规体系。① 我国高等学校的治理体系根植于国家体制机制和治理结构之中，深深嵌入国家和地方的法律政策、经济社会发展等外部环境，并通过科层制、项目制实现了“中央—地方—高校—学院”的层层制度嵌套。制度嵌套有利于组织对外部资源的获取，同时组织也受其所嵌入的制度因素的动态约束。试点学院及所属高校在具体的改革进程中，尤其是涉及人事、社保、财政、物价、科技等现行政策调整时，期待能从上级政府部门获得更多的办学资源和超常规的政策支持。“一统就死，一放就乱”的历史教训，使得教育主管部门在高校尚未建立起自我发展、自我约束机制之前，不敢也不愿赋予试点学院及所属高校更多的办学自主权。包容性制度能够助推试点学院改革，而汲取性制度则框定了试点学院改革可能涉及的范围。

三、试点高校内部是否协调一致，是试点学院能否深化改革的重要基础

试点学院是一项事关全局的改革，着眼于突破单项改革在推进过程中遇到的教育资源分散、办学封闭、效率低下等多方面的难题。《教育部关于推进试点学院改革的指导意见》提出了24条针对性的支持政策和建议。试点学院综合改革不仅离不开教育行政管理部门，还涉及高校人财物的改革，不可避免地要对原有办学体制形成冲击、对既有资源配置格局进行重组，甚至重新调整各方利益关系。教育主管部门一再强调试点高校要把试点学院工作摆在重要议事日程上，切实落实这项“一把手”工程，主要领导亲自抓、负总责，分管领导全力抓，确保资金到位、政策到位、人员到位、落实到位。试点高校领导和有关部门负责同志要深入院系、深入师生，加强对

---

① 管华，张昊天.中国特色社会主义高校自治的制度约束[J].湖南师范大学教育科学学报，2018(4)：22-27.

试点学院工作的督促指导。要整合学校的各种资源，为试点学院创造条件、提供保障，并及时解决改革中出现的各种难题，为试点学院改革保驾护航。可见，试点学院改革离不开高校职能部门和其他二级学院的支持，如果试点高校领导及相关职能部门仍将试点学院囿于传统的校院两级管理模式之中，不愿放手、不敢放手甚至不会放手，那么试点学院注定难以实现预期的改革目标。

四、试点经费是试点学院改革有效推进的财力保障

试点经费属于高校专项经费，是政府财政部门拨付给高校用于完成指定任务、专项工作的资金。[①] 比如基本建设经费、大型修建和购置经费、课程建设经费等具有专门用途的经费。专项经费绝非改革的目标，只是改革的必要手段。1994 年分税制改革导致地方政府财政困难，中央不得不对地方采取转移支付的办法。2005 年农村税费改革上升为国家法律，新中国实施了近五十年的农业税条例被依法废止，很大程度上得益于国家财政状况好转、经费较为充裕。[②]近年来，财政性专项投入极大地充实了大学财力，高校的硬件条件得到明显改善，为高等教育内涵式发展提供了物质基础。肯定专项经费贡献的同时，也要认识到专项经费被碎片化使用的现象，教育教学、科学研究、师资队伍以及学科建设、基本设施建设等无所不包。高校如何承接好下放的财政权力，管理好专项经费，充分提高专项经费效益，成为当前亟须解决的难题。试点学院改革涉及面广、难度大、政策性强，专项经费的有无、多寡，不仅关系到试点学院改革的物质条件，还影响到试点学院的改革意愿，需要有关部门进一步从经费、政策和舆论环境等方面提供必要的支持。

五、试点学院改革能否取得预期成效，很大程度上取决于能否吸引一批骨干教师参与改革实践

事实证明，无论做什么事情，起关键作用的始终是人。教师是改革的实施者，也是改革的承受者。没有广大教师和干部职工的积极参与和大力支持，任何教育教学改革都无法顺利进行。纵观世界各国名校，无论是公立的还是私立的，之所以能够在若干学科领域独领风骚，核心是聚集了一批顶尖人才和领军人物。不可否认，试点学院及所在高校、所属上级政府在试点改革上投入了大量精力、花费了大量心血。

① 孙静.高校专项经费管理浅析[J].教育财会研究，2011(3)：44-46.

② 庞清辉.减免农业税决策内幕[J]. 百姓生活，2013(5)：54-55.

集体行动困境理论一再告诫人们,“除非一个集团中的人数很少,存在强制或其他某些特殊手段促使个人按照他们的共同利益行动,理性的、自利的个人将不会采取行动以实现他们共同的或集团的利益”①。集体行动并不是一种自然现象,在很多情境下,“集体不行动”才是自然的结果。②“搭便车”是导致集体不行动、改革进展不力的重要原因。与此同时,试点高校领导、中层干部,以及试点学院院长、书记,大多是某个领域的专家学者或业务骨干,高等教育专业知识相对不足,对试点改革存有认识误区;有的高校对试点学院改革核心任务理解有偏差,没有把工作重心放在体制机制创新上,仍将试点学院改革等同于一般的具有经费支持的教学改革项目,持等待观望的态度。可见,试点学院教师如果将主要精力放在教书育人上、放在改革创新上,那么就能形成人人关心改革、人人支持改革、人人参与改革的良好氛围,必然加快试点学院改革进程;相反,如果大多数教师“搭便车”、重名利,试点学院改革将寸步难行。

通过上述分析,笔者认为,影响和制约试点学院改革进程的主要因素,可能包括试点学院及所在高校的办学自主权、试点高校的内部协同性、试点学院改革的制度环境、试点学院改革的专项经费,以及试点学院教师的参与度。换言之,高校办学自主权越大,试点学院越有可能突破传统高校管理体制的束缚;试点高校内部协同性越好,试点学院达到预期改革目标的可能性就越高;汲取性制度有可能阻碍试点学院改革,包容性制度则能推动试点学院改革;试点经费特别是上级部门划拨的财政性经费越多,试点学院改革的意愿就越强烈,试点转示范的可能性就越大;教师投入试点改革的时间和精力越多,“搭便车”的人越少,试点学院改革进度就越快,成效也越大。反之,得不到经费资助和教师支持的试点学院改革将会偃旗息鼓。

第二节　制约 H 省试点学院改革的因素分析

政策试点是基于实用主义哲学、遵循实验主义治理逻辑的准政策实验形式,可以视为“自然科学实验方法在社会科学中的移植”,即在人为控制某些政策变量的情况下,考察实验对象的反应,探求因果关系规律,进而复制并推广试点经验及其有效

---

① Olson M. The logic of collective action[M]. Cambridge: Harvard University Press, 1971: 2.

② Oliver P. Formal models of collective action[J]. Annual review of sociology, 1993(19): 271-300.

做法。① 教育政策试点虽然不如自然科学实验研究那般严格规范，但是对教育政策试点的设计、过程和结果进行考察和验证，不仅有利于总结和修正试点经验，还为试点政策大范围扩散提供了科学依据。从认识论的视角观察，这是一个实践—认识—再实践—再认识的深化过程。本书以探究制约试点学院改革的主要因素为目标，基于政策试点的前期研究和 5 所案例试点学院现状考察，着重检验和研讨“试点学院自主权”“试点改革现行规章制度”“试点高校内部协同性”“试点专项经费”以及“试点学院教师参与度”对试点学院改革进程和改革效果的影响。

一、因素分析的信度与效度检验

本书尝试运用量化方法探究试点改革进程及其因果关系，通过问卷星收集了 5 所案例试点学院 136 份有效问卷。《H 省试点学院改革情况调查问卷》主要由调查对象基本信息、对试点学院改革的总体判断、“三改革一完善”任务落实、试点改革主要经验四部分构成，以选择题为主、简答题为辅（见表 4-1）。从调查对象对问卷第 6 题回答情况来看，136 名试点高校教师和管理人员认为制约试点学院改革的主要因素较多。50%及以上的调查对象认为高校自主权没有清晰界定、现行规章制度制约、职能部门不能协同推进、缺乏专项经费支持对试点学院改革制约很大；近 30%的调查对象认为教师积极性不高、学生参与不充分以及学校领导重视不够也是重要原因（见图 4-1）。

表 4-1　H 省试点学院改革调查问卷构成一览表

问卷构成		问题编号	题型类别
基本信息		Q1—Q2	单选
一、基本认识和总体判断		Q3—Q7	单选 多选 简答
二、工作推进与任务落实	（一）改革学生招录与选拔方式	Q8—Q10	
	（二）改革人才培养模式	Q11—Q13	
	（三）改革教师遴选与考评制度	Q14—Q16	
	（四）完善学院内部治理结构	Q17—Q32	
三、试点总结		Q33—Q36	单选、简答

① 陈廷柱，周静.教育改革试点向示范转进的逻辑与隐忧：基于 H 省本科院校转型发展试点示范现象的考察[J].苏州大学学报（教育科学版），2018(3)：1-12.

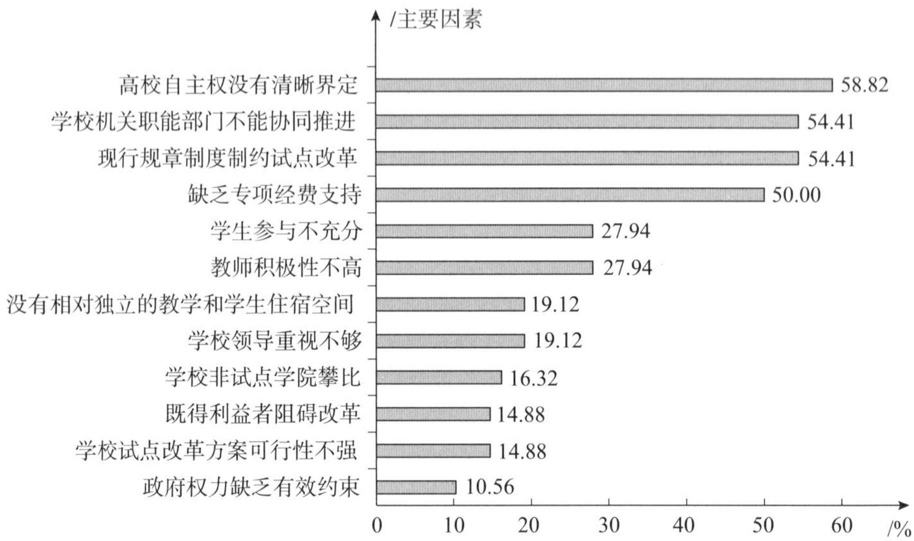

图 4-1 H 省试点学院改革执行阻滞的主要因素

为进一步验证调查对象对试点学院“三改革一完善”的评价选择结果的差异性是否具有统计学意义,本书以 136 份有效问卷为样本,利用 SPSS 23(中文版)独立样本 t 检验对上述五个主要因素的差异性进行考察。① 本书的调查问卷采取李克特量表,分为“非常理想”“理想”“不一定”“不理想”“非常不理想”五种回答选项,分别记为 1、2、3、4、5,数值越小,表示调查对象的评价越高。本书在进行独立样本 t 检验时,采取的是两个水平,因此 1—2 分定义为理想、3—5 分定义为不理想。本书以是否勾选第 6 题制约试点学院改革的五个主要因素为依据,逐一将调查对象区分为两个样本,并以此对第 5 题“试点学院改革的综合评价”、第 4 题“试点学院建设实质进展”的回答“是否理想”进行独立样本 t 检验,采取通常性的显著性水平 $\alpha=0.05$。

鉴于本书是基于调查问卷的量表数据进行因子分析,故采用 Cronbach's α(克朗巴哈)系数来检测调查对象对量表中条目回答内容的一致性及其数据信度。既往研究认为,Cronbach's α 系数大于 0.7,可视为问卷条目之间的一致性较好。本书 Cronbach's α 系数值为 0.786,说明本书问卷量表分析的信度较好。为进一步测量调查问卷量表题设计是否合理,本书采用因子分析检验问卷效度。KMO 值大于 0.9 表示非常适合,KMO 值为 0.7—0.9 表示适合,KMO 值为 0.6—0.7 表示较为适合,

① 邓维斌,周玉敏,刘进,等.SPSS 23(中文版)统计分析实用教程:第 2 版[M].北京:电子工业出版社,2017:73.

KMO值小于0.6应当放弃。巴特利特(Bartlett)球形检验值用以检验题项间相关系数是否显著,如果显著水平小于0.05,则适合做因子分析。本书量表题项因子分析结果表明,KMO值为0.704,且显著水平小于0.05,巴特利特球形度检验的卡方值为460.035(见表4-2),表明球形度检测具有显著意义,问卷量表题项适合做因子分析。总体来看,本书的问卷量表具有良好的信度与效度。

表4-2 H省试点学院改革调查问卷KMO值和巴特利特检验结果

KMO取样适切性量数		0.704
巴特利特球形度检验	近似卡方	460.035
	自由度	28
	显著性	0.000

二、可能制约因素的独立样本 t 检验

1.以"试点高校办学自主权不清晰"为因素,对试点学院改革综合评价及"三改革一完善"进展进行独立样本 t 检验(见表4-3)。

表4-3 试点高校办学自主权不清晰与试点学院"三改革一完善"独立样本 t 检验

		莱文方差等同性检验		平均值等同性 t 检验		
		F	显著性	t	自由度	显著性(双尾)
试点学院改革综合评价	假定等方差	109.072	0.000	-4.339	134	0.000
	不假定等方差			-5.015	128.814	0.000
改革学生招录与选拔方式	假定等方差	2.222	0.138	-1.917	134	0.057
	不假定等方差			-1.957	115.328	0.053
改革人才培养模式	假定等方差	1.636	0.203	-3.428	134	0.001
	不假定等方差			-3.460	111.446	0.001
改革教师遴选与考评制度	假定等方差	15.329	0.000	-3.626	134	0.000
	不假定等方差			-3.934	131.945	0.000
完善学院内部治理结构	假定等方差	1.307	0.255	-2.117	134	0.036
	不假定等方差			-2.156	114.525	0.033

对试点学院改革综合评价进行分析，发现莱文方差等同性检验的显著性为0.000<0.05，采用不假定等方差进行分析，其结果为$|t=-5.015|>3$，且显著性（双尾）为0.000<0.05，表明试点高校缺乏办学自主权对试点学院改革综合评价有显著影响。由于t值为负数，因此试点高校办学自主权越充分，则试点学院改革综合评价结果越理想。同理，分析“改革人才培养模式”“改革教师遴选与考评制度”和“完善学院内部治理结构”，表明试点高校办学自主权对这三项改革均有显著影响，试点高校办学自主权越充分，相应的这三项改革的推进就越理想。对“改革学生招录与选拔方式”进行分析，发现莱文方差等同性检验的显著性为0.138>0.05，采用假定等方差进行分析，其结果为$|t=-1.917|<3$，虽然显著性（双尾）为0.057>0.05，但是非常接近0.05，表明试点高校办学自主权对改革学生招录与选拔方式存在着一定的影响，而且试点高校办学自主权越充分，学生招录与选拔方式改革成效就越理想。

2.以“现行规章制度制约试点改革”为因素，对试点学院改革综合评价及“三改革一完善”进展进行独立样本t检验（见表4-4）。

表4-4 现行规章制度制约与试点学院“三改革一完善”独立样本t检验

		莱文方差等同性检验		平均值等同性 t 检验		
		F	显著性	t	自由度	显著性（双尾）
试点学院改革综合评价	假定等方差	5.921	0.016	−1.767	134	0.080
	不假定等方差			−1.763	121.834	0.080
改革学生招录与选拔方式	假定等方差	1.351	0.247	−4.307	134	0.000
	不假定等方差			−4.271	118.984	0.000
改革人才培养模式	假定等方差	14.448	0.000	−2.232	134	0.027
	不假定等方差			−2.334	133.983	0.021
改革教师遴选与考评制度	假定等方差	0.802	0.372	−3.477	134	0.001
	不假定等方差			−3.650	133.776	0.000
完善学院内部治理结构	假定等方差	0.033	0.857	−2.661	134	0.009
	不假定等方差			−2.724	131.428	0.007

对“试点学院改革综合评价”进行分析，发现莱文方差等同性检验的显著性为0.016<0.05，采用不假定等方差进行分析，其结果为$|t=-1.763|<3$，且显著性（双尾）

为 0.080>0.05，但是离 0.05 较近，所以存在一定的差异性，表明现行规章制度对试点学院改革综合评价有一定影响，且制度越完善，综合评价越理想。对“改革学生招录与选拔方式”进行分析，发现莱文方差等同性检验的显著性为 0.247>0.05，采用不假定等方差进行分析，其结果为 $|t=-4.271|>3$，且显著性（双尾）为 0.000<0.05，表明现行规章制度对改革学生招录与选拔方式有显著影响。由于 t 值为负数，因此现行制度越完善，学生招录与选拔方式改革就越理想。同理，对“改革人才培养模式”“改革教师遴选与考评制度”和“完善学院内部治理结构”进行分析，发现现行制度越完善，人才培养模式改革、教师遴选与考评制度改革以及学院内部治理结构完善进展越理想。

3. 以“试点高校职能部门不能协同推进”为因素，对试点学院改革综合评价及“三改革一完善”进展进行独立样本 t 检验（见表 4-5）。

表 4-5 试点高校职能部门不能协同推进与试点学院“三改革一完善”独立样本 t 检验

		莱文方差等同性检验		平均值等同性 t 检验		
		F	显著性	t	自由度	显著性（双尾）
试点学院改革综合评价	假定等方差	6.899	0.010	-2.174	134	0.031
	不假定等方差			-2.128	75.009	0.037
改革学生招录与选拔方式	假定等方差	2.377	0.126	-1.387	134	0.168
	不假定等方差			-1.286	66.709	0.203
改革人才培养模式	假定等方差	3.761	0.055	-1.456	134	0.148
	不假定等方差			-1.541	90.700	0.127
改革教师遴选与考评制度	假定等方差	5.103	0.026	-4.426	134	0.000
	不假定等方差			-3.983	62.789	0.000
完善学院内部治理结构	假定等方差	0.664	0.417	-2.696	134	0.008
	不假定等方差			-2.823	88.231	0.006

对“试点学院改革综合评价”进行分析，发现莱文方差等同性检验的显著性为 0.010<0.05，采用不假定等方差进行分析，其结果为 $|t=-2.128|<3$，且显著性（双尾）为 0.037<0.05，表明试点高校职能部门不能协同推进对试点学院改革综合评价有显著影响。由于 t 值为负数，因此职能部门协同性越强，那么试点学院改革综合评价

就越理想。分析还发现,试点高校职能部门不能协同推进对试点学院"改革教师遴选与考评制度""完善学院内部治理结构"也具有显著影响。但是,对"改革学生招录与选拔方式"进行分析,发现莱文方差等同性检验的显著性为 0.126>0.05,采用假定等方差进行分析,其均值 t 检验的显著性(双尾)为 0.168>0.05,表明试点高校职能部门的协同性对"改革学生招录与选拔方式"没有显著影响。同理,对"改革人才培养模式"进行分析,发现试点高校职能部门的协同性对"改革人才培养模式"也没有显著的影响。

4. 以"试点学院改革缺乏专项经费"为因素,对试点学院改革综合评价及"三改革一完善"进展进行独立样本 t 检验(见表 4-6)。

表 4-6 试点学院改革缺乏专项经费与试点学院"三改革一完善"独立样本 t 检验

		莱文方差等同性检验		平均值等同性 t 检验		
		F	显著性	t	自由度	显著性(双尾)
试点学院改革综合评价	假定等方差	0.175	0.676	0.000	134	1.000
	不假定等方差			0.000	131.968	1.000
改革学生招录与选拔方式	假定等方差	10.377	0.002	−1.604	134	0.111
	不假定等方差			−1.604	116.440	0.111
改革人才培养模式	假定等方差	1.323	0.252	1.320	134	0.189
	不假定等方差			1.320	133.988	0.189
改革教师遴选与考评制度	假定等方差	7.742	0.006	0.000	134	1.000
	不假定等方差			0.000	119.720	1.000
完善学院内部治理结构	假定等方差	1.224	0.271	2.407	134	0.017
	不假定等方差			2.407	133.640	0.017

对试点学院改革综合评价进行分析,发现莱文方差等同性检验的显著性为 0.676>0.05,采用假定等方差进行分析,其结果为 $|t=0.000|<3$,且显著性(双尾)为 1.000>0.05,表明有没有专项经费,对试点学院改革综合评价的均分没有显著差异性。对"改革学生招录与选拔方式"进行分析,发现莱文方差等同性检验的显著性为 0.002<0.05,采用不假定等方差进行分析,其结果为 $|t=-1.604|<3$,且显著性(双尾)为 0.111>0.05,表明有没有专项经费,对改革学生招录与选拔方式没有显著差异性。

同理分析“改革人才培养模式”“改革教师遴选与考评制度”，发现有没有专项经费支持，对这两项改革没有显著差异性。但是，对“完善学院内部治理结构”进行分析，发现莱文方差等同性检验的显著性为0.271>0.05，采用假定等方差进行分析，其结果为 $t=2.407$，且显著性（双尾）为 0.017<0.05，表明有没有专项经费支持，对完善学院内部治理结构存在一定的差异性，而且在没有经费支持下，完善学院内部治理结构更理想。

上述结果表明，专项经费对试点学院学生招录与选拔方式改革、人才培养模式改革、教师遴选与考评制度改革均没有显著影响，仅对学院内部治理结构完善有一定的影响。需要指出的是，越是认为“试点学院不缺乏专项经费”的教师对试点学院内部治理结构完善越不满意，换句话说，科研经费越充足、学术水平越强、经济地位越高的教师对学院内部管理越不满意。可见，专项经费并非试点学院改革进展不力的显著性影响因素。为何专项经费对试点改革的影响不显著呢？

一是高校办学经费特别是专项经费快速增加。随着我国经济社会发展，教育投入逐年增加，高校预算总盘子越来越大。《国家中长期教育改革和发展规划纲要（2010—2020 年）》颁布以来，中央和地方政府对高校的投入有了大幅度的增加，不少高校为了加快建设步伐还从银行大幅贷款，高校办学经费愈益充裕。2022 年，全国教育经费总投入为 61 329 亿元，比 2021 年增长 5.97%。其中，国家财政性教育经费为 48 473 亿元，占 2022 年国内生产总值（1 210 207 亿元，取整）的 4.01%，比 2021 年增长 5.75%，全国普通高等学校生均一般公共预算教育经费为 20 926 元，比 2021 年下降 0.31%。[①] H 省普通高等学校 2022 年生均一般公共预算教育经费为 18 404 元，比 2021 年的 18 248 元增长 0.85%。2023 年在中央财政全面收紧的情况下，我国仍然有 20 所部委属高校的年度决算超过 100 亿元，其中清华大学 411 亿元位居第 1 位，HZ 大学也达到了 137 亿元，排列第 12 位。但是，我国高等教育生均经费总体呈现出低水平、慢增长、不均衡的特征。[②]

二是专项经费绩效管理严苛导致开支难。国家日益重视财政绩效管理，“花钱必问效，无效必问责”。财政部门相继推行了绩效预算、国库集中支付以及政府集中采购等一系列改革，以加强资金管理，提高经费使用效益。在改革过程中，由于高校自身原因，以及财政政策与高校的有机衔接不够等因素，专项经费在支出进度上没

① 教育部，国家统计局，财政部. 关于 2022 年全国教育经费执行情况统计公告：教财〔2023〕8 号［Z］. 2023-11-21.

② 杜鹏，顾昕. 中国高等教育生均教育经费：低水平、慢增长、不均衡［J］. 中国高教研究，2016(5)：46-52.

有达到规定要求,出现了资金结转问题。[①] 高校财务报账、招投标流程、资产管理等越来越规范、严格,专项经费在预算期内使用不完则收回,不能打通使用。"家里有酱油没有醋,计划买醋的钱用完了,买酱油的钱却有剩余,统筹、变通使用是自然而然的事情,但是如果完全放开,谁又能保证这笔钱不会被拿去买饮料?"[②]"乱花钱"的顽疾未除,又添"不敢花"的新病症。中央政府有关部门已意识到这个问题,2021年出台了《关于改革完善中央财政科研经费管理的若干意见》,党中央、国务院明确要求简政放权与强化监管相结合,进一步优化科研经费管理,并提出多项"松绑+激励"措施,允许部分"打酱油的钱"可以"买醋"。

与此同时,高校办学经费项目化日趋严重。我国公办高校办学经费来源主要有财(财政拨款)、税(教育税费优惠)、费(事业性收费)、产(校办产业收入)、基(各类教育基金)、科(科研经费)、社(社会捐赠)、贷(各种贷款)、息(各类利息收入)9种途径。其中,财政拨款、事业性收费和科研经费占比居前三位。近年来,我国高等教育经费的政府负担比例大约为60%(低于欧盟国家平均水平),而私人负担比例大约为25%(高于发达国家平均水平),步入政府投入为主、社会多渠道投入为辅的阶段。在政府负担的高等教育经费中,中央和地方政府为完成高等教育事业发展目标或特定的工作任务而设立的专项经费种类繁多、比例偏高。以试点学院所在高校WF大学为例。WF大学决算总收入(不含贷款)从2013年的4.85亿元增长到2023年的12.74亿元,近两年每年结转经费超过5 400万元。其中,WF大学2023年争取到中央财政支持地方高校改革发展专项资金12 565万元、省属高校"双一流"建设专项资金17 589万元、学科建设补助经费13 421万元、学生资助专项资金5 618万元、教育强国推进工程基建专项资金1 928万元,各类专项经费超过5亿元。尽管专项经费专款专用、国库集中管理,且专项经费类型多样、总量巨大、限期花费,给外界留下高校办学经费太多的错觉,但实际上高校可自主支配的经费比例较少。部分国家试点学院自己测算,每年需要的建设经费从350万元至3.8亿元不等,特别是提高中青年骨干教师待遇的经费比较短缺。

总的来看,1994年我国实行分税制改革(2018年国税地税机构再次合并)以来,项目经费成为中央财政向地方财政转移支付的主要途径,政府采取项目驱动的方式

① 丁妥.关于加快高校专项经费支出进度的思考[J].教育财会研究,2017(1):17-21,26.

② 扶贫资金:买酱油的钱可不可以买醋?[EB/OL].(2016-11-26)[2022-10-22].http://finance.sina.com.cn/china/hgjj/2016-11-26/doc-ifxyawmp0241543.shtml.

将教育项目由资助模式逐步深化为教育改革发展的治理模式。① 这样一来，一方面政府以“基数+专项”的方式划拨经费，高等教育专项经费竞争激烈、程序繁杂；另一方面专项经费管理参照政府机关，不符合高校实际，经费到账时间晚、花钱周期短，余额收回，有钱花不出去。试点学院也处于“经费不足又花不出去”的尴尬境地。试点学院涉及面广、难度大、政策性强，确实需要从政策、经费和舆论等多方面提供必要的支持。但是，诸如教学与科研相结合、教师评聘分开、实行教授治学等高校本来就应有的秩序和机制，不是非要资金投入才能推行的。

5.以“教师参与试点改革积极性不高”为因素，对试点学院改革综合评价及“三改革一完善”进展进行独立样本 t 检验（见表4-7）。

表4-7　教师参与试点改革积极性不高与试点学院“三改革一完善”独立样本 t 检验

		莱文方差等同性检验		平均值等同性 t 检验		
		F	显著性	t	自由度	显著性（双尾）
试点学院改革综合评价	假定等方差	29.401	0.000	−4.528	134	0.000
	不假定等方差			−3.772	49.611	0.000
改革学生招录与选拔方式	假定等方差	1.165	0.282	−1.157	134	0.249
	不假定等方差			−1.182	70.441	0.241
改革人才培养模式	假定等方差	0.000	0.987	−3.280	134	0.001
	不假定等方差			−3.302	68.331	0.002
改革教师遴选与考评制度	假定等方差	0.663	0.417	−3.841	134	0.000
	不假定等方差			−3.777	65.176	0.000
完善学院内部治理结构	假定等方差	6.165	0.014	−4.722	134	0.000
	不假定等方差			−4.363	58.144	0.000

对试点学院改革综合评价进行分析，发现莱文方差等同性检验的显著性为0.000<0.05，采用不假定等方差进行分析，其结果为 $|t=-3.772|>3$，且显著性（双尾）为0.000<0.05，表明教师参与试点改革积极性对试点学院改革综合评价有显著影响。由于 t 值为负数，因此教师参与改革的积极性越高，试点学院改革综合评价的

① 陈廷柱.警惕高等教育质量项目化[J].大学教育科学，2019(5)：11-12.

分值越低，说明试点效果越理想。同理，分析“改革人才培养模式”“改革教师遴选与考评制度”以及“完善学院内部治理结构”，结果发现教师参与试点改革积极性对这三项改革进展有显著影响，且教师积极性越高，这三项改革进展就越理想。但是，对“改革学生招录与选拔方式”进行分析，发现莱文方差等同性检验的显著性为0.282>0.05，采用假定等方差进行分析，其结果为$|t=-1.157|<3$，且显著性（双尾）为0.249>0.05。

上述结果表明，教师参与试点改革的积极性除了对试点学院学生招录与选拔方式没有显著影响外，对人才培养模式改革、教师遴选与考评制度改革、学院内部治理结构完善均有显著影响。前文论述已经表明，学生招录更多地受到国家政策调控，教师除了参与招生宣传外，对学生招录并无实质性影响。问卷调查显示，超过72%的调查对象认为，教师积极参与试点学院改革，并不存在研究预设的试点改革“搭便车”情形。认真反思，问卷调查对象是一个重要原因。本次问卷共有5所案例试点学院136名教师参与调查，其中学院班子成员、相关职能部门处级干部、个别试点学院分管校领导等管理人员29人，普通教师则有107人、占比约79%。普通教师出于自身利益考虑，绝不会承认自己积极性不高、参与度不深。更为关键的是，当前高校对教师的评价仍然是个未解的难题。

一是教师投入试点改革的时间难以量化。大学教师主要从事脑力劳动，其工作自由度和灵活度较高，与高校管理和服务人员不同，其工作时间难以界定。一般来说，教师工作时间大致可以分为教学时间、科研时间和社会服务时间，其中教学时间主要包括备课、课堂教学、课程辅导、课程考试以及学生毕业论文（设计）指导和答辩，可以用教学工作量大致衡量；科研时间主要包括科研实验、专业阅读、论文写作与发表、参加学术活动等，相应的用科研工作量或科研绩效来表示；而社会服务时间则比较泛化，专业咨询和服务都可计算在内。研究表明，美国、日本、加拿大、韩国等大学教师每周工作时间50个小时以上，中国大学教师工作时间超过《中华人民共和国劳动法》规定的法定劳动时间18.8%。[①] 同时，教师工作时间的长短受到教师性别、职称、所在大学层次等多种因素影响：男教师比女教师工作时间长、科研时间比例较高、教学时间比例较低；高职称教师比低职称教师工作时间长，正教授最长、讲师最短；高层次大学教师比一般大学教师工作时间长、科研时间多而教学时间少，特

---

① 刘贝妮.高校教师工作时间研究[J].开放教育研究,2015(2):56-62.

别是“985工程”大学男性正教授的工作时间最长，而助教在服务与管理上占用时间太多。① 高等教育市场化之后，社会对大学的要求越来越多元化，大学之间的竞争日趋白热化，大学教师面临着越来越繁重的教学、科研与职务晋升压力，不得不疲于应付、超负荷工作。我国高校51%的教师认为总体工作“超负荷”，其中16%的教师感到“严重超负荷”，而且科研压力普遍超过教学压力。② 试点学院作为综合改革项目，“三改革一完善”基本覆盖了教师教学、工作的大部分要素，教师非教学科研任务、学生第二课堂也占用了大量的时间和精力；此外定期例会、填报表格、差旅报销等日常琐事也耗时费力，大学教师被迫成为“多面手”。在这种情况下，大学教师自然认为自己投入学校安排的各项工作的时间多、消耗精力大，几乎不会仔细考量这些时间和精力与试点学院“三改革一完善”的关系有多大、贡献有多少，甚至不情愿花费时间在学院内部治理结构完善等不产生直接经济效益、短期内与自身无直接利害关系的“杂事”上。

二是教师参与试点改革的成效不易评价。考核评价是大学教师的“指挥棒”。由于教师工作专业化程度高、相对自主，如何评价教师成为高校人事制度改革的难题。高校教师评价一般分为三种类型：第一种是教师胜任力评价，即通过纸笔测验、试讲等评估教师所具备的素质和能力，主要用于职前培训和遴选考评；第二种是教师绩效评价，即对教师工作表现和工作质量作出主观评定；第三种是教师有效性评价，即采取标准化信息收集和相互比较，进而对学生在教师的影响下主要的教育目标达成情况作出结论。③ 当前教师评价主要聚焦于教师绩效评价，并由此带来两个方面的问题。一方面，教师评价“量化为主”，将教师的科研、教学、社会服务等履职情况按一定标准进行折算，用以衡量教师的学术产出价值。④ 这种基于物化逻辑、以“量化为主”、绩效优先的评价制度，渗透到教师学术活动的方方面面，虽然在一定程度上调动了教师的积极性和竞争力，但也产生了“唯论文、唯帽子、唯职称、唯学历、唯奖项”的“五唯”导向偏差问题。⑤ 教育主管部门已清醒地认识到“量化为主”评价

① 沈红，谷志远，刘茜.大学教师工作时间影响因素的实证研究[J].高等教育研究，2011(9)：55-63.

② 沈红.中国大学教师发展状况：基于“2014中国大学教师调查”的分析[J].高等教育研究，2016(2)：37-46.

③ 蔡永红，黄天元.教师评价研究的缘起、问题及发展趋势[J].北京师范大学学报(社会科学版)，2003(1)：130-136.

④ 沈红，刘盛.大学教师评价制度的物化逻辑及其二重性[J].教育研究，2016(3)：46-55.

⑤ 操太圣.“五唯”问题：高校教师评价的后果、根源及解困路向[J].大学教育科学，2019(1)：27-32.

产生的消极后果，破“五唯”正处于起步和高位推动阶段。另一方面，教师评价“重科研轻教学”。教学与科研是现代大学的基本职能，教学与科研的关系也是现代大学的根本问题。如果大学只搞教学不搞科研，那么它与职业培训有何区别？如果大学只重科研不重教学，那么它与科研院所差别在哪？教师是大学教学与科研职能的具体实施者，虽然教师基本认可教学与科研相统一的原则，但实际行动却与理念相背离。调查表明，教师认可的教学、科研、社会服务权重为4∶4.5∶1.5，而教师教学与科研实际偏好则为2∶8。特别是当前高校科研评价过于强调发现的学术研究、应用的学术研究，有意无意忽略了教学的学术研究、综合的学术研究。

本书中的5所案例试点学院，教师对人才培养模式改革最满意，学生招录与选拔方式改革、学院内部治理结构完善并列居中，而对教师遴选与考评制度最不满意。这无疑与试点高校教师评价政策、教学科研关系处理直接关联，大学实有必要改进教师评价制度、倡导科研服务教学。鉴于问卷调查对象主要是教师，未将“学生参与试点改革不充分”纳入因素分析。需要引起重视的是，当前高校学生学习的积极性、主动性均有待进一步提高。

第三节　制约H省试点学院改革的因素讨论

H省试点学院是教育厅在国家试点学院的引导和示范下，为备选第二轮国家试点学院而在本省进行的学院层面的试点改革尝试。本书提出的5项可能制约试点学院改革的因素，通过独立样本t检验发现3项得到支持、2项显著性不高。“高校自主权没有清晰界定”“现行规章制度制约”“职能部门不能协同推进”3个因子，在旋转前对整体的解释度和旋转后对整体的解释度均能达到77.099%（见表4-8）。由此可见，试点高校办学自主权、高校管理现行规章制度、试点高校内部协同性是影响试点学院“三改革一完善”的主要因素，检验结果所蕴含的深层次原因有必要予以探讨。

表4-8 H省试点学院改革制约因素主要成分总方差解释一览表

成分	初始特征值	提取载荷平方和		旋转载荷平方和		
	总计	百分比	累积 %	总计	百分比	累积 %
高校自主权没有清晰界定	3.245	40.559	40.559	2.643	33.038	33.038
现行规章制度制约	1.844	23.046	63.605	1.87	23.372	56.41
职能部门不能协同推进	1.08	13.494	77.099	1.655	20.689	77.099
缺乏专项经费支持	0.581	7.269	84.368			
教师参与试点改革积极性不高	0.416	5.206	89.574			

一、办学自主权不充分阻碍试点学院改革

独立样本 t 检验表明，缺乏办学自主权是制约试点学院改革的重要因素。办学自主权是高校抵御外部干预、自主处理学校内部事务的重要凭仗。近年来，我国高校办学自主权虽然不断扩大，但总体不足，这已成为高等教育战线的共识，也是试点高校的切身感受，更是教育主管部门的疑惑所在：政府对高校的管理已经相当克制，高校已经依法取得了广泛权利，为什么仍然抱怨自主权不充分呢？高校究竟需要什么样的自主权？假如高校拥有了更大的自主权，会不会滥用呢？① 要回答这些疑问，就有必要对试点学院所在高校的办学自主权落实情况进行深入细致的探究。

（一）高校关键的办学自主权未能真正下放

“办学自主权”不是一个成熟的专业术语或法律定义，仅是我国高等教育领域特有的一个概念。虽然学者从不同的学科和视角进行了大量的研究，政府公文也多有提及，如国家教育体制改革领导小组2014年发布的《关于进一步落实和扩大高校办学自主权 完善高校内部治理结构的意见》，但学界并没有形成一个公认的定义。“办学”意为“办理学校”，既涵盖“举办”学校，也包括“经办”学校。就办学自主权的现实境遇以及试点学院本身而言，本书的“办学”首先聚焦“经办”学校，即本书并

① 卢晓中.高校自主权：落实或扩大?：基于国家教育政策文本的简要分析[J].苏州大学学报（教育科学版），2014(3)：6-8.

不讨论政府、公民个人、社会团体举办学校的资格或权力问题,而侧重于高校作为主体经营管理学校的行为与权力问题。其次,以高校为主体的“办学”,不仅包括“对高校内部事务和人员的管理”,还包括对“在办学过程中与外部主体之间的关系处理”。[①]

“自主”意味着“自己做主”,“自治”可视为“自行治理”,两者词义相近,都有“自己有权决定和处理自己的事务、不受外部干预或支配”的意思。目前学界对两者的关系与区别的深入研究有欠缺,有时将两者等同或混用。但是,两者的内涵是有区分的,两者的差别集中体现在“自我决断”的程度上,在高等教育领域,“自主”是“自治”的下位概念。[②] 也就是说,“自主”的决断程度要低于“自治”,“自主”是“自治”的子集,“自治”包含“自主”。几十年来,高校“自主”通常与权力一并研讨,而大学“自治”相关的研究成果可谓汗牛充栋,相对性是“自主”与“自治”最为突出的、具有广泛共识的特性。“自主”并非完全“自由”,既要自主发展,也要自我约束;“自治”是相对于“被他人治”或“治于他人”的“他治”而言的,从而形成了治理者与被治理者。约翰·S. 布鲁贝克也明确指出“传统的高等教育自治现在不是,也许从来都不是绝对的”[③]。伯顿·R.克拉克在《国际高等教育百科全书》中将大学自治界定为“大学作为一个整体机构的自我管理”,涉及招生、教职人员聘任以及机构管理、资金控制、课程设置、质量评价等诸多方面。[④] 彭虹斌对起源于中世纪的大学自治进行了梳理,追溯并厘清了英国、法国、德国、美国和日本五国大学自治的发展历史、基本模式、重要特征。[⑤] 韩永红经过比较归纳,认为大学自治应该包括教学研究、学生、人事、教授会、财政设施、校园管理六个方面的内容。总的来看,“高校办学自主权”实质是高等教育系统权力和责任的合理配置,核心在于如何处理政府与高校之间的关系。[⑥] 本书认为,“高校办学自主权”是指我国高校作为集体法人,以构建政府、高校、社会新型关系为导向,依法自主管理学校内部事务的权力。

2000 年以来,我国高校办学自主权不断落实和扩大。国家教育体制改革领导

---

① 陈兵. 论中国高校办学自主权 [D].武汉:中南财经政法大学, 2018.

② 郑毅.在自治与自主之间:论我国大学章程的价值追求[J].法学论坛,2012(5):83-84.

③ 约翰·S. 布鲁贝克.高等教育哲学[M].王承绪,郑继伟,张维平,等译.杭州:浙江教育出版社,2000:33.

④ 任小燕.“自治”抑或“他治”:民国时期公立大学董事会制度性质的历史考察[J].南京师大学报(社会科学版),2015(5):87-94.

⑤ 彭虹斌.西方五国大学自治的演变及特征[J].湘潭师范学院学报(社会科学版),2002(4):103-108.

⑥ 张振华.高校办学自主权及其落实问题研究[D].南京:南京农业大学,2012.

小组办公室明确了 7 项支持政策，并下放了一批行政审批事项，进一步落实和扩大《中华人民共和国高等教育法》赋予高校的 7 个方面的办学自主权。① 研究表明，我国高校办学自主权总体评价 49.3 分（百分制），处于“相对自主”的评价等级，达到了中等程度的自主水平。具体到各领域来看，教学自主权得分最高，达到“较为自主”的评价等级；其余依次是科研开发和社会服务权、国际交流合作权、财务自主权、机构设置与人事管理自主权、学科专业设置自主权、招生自主权，都处于“相对自主”的等级范围，②我国高校自主权改革无疑取得了较为可喜的成果。分析调查问卷发现，H 省试点学院所在高校约 67%的教师认为试点学院教学、科研和管理自主权得到落实并不断扩大，特别是试点学院依照学院章程自主确定发展规划并组织实施的程度高达 85%，教师选聘权、学术委员会学术成果评定权也超过了 70%（见表 4-9）。

表 4-9　试点学院办学自主权的满意度评价一览表

题目	完全符合	基本符合	不符合	完全不符合	不清楚
试点学院能够依照学院章程自主确定发展规划并组织实施	44 （32.4%）	72 （52.9%）	12 （8.8%）	2 （1.5%）	6 （4.4%）
试点学院教学、科研和管理自主权得到落实并不断扩大	30 （22.1%）	62 （45.6%）	36 （26.5%）	4 （2.9%）	4 （2.9%）
试点学院拥有较大的选聘教师自主权	44 （32.4%）	60 （44.1%）	18 （13.2%）	10 （7.4%）	4 （2.9%）
试点学院学术委员会拥有学科建设的审议权和学术成果等方面的评定权	48 （35.3%）	48 （35.3%）	30 （22.1%）	4 （2.9%）	6 （4.4%）
学校与学院有明确权力划分	44 （32.4%）	74 （54.4%）	4 （2.9%）	2 （1.5%）	12 （8.8%）

① 国家教育体制改革领导小组办公室.关于进一步落实和扩大高校办学自主权完善高校内部治理结构的意见：教改办〔2014〕2 号［Z］.2014-07-08.

② 张振华.高校办学自主权及其落实问题研究［D］.南京：南京农业大学：2012.

不过,有关高校经费、人事等关键权力“放管服”还不到位。多次修订的高等教育法虽然对高校办学自主权进行了专章规定和逐条陈述,但这些规定多是原则性的和方向性的,没有比较详细或操作性强的权力清单;加之高校办学自主权本身比较复杂,涉及政治权力、行政权力、学术权力、民主权利,导致政府部门对高校办学自主权拥有很大的自由裁量权,一些核心指标和关键权力并未真正落地。61.8%的试点高校反映办学自主权不够充分,政治权力、行政权力、学术权力边界不够清晰,经费使用权、人事管理权、资产处置权还受到极大限制。

(二)政府对办学自主权背后资源的制约

高校办学除了自主权,还需要各种各样的资源。例如,学生、教师等人力资源,资金、资产等物质资源,政策、声誉等社会资源,等等。对于我国公立高校而言,这些资源大多由政府管理。高校虽然取得了办学自主权,但是政府却没有赋予高校同自主权相匹配的资源管理权,资源管理权由政府及教育相关职能部门掌握。具体而言,依据《中华人民共和国高等教育法》高校可以制定招生方案,但招生名额却由政府核定,招生政策和招生过程由政府管理;高校有权评聘教师和制定分配政策,而人员编制规模和人事、工资政策由政府管理;高校有权自主管理和使用办学经费,而政府通过调整生均拨款、设立各种专项并管理专项分配,这在很大程度上决定了学校资金、设备等办学资源的多寡;高校有权自主组织开展教学、科学研究和社会服务活动,政府却对学校办学活动拥有最终的评判权,评估结果直接与学校办学资源挂钩;政府还可以通过确定各级各类高校的招生批次、审批各类高校办学层次,从而决定学校的社会声誉,进而直接影响其他办学资源的获取。①

政府及其职能部门管理着高校办学资源及其配置权,身兼教育改革的设计者、指导者、调控者、管理者、监督者、评价者等多种角色,对高校改革实行全方位、全过程、高强度的管理。② 由于政府掌管着绝大多数办学资源,而且没有第二个替代者的情形下,高校只能竞争政府排序的有利位置,进而争取更多的办学资源。

我国高等学校名义上具有七项办学自主权,但是落实办学自主权的法律制度和操作细节悬置,使得办学自主权没有真正落到实处。一方面,科层制将高等学校作

① 马凤岐.穷人的自由:从资源依赖理论视角看高等学校办学自主权[J].苏州大学学报(教育科学版),2014(3):8-10.

② 吴康宁.政府部门超强控制:制约教育改革深入推进的一个要害性问题[J].南京师大学报(社会科学版),2012(5):7-10.

为中央政府、地方政府下属行政单位进行管理。虽然政府计划经济式集权管理可以管住高校却不能管好高校，导致高校办学自主权不充分、发展主动性不够，普遍存在“等、靠、要”的思想，高校办学行为时常游离于社会实际需求之外。① 另一方面，项目制从财政领域溢出进而渗透到教育、文化等各个领域，成为国家治理体制的新常态，用“一把尺子”衡量所有高校，各个高校都在项目制、重点建设的“指挥棒”下，力争“升格”“晋级”。由于科层制的制度惯性所形成的路径依赖，项目制的运作无法摆脱科层制的嵌入，项目制所构建的新的社会治理体制又被科层制重构，形成了所谓的“科层为体、项目为用”的治理格局。② 在这种治理格局下，政府集权式的项目制进一步增强了大学对政府的资源依赖。为获取政策支持、经费资助和其他办学资源，试点学院及所在高校不得不按照政府的“指挥棒”不断调整办学行为及发展方向，无形之中虚化了办学自主权。

（三）行政系统的管理权与高校办学自主权的界限不够清晰

我国高校内部至少存在四种权力，分别是学校党委的政治权力、校长及其职能部门的行政权力、各专门委员会的学术权力、以教职工代表大会与学生代表大会为代表的民主权利。其中，党委领导下的行政权力和学术权力是最重要、最基本的两项权力。中外大学无论采取何种治理模式，实质都是行政权力和学术权力的博弈和制衡，区别仅仅在于行政权力、学术权力谁强谁弱（见图4-2）。当前，我国政府管理教育的公共权力不断强化，政府及其职能部门等外部行政权力管理着高校办学资源的获取、分配、使用效果评价等全部过程，外部行政权力高于高校自主办学权力，公立高校事业单位法人的独立性有所虚化。③ 高校内部管理承接并复制了外部管理的行政化，行政权力处于主导地位，学术权力呈现式微趋势。加之学校内部权力运行的制度缺位、运行失范，学术权力在与行政权力交织中被弱化，高校的办学自主权与行政系统的管理权界限不够清晰，极大地制约了办学自主权的落实和扩大。

---

① 樊平军.基于嵌入性理论的地方本科院校转型研究[J].重庆高教研究，2015(6)：61-65.

② 史普原.科层为体、项目为用：一个中央项目运作的组织探讨[J].社会，2015(5)：25-59.

③ 黄彬.论公立高校外部行政权力法治化[J].教育发展研究，2015(11)：49-54.

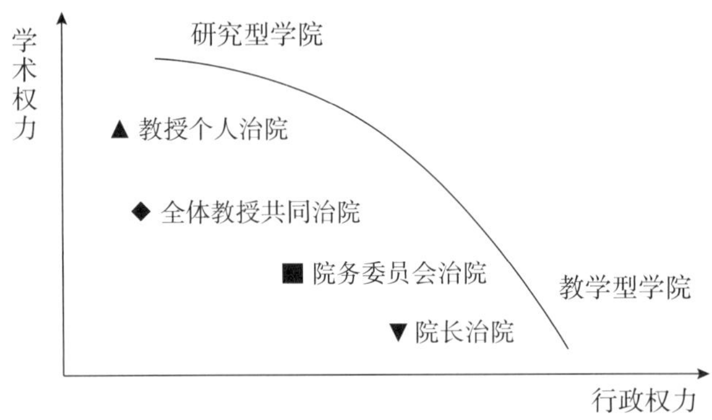

图 4-2 不同类型学院学术权力与行政权力的关系变化

此外,我国语境下的大学行政权力不但包含了与职位相联系的行政管理权力,还包括政府权力、政治权力,甚至部分学术权力也内化其中,几种权力交织形成我国大学行政权力生态。[①] 就权力构成与行使方式而言,高校与学院的关系,基本与上级政府和高校的关系同质同构。按照科研规模大小和科研水平高低,学院一般可以划分为教学型、教学研究型、研究型三类。以 5 所案例试点学院为例,HZ 大学 G 学院是研究型学院的代表,WD 学院 J 学院、HJ 学院 F 学院则偏重于教学型,而 SX 大学 D 学院、WF 大学 X 学院则属于教学研究并重型。不同类型的学院,其学术权力与行政权力的关系大相径庭,研究型学院学术权力明显较强,教学型学院行政权力相对较强,而且会形成马太效应。这是因为教学型学院科研能力强的教师相对较少,这些凤毛麟角的专家学者往往会被组织选拔为学院院长、副院长或者学院学术委员会主任,进而导致原本就有限的学术权力逐步被行政权力内化,并形成权力循环,行政权力越来越强势,而学术权力越发式微。简言之,高校办学自主权下放未能真正落地,同时学院比大学更缺乏权力,“大学校小学院”“行政强学术弱”的权力生态,制约了试点学院综合改革。

二、正式与非正式制度嵌套试点学院改革

因素分析表明,现行规章制度对试点学院“三改革一完善”均有显著影响。“制度”是一个宽泛且有争议的概念,一般是指调整人与人之间社会关系的一系列风俗习惯、道德、法律、法规等。新制度主义将制度划分为正式制度和非正式制度,其中,

① 王世权,刘桂秋.大学治理中的行政权力:价值逻辑、中国语境与治理边界[J].清华大学教育研究,2012(2):100-106.

正式制度是指国家规定的正式约束和实施机制，包括政治制度、经济制度、组织规章等，是约束人们行为关系的一系列契约安排；非正式制度则是对人们行为产生非正式约束的规则，诸如人们在社会活动中逐步形成的习俗惯例、文化传统、伦理道德、价值观念等。[①] 可见，制度的本质是分配、协调权力与利益，设立制度的目的在于解决特定范围内主体之间潜在的未知矛盾、合理分配利益。戴维斯和诺斯认为，“制度环境，是指一系列用来建立生产、交换与分配基础的基本的政治、社会和法律基础规则”[②]，即制度环境是组织生存于其中的有关政治、经济和文化的法律、法规和习俗，由正式制度和非正式制度共同构成。不同的制度环境会孕育出不同的大学制度，绝对脱离社会环境的大学制度是“乌托邦”式的幻梦。

“嵌套”就字义而言，可理解为镶嵌、套用，是指某一事物内生于或根植于其他事物，俄罗斯套娃是小物体嵌套进大物体的典型现象。匈牙利哲学家、政治经济学家卡尔·波兰尼在《大转型：我们时代的政治与经济起源》一书中率先阐述了“嵌入”“脱嵌”等词汇[③]，并论证了经济体系与非经济因素的嵌入、市场经济与非市场因素的脱嵌关系，阐释了蕴含其中的哲理。1985年，美国斯坦福大学的马克·格兰诺维特对“嵌入性”进行了新的阐释，他在《镶嵌：社会网与经济行动》一书中指出，“经济行动是在社会网内的互动过程中作出决定的”[④]，“我们研究的组织及其行为受到社会关系的制约，把它们作为独立的个体进行分析是一个严重的误解”[⑤]，主张把组织及其行为放在社会关系网中进行考察，反对孤立化解析的形而上学。2001年，阿波拉法进一步提出了制度嵌入性[⑥]：组织的行为和对外部资源的获取，受其所嵌入的制度因素的动态约束。这被一些学者认为是制度嵌入性理论的来源。其所指的制度因素外延很宽，包括但不限于制成条文、强制执行的正式制度，还囊括了无形存在于社会风俗习惯之中的非正式制度。制度嵌入性不是一种静态的嵌入状态，而是一个动态的发展过程，随着经济社会的发展，所嵌入的制度环境会发生潜移默化的变化，

---

① 道格拉斯·C.诺斯.制度、制度变迁与经济绩效[M].杭行，译.上海：上海三联书店，2008：43-56.

② 科斯，阿尔钦，德姆塞洪，等.财产权利与制度变迁：产权学派与新制度学派译文集[M].刘守英，译.上海：格致出版社，2014：188.

③ 卡尔·波兰尼.大转型：我们时代的政治与经济起源[M].冯钢，刘阳，译.杭州：浙江人民出版社，2007：15-16.

④ 马克·格兰诺维特.镶嵌：社会网与经济行动[M].罗家德，译.北京：社会科学文献出版社，2007：译者序3.

⑤ GRANOVETTER M. Economic action and social structure: the problem of embeddedness[J]. American Journal of Sociology，1985(3)：481-510.

⑥ 韦诸霞.嵌入型治理：全面深化改革时期行业协会的制度供给探析[J].中国行政管理，2016(6)：52-57.

而这种变化一旦产生质变就会导致行为的改变和制度的变迁。[①]

近年来,我国学者也开始研究和应用制度嵌入性理论,大致可分为两类:一类以制度为研究对象借以研究制度的嵌入性,并从制度嵌入性的视角对合作医疗制度、五保养老制度等制度的运行和发展进行分析;另一类以行为的嵌入性为研究内容,发现制度嵌入普遍影响、指引、约束着人们的行为,嵌入程度随着人们的身份与社会地位发生变化而相应改变。制度嵌入性反映了制度与行为之间客观存在的辩证关系,制定政策不仅要重视制度的自身设计,还要考虑制度、行为的制度嵌入性。制度嵌入性有利于组织对外部资源的获取,组织又受到所嵌入的制度环境制约,在一定程度上呈现相互性。正式制度、非正式制度是制度体系的重要组成部分,两者不可分割、互相影响。试点学院改革既受到正式制度自上而下的嵌套,也受到非正式制度或明或暗的羁绊。

(一)正式制度嵌套试点学院改革

正式制度作为规范性法律文本,一方面能够通过法律的安定性保证人们的合法预期,另一方面通过固化人类公认的普遍价值进而保障公民的权利自由。[②] 与此同时,正式制度存在着纵向的等级秩序,也就是法律位阶。我国的法律位阶由高到低分为五级,依次为宪法、法律、行政法规、地方性法规,以及国务院部门规章与地方政府规章。低位阶的正式制度必须服从高位阶的正式制度,如果低位阶的正式制度与高位阶的正式制度相抵触,那么就意味着违背了法律秩序,低位阶的正式制度就失去了法律效力。如此一来,教育法、高等教育法、教师法、高等学校章程、高校规章制度等,高位阶的正式制度自上而下向低位阶制度层层嵌套,从而约束着大学各方面的办学行为。高校思想政治教育、中高层领导干部选任、人才管理要受党的全面领导,人事(含职称)、财务、实验室、体育、国防教育、消防、档案、卫生健康等方面,则接受政府的直接管理。[③] 以试点学院自主招生为例。

首先,自主招生受到国家政策主导。高校采取何种招录方式、招录多少学生,不是高校能自主决定的。自主招生的“自主”并不意味着高校及其招生管理者不受约束的招生选拔权,必须反映特定的国家与社会的意志。[④] 中华人民共和国成立 70 多

① 张楠.粮食信托行为的制度嵌入研究[D].长春:吉林农业大学,2014.

② 叶强.法治视域下高等教育治理政策化的成因与规制[J].重庆高教研究,2019(3):68-71.

③ 管华,张昊天.中国特色社会主义高校自治的制度约束[J].湖南师范大学教育科学学报, 2018(4):22-27.

④ 张亚群.高校自主招生改革:动因、问题与对策[J].北京大学教育评论,2010(2):30-42,187-188.

年来，基本形成了国家命题、地方命题、院校命题三种高校招考命题方式，高校招考命题方式历经了由分到统、统分交替、统分结合三个发展阶段。[①] 当前，少数省份自主命题，大部分省份使用全国试卷。特别需要指出的是，高校招生命题组织工作由地方政府逐渐集权到中央政府。2003 年，教育部批准清华大学、华中科技大学等 22 所高校实施自主招生，在统一高考的基础上，按照 5%的比例自主录取达到本校录取批次的考生，当年全国自主招生录取不足 2 000 人。及至 2018 年，自主招生高校达到 90 所，自主招生报名考生达到 77.9 万人的顶峰。

其次，自主招生受制于国务院部门规章和地方政府规章。自主招生的命题、考试、录取，虽是高校依法取得的办学权力，但要受到相关法律、法规的监督和约束，以免自主招生受到权钱交易、裙带关系等不良社会风气侵蚀。教育部 2014 年对自主招生进行专项检查和整顿，进一步严格了自主招生实施细则，间接影响了其他高校自主招生的成本和积极性。此外，鉴于试点学院学生享受相对较多的优质教育资源，大多数试点学院打算调整学费，然而学费是政府按特定流程统一定价的，学费调整既敏感又烦琐，个别改革力度大的省份也仅是下放中外合作办学学费定价权。

最后，自主招生直接受当年高校招生管理实施办法影响。近年来，本科院校自主招生演变分化成两种模式：一种是“985 工程”“211 工程”等重点建设大学在高考成绩基础上自主选拔、降分录取 5%—10%的招生名额；另一种是复旦大学、上海交通大学以高考为参照，面向上海及邻省实行自主选拔。[②] 2019 年被誉为“自主招生最严格年”，教育部为增强高校选才的科学性和公平性，对高校自主招生在招生政策、招生程序、招生监管方面提出了“十严格”要求。除了严格确定招生专业、严格审核申请材料、严格组织高校考核、严格执行公开公示、严格开展新生复查、严格落实主体责任、严格惩处造假行为，重点是“两降一增”：一是严格制定录取标准，在自主招生高校现有录取标准的基础上，进一步削减自主招生优惠分值，相应提高了统一高考的权重系数，降低了高校自主招生的“含金量”；二是严格控制招生规模，进一步压缩了自主招生高校 2019 年招生名额，报名人数比 2018 年自主招生峰值年下降了 52.9%，自主招生极大降温；三是严格报名资格条件，自主招生高校不得简单以论文、专利、获奖作为报考条件和初审依据，增设体育科目测试作为录取的重要参考，这无疑加大了高校自主招生工作量和顶层设计难度。

---

① 刘亮.建国 70 年高考命题方式变革及动因：兼论高校自主招生命题方式变革[J].河北师范大学学报（教育科学版），2019(1)：41-42.

② 张亚群.高校自主招生改革：动因、问题与对策[J].北京大学教育评论，2010(2)：30-42，187-188.

2020年伊始，教育部颁布了《关于在部分高校开展基础学科招生改革试点工作的意见》，最终取消了高校自主招生，推出了"强基计划"。[①] 这个重磅计划的全称是"基础学科招生改革试点"，与高校自主招生主要区别有三：一是政策立意不同，自主招生的初衷是给学有专长的学生进入国内知名高校提供特别通道，而"强基计划"则着眼于国家战略人才需要，致力于培养高端芯片与软件、智能科技、新材料、先进制造和国家安全等关键领域，以及人文社会科学领域紧缺的拔尖人才；二是改革深度不同，自主招生限定在人才选拔环节，而"强基计划"不仅强调数学、物理、化学、生物及历史、哲学、古文字学等相关专业的招生，还延伸到培养环节，要求高校单独编班、单独制定人才培养方案，畅通本硕博成长发展通道；三是录取规则不同，自主招生主要是降分录取，不同的学生获得不同的降分幅度，与高考并行或先于高考，不限定录取专业，录取规模较大，而"强基计划"是在高考之后进行，高考成绩占比不少于85%、高校自主评价不超过15%，学生录取后不得转专业，首批试点高校仅限于36所A类世界一流大学建设高校。由此可见，"强基计划"绝不是自主招生的"升级版"，两者有着本质区别。实施了17年的高校自主招生政策彻底退出了历史舞台。

总的来看，各试点学院借鉴国外高校考试招生机制，在坚持国家高考制度前提下，通过统筹考虑本科生、硕士研究生和博士研究生的招生选录，制定学术型和非学术型研究生录取办法，推行本硕博连读，建立与中学相衔接的联动改革机制，促进优秀学生的早期发展、跟踪培养等多种途径综合评价、多元录取具有创新潜质和学科特长的学生。但是，受制于国家高考制度以及自主招生部门规章、年度招生管理办法的调控和影响，试点学院在自主招生方面能够自己决策的事项很少，大多是执行和落实繁杂的招生政策，这不仅使试点高校内部协同性、教师参与度对自主招生没有显著影响，还导致试点学院宁可在校内进行二次选拔也不愿自主招生，学生招录与选拔方式改革总体进展在"三改革一完善"中垫底，没有产生预期的积极意义。

（二）非正式制度羁绊试点学院改革

非正式制度相对于正式制度，是人们自发形成并无意识接受的行为规范，尽管没有正式制度的强制性高，但是它占据着人们行为选择的大部分空间。非正式制度通过影响个体的价值观、意识、性格和态度，决定行为主体对外部环境的认知，从而影响个体行为方式的选择。[②] 目前我国高等教育正式法律数量不多，主要有《中华

① 教育部.关于在部分高校开展基础学科招生改革试点工作的意见：教学〔2020〕1号[Z].2020-01-13.

② 汪彤.权力寻租的正式制度与非正式制度分析[J].山西财经大学学报，2005(6)：1-4.

人民共和国教育法》《中华人民共和国高等教育法》《中华人民共和国教师法》《中华人民共和国民办教育促进法》《中华人民共和国学位法》等，而高等教育投资法、高等教育改革法、学校法、考试法等呼声较高的法律并未出台。正式制度体系不够健全，非正式制度就有了生存土壤，甚至在某种程度上主导着高校改革和发展。

教育主管部门和有关机构在高等教育正式制度缺失的情形下，更多的是运用政策而不是法律来治理高校，并产生了依赖性，过度依赖政策的结果导致"高等教育治理政策化"。以试点学院教师遴选与考评制度为例。教师考核机制不尽科学，存在"五唯"现象和过度指标化倾向；现行法律对外籍教师的聘用和考核缺少必要的规定；[①]《中华人民共和国高等教育法》对教师流动、兼职取酬、分类管理也回应不够。试点高校人事制度相对规范，但是教师职称晋升依然是在不同学科领域的申请教师之间择优，好比在"苹果"与"香蕉"之间做比较，无法挑选一个领域内最出色的学者。[②] 试点学院所在省属高校在评聘院士、长江学者、国家杰出青年科学基金获得者甚至二级教授等高层次人才方面，也深受非正式制度约束。试点高校聘请的部分高层次人才在多个大学"挂名""走穴"，实际上并没有完成聘任合同约定的教学和科研任务。

此外，非正式制度对试点学院学生招录也有很大影响："掐尖"招生多年来俨然成为我国顶尖高校的"面子工程"，在某种程度上陷入攀比录取状元人数多寡、录取分数线高低等指标化陷阱。在我国应试教育未能从根本上扭转、优质教育资源相对短缺的情况下，"掐尖"招生保证了优秀生源向优势高校集中，在某种程度上也是学生进入高水平大学、享受试点学院"特别待遇"的资格证，但这也固化了以清华大学、北京大学领衔的"985工程"高校、"211工程"高校、省属重点大学、普通本科院校、高职高专等组成的金字塔式高校分层格局，强化了考生、家长和社会"民间排名"、择校热，最终导致强校更强，加剧了区域间教育资源的不均衡、不公平；强化了分数挂帅、应试教育，这与国家大力推进的素质教育、中小学减负等政策背道而驰。可见，从依赖单一性的高考成绩、少量的自主选拔录取学生，到建立一套多元、科学、公平且普及性较强的学生综合评价体系，试点学院综合改革还有相当长的坎坷路要走。

（三）汲取性制度限制试点学院改革

美国经济学家达龙·阿西莫格鲁和詹姆斯·A.罗宾逊认为制度决定着国家的

---

① 陈廷柱.从体制机制破解高校教师队伍发展难题[N].光明日报，2019-12-24(13).

② 钱颖一.大学治理：美国、欧洲、中国[J].清华大学教育研究，2015(5)：1-12.

成败,并将制度划分为包容性制度和汲取性制度,分析了不同国家在这个理论框架下成功或失败的历史过程。阿西莫格鲁和罗宾逊没有对包容性制度、汲取性制度作出明确的定义,他们是从政治和经济两个维度提出包容性政治/经济制度、汲取性政治/经济制度等概念的,并借用历史上不同国家、地区的政治经济制度进行了描述性说明。

所谓包容性制度,是指制度广泛分配政治权力、经济权力,能够给大多数人带来机会和收益。与包容性制度相反,汲取性制度是由当权者、统治者或精英人物制定的,目的在于维持和巩固垄断权、专卖权以及市场控制,进而最大限度地夺取生产者生产的产品和提供的服务。包容性制度和汲取性制度有四种不同的政治/经济制度组合,[①]每一个国家都有可能选择不同的政治制度和经济制度,大多数政治制度和经济制度类型可能相同,少数政治制度和经济制度类型可能不同,如包容性政治制度和汲取性经济制度(见图 4-3)。阿西莫格鲁和罗宾逊认为,政治制度和经济制度类型相同的国家往往稳定,而处在反对角线类型的国家一般来说不太稳定。无论是包容性制度还是汲取性制度,都能够促进经济增长,关键是只有包容性经济制度和包容性政治制度相结合,才能支撑创新的"创造性破坏"。

		经济制度	
		包容性	汲取性
政治制度	包容性	○	←↓
	汲取性	↑→	▽

图 4-3 经济制度和政治制度的四种组合

我国改革开放采取的是经济制度改革先于政治制度改革的"非对称性改革"。长期以来,我国将本属于认识论范畴的大学学术创新纳入政治论范畴,将大学学术发展作为"软实力"的重要组成部分提升到"国家行动"的高度,几近以国家发展逻辑取代大学发展逻辑,学术职业化程度明显偏低。[②] 中华人民共和国成立初期,由于生产力落后、经济基础薄弱、文盲率很高,因此我国长期在高教领域重大战略举措上采取的是汲取性制度,即通过重点建设换取局部成功。国家大体上以五年为一个周

① 达龙·阿西莫格鲁.制度视角下的中国未来经济增长[J].比较,2014(5):59-61.

② 陈先哲.政府权力边界与杰出人才培养[J].苏州大学学报(教育科学版),2017(3):31-37.

期,70 多年来不间断地推行“以点带面、择优扶持”的高等教育重点建设项目(见表 4-10)。

表 4-10 70 多年来我国高等学校重点建设划分一览表

序号	时间	重点建设名称	重点建设高校	建设依据
1	1954 年 10 月 5 日	全国性重点大学(6 所)	中国人民大学、北京大学、清华大学、北京医学院、北京农业大学、哈尔滨工业大学	高等教育部《关于重点高等学校和专家工作范围的决议》
2	1959 年 3 月 22 日	全国重点大学(68 所)	第一批:北京大学等 16 所学校	中共中央《关于在高等学校中指定一批重点学校的决定》
	1959 年 8 月 28 日		第二批:哈尔滨军事工程学院等 4 所	
	1960 年 10 月 22 日		第三批:吉林大学、武汉大学等 44 所	中共中央《关于增加全国重点高等学校的决定》
	1963 年 9 月 12 日		第四批:厦门大学、浙江大学、上海外国语学院	
	1964 年 10 月 24 日		第五批:南京农学院	中共中央通知教育部新增
3	1978 年 2 月 17 日	全国重点大学(恢复 60 所、陆续新增 28 所)	综合类:北京大学等 17 所 理工类:清华大学等 53 所 农学类:北京农业大学等 9 所 医学类:北京医学院等 6 所 外国语:北京外国语学院、上海外国语学院 艺术类:中央音乐学院	国务院转发教育部《关于恢复和办好全国重点高等学校的报告》
4	1980 年代	重中之重大学(15 所)	北大、清华、复旦、西安交大、上海交大、中国科大、北京医科大、中国人大、北师大、中国农大、北理工、哈工大、西北工大、北航、国防科大	“七五”“八五”期间国务院批准的重点建设大学及重点投资大学

续表

序号	时间	重点建设名称	重点建设高校	建设依据
5	1993 年 7 月 15 日	“211 工程”大学（112 所）	第一批:清华大学等 27 所 第二批:中国石油大学等 67 所 第三批:西南大学等 12 所 第四批:陕西师范大学 第五批:宁夏大学等 5 所	国家教委《关于重点建设一批高等学校和重点学科点的若干意见》
6	1998 年 5 月 4 日	“985 工程”大学（39 所）	第一批:北京大学等 9 所(C9) 第二批:武汉大学等 25 所 第三批:华东师范大学等 5 所	教育部《面向 21 世纪教育振兴行动计划》
7	2012 年 5 月 7 日	高等学校创新能力提升计划	2013 年:北京大学量子物质科学协同创新中心等 14 所 2014 年:南京大学人工微结构科学与技术协同创新中心等 24 所	教育部、财政部《高等学校创新能力提升计划》
8	2015 年 10 月 24 日	“双一流”建设	2017 年: 一流大学 A 类:北京大学等 36 所 一流大学 B 类:东北大学等 6 所	国务院《统筹推进世界一流大学和一流学科建设总体方案》

我国高校重点建设以单位制为依托，以项目制为补充，在“中央—地方—重点高校”三级链条运作之下，多年来“强政府—弱大学”的格局逐渐常态化。[①] 高校重点建设的基本逻辑是择优扶强、国家和省级政府层层嵌套，导致高教领域形成了大大小小、相互交织的圈层，高校竞争越来越呈现出马太效应：前一个重点项目或低层次圈层，是进入后一个重点项目或高层次圈层的“入场券”，高校强者愈强、弱者愈弱的格局非但没有缓解，反而日益加剧。

大学与政府的关系是大学制度环境的“晴雨表”，也是大学内部治理生态环境的“参照系”。就试点学院所处的正式制度环境而言，国家主导的制度体系处于优势地位，而高校则处于从属地位。政府管理着教育资源分配和高校等级秩序，距离权力

① 谢冬平.“常”与“变”:我国高等教育重点建设制度运作审视[J].黑龙江高教研究,2018(5):16-20.

中心较近或者处于既定等级中较好位置的大学“近水楼台先得月”。① 以试点学院所处的非正式制度环境而论，上级教育主管部门领导岗位发生变动或建设重点实行转移，那么试点项目极有可能面临或替代或终止或变性的结局。当前，支撑我国高校试点改革的制度环境还比较欠缺，滞后的正式制度自上而下层层嵌套试点改革、非正式制度或明或暗羁绊试点改革的现象较为常见。高等教育不同的发展阶段，制度建设面临着不同的重点任务，我国高等教育建设和改革从汲取性制度转换到包容性制度还有很长一段路要走，高等教育制度建设“只有进行时，没有完成时”。

三、政策试点多元目标遮蔽试点学院改革

因子分析表明，试点高校职能部门协同不够阻碍了试点学院改革，对教师遴选与考评制度改革、学院内部治理结构完善有显著影响，而对学生招录与选拔方式改革、人才培养模式改革却影响不大。表面上看，我国高校内部以行政权力为中心分化出了职责相对明确、层级分明的行政机构，无形的行政线形链条对基层学术组织形成了纵向分割。由此，学院的党委书记、院长及学院办公室对接校办、组织部、宣传部、人事处、资产处等处级职能部门的任务安排，教学副院长、科研副院长、学生副院长等则分别接受教务处、科技处、学工部等的业务指导。这种纵向分割，阻碍了高校系统内部协同发展，从而制约了试点学院改革。透过现象看本质，实则是由于试点学院“三改革一完善”的既定目标多元、涉及高校诸多职能部门。依据政策目标多寡，可以将政策分为单一目标政策和多元目标政策。政策试点目标多寡、试点任务明确与否，都会影响到试点进程和试点结果，“目标越单一清晰的政策试点越有可能成功并扩散，反之，在复杂的政策目标指引下试点扩散的难度更大”②。也就是说，解决某个问题的单一目标政策比解决复杂问题的多元目标政策更容易实现。试点学院作为复杂的多元目标的综合改革，其政策目标是“三改革一完善”。正是多个试点目标遮蔽了试点学院治理结构创新的本质。

（一）多个试点目标更易于“目标替代”

目标替代也叫目标偏差，“是一种忽略了组织声称要实现的目标，而更多关注容易测量的、显性的目标，或是将手段作为目标，导致偏离组织最初目标”，其产生的根

① 张熙.大学组织与制度环境的互构机制分析：新制度主义视域下建设“双一流”的制度过程[J].高教探索，2016(7)：11-16.

② 张克.政策试点何以扩散：基于房产税与增值税改革的比较研究[J].中共浙江省委党校学报，2015(2)：60-61.

源在于“政绩考核和晋升的压力、组织资源稀缺的束缚”。[①] 绩效评估作为政府战略管理的重要机制，是实现预期政策目标的重要手段，并非政策的终极目的。也就是说，绩效评估的目标与政府的组织目标理应是一致的。但是，“不适当的评估则会误导政府行为的方向……组织的起始目标被评估过程中的其他目标(甚至是评估执行者的目标)所替代”[②]。试点学院改革涉及众多利益相关者，“三改革一完善”的试点目标不同层面反映了不同利益相关者的利益诉求。

在多元目标约束下，政策的初始目标在实施过程中极易产生目标替代，导致政策目标偏离。正是因为试点学院改革目标面面俱到，特别是“人才培养是个筐，什么都往里装”，试点学院所取得的任何成绩，都可视为试点改革成果，表面上试点学院改革成果丰硕，实质上“学院内部治理结构完善”这个主要的试点目标被“人才培养模式改革”转移、替代甚至遮蔽。5 所案例试点学院普遍偏重于人才培养模式改革，其次是教师遴选与考评制度改革，再次是学生招录与选拔方式改革，最后才是学院内部治理结构完善。试点学院“三改革一完善”的多元目标，在改革实践中基本被“人才培养模式改革”替代，“学院内部治理结构完善”这个硬骨头被忽视、掩盖，这正是试点学院改革变形走样、主次颠倒的现实写照。

(二)多个试点目标更便于“政策变通”

“变通”是一种准正式的制度运作方式，介于完全正式的制度运作方式和非完全正式的制度运作方式之间，既有基层制度创新的积极意义，也有拼凑应对的消极影响。“变通的最微妙之处，在于它对原制度的似是而非……变通后的目标就其更深刻的内涵来看，则与原制度目标不尽相同甚至根本背道而驰。”[③]中央政府有关部门、地方政府，以及具有管理和控制功能的企事业单位等政策执行者(下级政府)，迫于竞争组织稀缺资源、政绩考核、职级晋升等压力，在执行政策制定者(上级政府)委托代理事项时，有意无意中可能会出现：将大量的投入指标作为要实现的目标而忽略投入的最终目的；有选择性地报告完成较好的绩效目标而忽略未完成的重要绩效目标；过于关注晋升考核的指标而偏离了为公众服务的宗旨。[④] 政策制定者(上级政府)的政策目标越模糊，政策执行者(下级政府)搞变通的可能性越大、变通的偏

① 刘焕，吴建南，徐萌萌.不同理论视角下的目标偏差及影响因素研究述评[J].公共行政评论，2016(1)：153-154.

② 成元君.论政府绩效评估的“目标替代”[J].改革与发展，2004(6)：62-65.

③ 吴康宁.制约中国教育改革的特殊场域[J].教育研究，2008(12)：16-20.

④ 刘焕，吴建南，徐萌萌.不同理论视角下的目标偏差及影响因素研究述评[J].公共行政评论，2016(1)：153-154.

离度就越高。根据变通执行的公开程度和政策内容的偏离程度,由低到高依次表现为政策敷衍、政策附加、政策替换和政策抵制。[①] 由于试点学院改革预设了多个目标,试点学院评价中更多的是政策目标替换。

以HZ大学G学院试点改革为例。G学院除了是国家试点学院(教育部2011年)、H省试点学院(H省教育厅2013年),还是"国家集成电路人才培养基地"(教育部、科技部2003年)、"面向群体创新人才互动式培养实验区"(教育部2007年),目前正在创建"光电信息一流学科群"。此外,G学院还拥有国家一级重点学科"光学工程"和国家二级重点学科"微电子学与固体电子学"。除武汉光电国家研究中心外,G学院还获批激光加工国家工程研究中心、下一代互联网接入系统国家工程实验室、电子信息功能材料教育部重点实验室、教育部敏感陶瓷工程研究中心等国家级重要平台。由于学科、平台和基地"口径"很大,G学院师生取得的任何一项成果,只要略微具有相关性,放在哪个项目、哪个平台、哪个基地上似乎都无可厚非,G学院借此同时完成了多项教育改革试点或试验任务。

在多元目标约束下,下级单位在压力型体制下,或主动或被动采取"政策变通"来应付试点改革,以及随之而来的各种评估和检查,以单位整体发展成果替换试点预期目标考核。党中央三令五申,一再要求各级党委、政府特别是党的高级干部要坚决贯彻执行党的路线方针政策,决不能在贯彻执行中央决策部署上打折扣、做选择、搞变通,决不能搞"上有政策,下有对策",[②]任何情况下都要严守政治纪律,自觉维护中央权威,严明党的政治纪律和政治规矩,同中央保持高度一致。

总体而言,试点学院实施的是特殊的过渡性试点政策,文本上的试点政策绝不会天然地产生试点效果。试点政策执行既是检验和修正试点政策文本必不可少的关键环节,也是试点政策由点及面推广扩散的重要前提。[③] 基于托马斯·B.史密斯政策执行过程模型,不难发现试点学院在试点政策执行过程中,或多或少遇到四重困境。[④] 在政策文本方面,教育主管部门关于试点学院的指导意见,政策目标多元导

---

① 刘鹏,刘志鹏.街头官僚政策变通执行的类型及其解释:基于对H县食品安全监管执法的案例研究[J].中国行政管理,2014(5):101-105.

② 摘自习近平总书记2013年7月11—12日在《在河北调研指导党的群众路线教育实践活动时的讲话》.

③ 陈宇,孙枭坤.政策模糊视域下试点政策执行机制研究:基于低碳城市试点政策的案例分析[J].求实,2020(2):46-64,110-111.

④ 程林.地方政府"放管服"改革政策执行的影响因素与路径探析:基于政策执行过程模型分析[J].厦门特区党校学报,2020(3):66-73.

致体制改革的目标发生偏移和替代，试点政策顶层设计有缺陷、完备性不足。在执行机构方面，试点学院及其所在高校等试点政策执行主体，在压力型体制下对上级部门重视且符合自身利益的改革事项得到贯彻执行，而难以量化、有损自身利益的体制机制改革则变通执行。在目标群体方面，广大教师对试点学院“三改革一完善”的认识不全面、接受程度不一，且平时教学科研任务较重，付诸试点学院体制机制改革的时间与精力有限，在集体行动困境下寄望于“搭便车”；加之当前学生获取知识途径多元，对部分试点改革动力不足、反应平淡，极大地挫伤了教师等试点改革执行主体的积极性和创造性。在政策环境方面，试点政策越往上越抽象，越往下越具体，试点政策执行的制度环境更加纷繁复杂。理性的经济人并非生存在真空环境，“只能在一定的制度限制和规范下活动，制度环境对政策执行方向和效果的影响不比利益因素的影响小”①。我国高校学院层面改革试点越来越多地受到所嵌入的制度环境制约，特别是受到高校管理体制的制度性制约。因此，试点学院“三改革一完善”的多元政策目标，基本被“人才培养模式改革”替代，遮掩了试点学院绕开创新学院治理结构难题、未能实质推进学院治理体制机制改革的本真状态。

① 梁学轩.当前我国公共政策执行阻滞的制度分析及其化解对策[D].南宁：广西民族大学，2007.

第五章
H 省试点学院改革困境的政策反思

因子分析表明，自主办学权虚化、制度环境嵌套羁绊、改革目标替代变通是 H 省试点学院“三改革一完善”进展不力的直接原因，总体表现为试点学院改革缺乏必要的政策保障。本章首先回顾并肯定试点学院自下而上体制机制改革的实践价值，其次聚焦高校行政性治理结构与试点学院自主性试点改革的矛盾冲突，最后基于大学双重自主结构理论，阐明试点学院改革困境根源在于办学自主权不充分、大学双重自主结构不完善。

第一节　试点学院自下而上体制机制改革的价值肯定

当前国家和省级试点学院总体上处于“典型试验”阶段，未能取得广泛的“合法性认可”。试点学院改革最终可能会不了了之，但完全退出高等教育体制机制改革舞台尚需一段时日。“体制”“机制”概念的内涵与外延，及其与“制度”的关系十分复杂。“体制”侧重于国家机关、企事业单位的组织制度，如经济体制、政治体制、教育体制等，主要解决领导隶属关系及其管理权限划分。“机制”是指系统内部各构成要素之间的相互关系，以及实现和维护此种机理的系统性方式方法。比如，铁遇到空气会生锈，氧化则是铁生锈的机制。而“制度”可以划分为宏观制度（包括国体和政体）、中观制度（包括体制和机制）和微观制度（包括法律法规或规章）。徐书墨对体制、机制、制度三者的联系与区别进行了阐释，认为制度是研讨体制、机制的理论基础，然而制度本身的容量非常宽泛，上可至中国特色社会主义根本制度，下可达大学职能部门办事流程等具体制度；“体制是制度的外在表现形式，是具体的组织制度、组织模式和组织形式；机制则是制度和体制在具体执行过程中，如何运行，如何组织,如何构建的行动模式”①。

孙绵涛、康翠萍认为,“教育体制是教育机构和教育规范的结合体,而教育机制是教育现象各部分之间的相互关系及其运行方式”。其中,“教育机构”包括两类:一类是教育实施机构,主要是指各级各类学校;另一类是教育管理机构,主要包括各级各类教育行政机构和各级各类学校内部的管理机构。“教育规范”主要是指建立并维持教育机构正常运转的制度。② 可见,教育机构是教育体制的载体,教育规范是教育体制的内容。据此,本书所指的“高校管理体制”与高校自主办学的内外两个层面相对应,包括两个方面:一是指教育部、各省份教育厅等高校外部行政管理机构,制定一系列的规范制度、处理教育行政机构与高校的关系,由此形成的高校外部管理体制,侧重于国家对高校的宏观管理;二是指高校教务处、研究生处等内设管理机构代表学校党委与行政,制定一系列的规章制度、处理高校院系与职能部门等内部关系,由此形成的高校内部管理体制,偏重于高校内部的微观管理。高校管理机制有宏观、中观和微观机制之分,也有激励、制约和保障之别。③ 高校管理体制机制在生成和发展的过程上是相关的,结构上是相融的,功能上是互补的,体制机制改革既要同步进行,也要相互适应。

一、试点学院自下而上体制机制创新值得肯定

一般来说,教育改革无外乎“自上而下”“自下而上”“上下联动”三条路径。周光礼、黄容霞等将其提炼为三种范式:第一种是强调大学要主动适应外部环境,依靠政治权力自上而下变革的同构理论;第二种是注重发挥大学管理者的能动性,通过基层学术组织自下而上变革的分化理论;而第三种则是吸纳前两者的优势、自上而下与自下而上相结合推进大学变革的同质异形理论。④ 大学作为多元复杂的巨型组织,为适应内外部环境的发展变化,不得不有计划地朝着预期的理想状态进行改革。但是,究竟采取何种改革路径推进高校管理体制机制改革?高等教育战线对此产生了分歧和争论,由此形成了三种代表性的观点。

第一种是“自上而下”教育改革论。自上而下的教育改革,顾名思义是中央政府

---

① 徐书墨.制度、体制、机制三者的内涵、外延及其联系与区别[J].都市家教(上半月),2016(11):165-166.

② 孙绵涛,康翠萍.教育体制改革与教育机制创新关系探析[J].教育研究,2010(7):69-70.

③ 孙绵涛.中国教育体制改革若干重大理论问题的探讨[J].华南师范大学学报(社会科学版),2010(1):27-32,158.

④ 周光礼,黄容霞,郝瑜.大学组织变革研究及其新进展[J].高等工程教育研究,2012(4):67-74.

及教育主管部门主导的,利用行政手段组织动员、层层责令并督查下级政府或学校贯彻落实的教育改革。改革开放以来,我国重大的教育改革非常强调“顶层设计”,比如1985年的《中共中央关于教育体制改革的决定》,通过行政化手段自上而下推进全国教育体制改革。持此种观点的学者认为,我国高等教育采取的是自上而下的行政化管理模式,各级教育主管部门握有高等教育行政管理权,深化高等教育领域综合改革最理想的路径应该是自上而下的改革,率先从政府自身改起,明确政府作为改革推进者的主体地位。但是,自上而下的改革主要依靠政治精英,采取自上而下、科层管理的政策执行模式,政策制定在高层,政策执行则通过行政命令由下级官员落实,忽略了中间层次的复杂因素,抑制了基层组织的积极性,这种政策执行路径显得比较理想化和机械化。部分学者对此进行了反思。

与第一种观点相反,第二种观点倡导“自下而上”教育改革论。自下而上的教育改革,是指基层教育单位通过实践首创并取得较大社会影响,进而促成上级教育主管部门在本级行政区乃至全国实施的教育改革。[①] 自下而上的教育改革通常具备以下五个特征:县(区)以下基层政府的主动改革;针对本地迫切需要解决的问题而主动发起的改革;基于社会调研、形成广泛共识的改革方案;知名人士提出或个案引发的改革,得到由点及面推广;在改革开始、过程或结果中有广泛社会参与。[②] 持第二种观点的学者认为,国家政治体制与行政体制改革中,政府改革相对滞后,高校的权力构成和行使方式与上级政府同质同构,校级层面改革动力不足。倪志伟、欧索菲围绕中国民营企业的从无到有、由小到大的制度原因,运用数据统计、案例访谈等多种方法,揭示了中国经济奇迹的谜底:自下而上的制度创新与变革创造了中国的转型经济奇迹。[③] 傅高义分析指出很多改革都是自下而上进行的。[④] 2017年,中共中央办公厅、国务院办公厅印发《关于深化教育体制机制改革的意见》,其基本原则之一是“尊重基层首创精神,充分调动地方和学校改革的积极性主动性创造性,及时将成功经验上升为制度和政策”,着力健全“教育改革的试点、容错、督查、推广机

① 翁文艳.我国地方政府教育改革的主要特征与趋势:基于163个地方教育制度创新案例的分析[J].教育发展研究,2013(23):6-11.

② 杨东平,刘胡权.激流勇进:地方教育制度变革的理论和实践[M].北京:北京理工大学出版社,2014:41.

③ 倪志伟,欧索菲.自下而上的变革:中国的市场化转型[M].阎海峰,尤树洋,译.北京:北京大学出版社,2016:译者序2.

④ 傅高义.邓小平与中国的转型[M].冯克利,译.上海:生活·读书·新知三联书店,2013:序.

制”①。然而,自下而上的改革立足基层,实行自下而上、阶层互动的政策执行模式,重视基层政策执行者的能动性和基层首创作用,给予基层政策执行者因地制宜的自由裁量权,虽然一定程度上弥补了自上而下执行路径的缺陷,但也存在着高估基层政策执行者的领导水平和行动能力等问题。

第三种观点是“上下联动”教育改革论。上下联动的教育改革立足于内因外因相互作用的辩证关系,既注重高等教育系统自上而下的改革,也不否定大学及其学院自下而上的探索,主张自上而下改革与自下而上改革的良性互动,形成上下联动的综合改革机制。此种改革路径兼顾自上而下、自下而上改革路径的优点,注重政策与行动演进相结合的混合型模式,强调“向前推进策略(自上而下)”与“向后推进策略(自下而上)”的互动作用,构建政策执行的网络模型。② 陶短房在肯定自下而上的正面积极作用的同时,也提出“可以借助立法、监察、行政等各种手段……更方便地综合与汲取各地模板的成败利钝,从而多行捷径,少走弯路”③,进一步提高自上而下改革的效率、减少改革的试错成本。但是,至于教育行政部门与大学及其学院如何上下联动,各自的改革任务、工作重心有何侧重,则不甚明了。

周川认为,国家对高等教育改革的目标是明确的,然而,与往常教育政策文件一样,对达成目标的改革路径缺少一个“顶层设计”——不知从何改起。为此,他提出了我国高等教育改革的“上中下三策”。④ 上策是从政府改起,我国高等教育的“行政化管理模式”,是自上而下形成的,因此最理想的路径也应该是自上而下的。首先从政府自身改起,为深化高等教育体制机制改革提供宽松的制度环境,才有可能建立现代大学制度。中策是从高校改起,因为高校的组织架构与权力行使同构于教育行政主管部门。下策是从院系改起,院系办学规模不大、组织结构比较简单、管理制度改革难度系数较小,改革的成本相对较低。从实际情况来看,“从政府自身改起”,事关国家政治体制和行政体制,虽然高层在破冰,但没有高层强有力的推动,教育体制改革就很难触及深水区。“从高校改起”,高校领导基本会跟随上级教育主管部门,校级层面自然就缺乏改革管理体制机制的内生动力。因此,政府教育改革滞后,高校层面改革动力不足,唯有“从院系改起”。目前院系管理体制积弊甚多,教师虽

① 中共中央办公厅 国务院办公厅印发《关于深化教育体制机制改革的意见》[EB/OL].(2017-09-24)[2022-10-11]. http://www.gov.cn/zhengce/2017-09/24/content_5227267.htm.

② 齐明明.治道变革:高校发展规划执行阻滞及其破解研究[D].武汉:华中科技大学,2016.

③ 陶短房.反思“自下而上”的改革路径[J]. 廉政瞭望,2010(5):2.

④ 周川在2017年5月上海对外经贸大学承办的“中国高校院系设置与治理改革”学术研讨会上,作了题为“院系治理改革的动力、方向与路径”的报告。

然具有强烈的改革愿望和改革动力，但举步维艰。院系是整个高等教育管理体制行政链条上的终端，从院系管理制度改起，可能性比较大，推动也比较容易，成功的概率也比较高。

辩证地看，“自上而下”“自下而上”两条改革路径具有相对性，两者关系也较为复杂。有的改革可能形式是“自上而下”而实质是“自下而上”，有的改革形式是“自下而上”而实质是“自上而下”；一些改革先“自上而下”后“自下而上”，另一些改革先“自下而上”后“自上而下”。自上而下、政府主导的高等教育改革，通过汲取性重点建设，短期内能促进高等教育发展。但自上而下的教育改革也可能会失灵，甚至“中途夭折”。下级政府和试点单位习惯跟随上级政府的“指挥棒”、按照上级指示行事，一方面导致下级政府和试点单位改革同质化，另一方面下级政府和试点单位不再愿意冒险进行创新，坐等搭同级政府和示范单位试点改革的便车。实际上，我国经济改革成功的关键，在于基层勇于进行冒险性尝试和创新性行动，将基层探索的非正式制度上升为国家的正式制度。我国经济改革成功的“秘钥”就在于上下联动，单纯的自上而下顶层设计抑或自下而上的冒险探索，都难以有效地实现制度变迁。经济领域的成功改革为教育领域改革提供了科学方法论的范式，即默认并鼓励普通高校及其学院自发进行改革试点，将自上而下的“要我试点”扭转为自下而上的“我要试点”，由此尊重并激发基层创新、增强试点改革的内生性，待取得试点成效后再予以追认和推广。我国高等教育改革路径的论争，急需政策试点这个“试金石”在实践中进行检验和评判。

作为高校人才培养、科学研究和社会服务职能的承载主体，学院层面的改革是我国高等教育改革的微观缩影，直接呈现了大学与学院的关系，又间接反映了政府与大学的关系。教育部高校国际化示范学院（2014年）、“三全育人”综合改革试点学院（2018年）、现代产业学院（2020年）、未来技术学院（2021年）等高校学院层面的改革试点不断涌现并持续增加新的批次。部分省域及高校也在探索多种形式的学院层面改革试点，如山东省部分高校取消行政级别试点学院（2016年）、兰州大学校院两级管理改革试点学院（2018年）、新疆大学“双一流”综合改革试点学院（2019年），高校学院层面改革试点已成为我国高等教育改革的重要组成部分。

中央和各省级教育主管部门设立试点学院的初衷是通过支持部分学院先行先试、总结经验、以点带面创新我国高校管理体制机制，努力为高等教育综合改革作出示范。17所国家试点学院和103所省级试点学院是本区域高校内部有实力、有特色的学院，也有着较强的改革动力，着实进行了一些卓有成效的改革。在改革学生招录与选拔方式方面，实行“中学校长推荐”“平时学习综合评价”“高考成绩比例化”相结合的本科生招录制度；在改革人才培养模式方面，推进“新书院”培养模式，相对集中固定生活学习场所，将思想工作与培养工作一体化、课内与课外一体化、学习与生活一体化、本科生培养与研究生培养一体化；在改革教师遴选与考评制度方面，实行新进教师“预期—长聘”制度，配套实行年薪制，吸引和聘任世界一流的教学和科研人员；在完善学院内部治理结构方面，有关高校均在不同程度上赋予试点学院相对较多的办学自主权，普遍强调学院院长的职责权限和发挥各种委员会在学院治理中的作用。

国家和省级试点学院顺应了大多数教育者、受教育者乃至教育主办者、管理者改革高校管理体制机制的强烈意愿，部分试点学院支持政策对重构试点学院与所在高校之间的管理关系，以及对宏观高校管理体制机制改革，是有冲击力与深远影响的。

此外，试点学院之所以令人瞩目，这与我国占绝对主导地位的自上而下改革路径密切相关。大学双重自主结构或“底部沉重”组织的观念得到广泛认同，无论是源自社会心理还是基于学术认知，依托试点学院改革项目，我国高等教育能否走出一条自下而上的改革之路，或者说可否通过倒逼的方式创新我国高等教育管理体制机制，尤其在我国制度建设由发展型向引领型发展、政策试点向制度示范转进的新时代，其意义已经远远超出试点学院项目本身所聚焦的创新人才培养事项。

试点学院在学院层面实施综合改革，以完善学院内部治理结构自下而上撬动现行的高校管理体制机制，触及了我国高等教育体制机制症结，指向了我国大学改革的实质性问题，对我国高校改革发展具有特殊意义。[①] 这是因为我国高等教育存在人才培养与社会需求脱节、办学自主权不足、内部治理不健全等弊端，源于高校管理体制机制缺陷。“试点学院改革对我国高等教育改革的整体推进和突破有着重要意义……试点学院整体上方向更加明确、实践更加深入、措施更加得力。”[②]作为高等教育改革特别试验区的试点学院，能够直面学院层面的治理难点，聚焦学术权力与行政权力的制衡关系，激发学院发展潜能。[③] 试点学院改革敢于正视高等教育现实，

① 梁文明，何敦培.“学院办大学”命题探讨[J]. 衡阳师范学院学报，2017(4)：151-152.

② 国家教育行政学院.国家教育体制改革试点阶段性研究报告：高等教育卷[M].北京：教育科学出版社，2014：168.

③ 南国君，卫婷婷. 新时代高校二级学院治理体系改革困境及路径重构[J].国家教育行政学院学报，2020(5)：41-46，67.

勇于破解高校管理体制机制障碍，自下而上推进"学院办大学"，无疑是对症下药、直指要害，故而被高等教育战线寄予厚望。"试点学院改革不仅激发了二级学院培养拔尖创新人才的创新激情，而且也为学校整体改革发展注入了活力。"[①]客观地讲，以试点学院为代表的学院层面改革之所以进展不力、成效不大，完全归咎于试点学院及其所属高校是有失公允的。推进以试点学院为代表的高校学院层面改革试点，既需要政府作为"第一行动集团"自上而下的推动，也离不开大学作为"第二行动集团"自下而上的探索，单向用力容易造成执行偏差，双向用力能够形成合力，有利于在稳定中发展，在改革中推进。

二、高校学院层面试点改革策略有待斟酌

试点是最具中国特色的政策行为，"依托试点探索的经验，遵循由点及面的改革路径，渐进推动政策创新与扩散进程……已深深嵌套于国家治理逻辑与改革范式之中"[②]。德国墨卡托中国研究中心总裁韩博天较早关注中国政策试点，他认为政策试点是"分级制试验（experimentation under hierarchy）"，是将基层的政策创新上升到国家政策的一种机制，中国改革开放以来取得的巨大经济成就主要归功于中国共产党"有远见的反复试验"。[③] 王绍光认为韩博天论述的"试点"是"适应能力与学习"四种模式中的一种，是决策者自上而下发起的"对不同观察点或对相同观察点在不同时段进行干预性实验"[④]。众多学者认可韩博天、王绍光关于"中国政策制度发生的巨大变革并非源于自上而下大刀阔斧的改变，而是渐进的试点改革结果"[⑤]。中央政府默许反复试错的政策试点，不仅有利于中央在试点过程中提前发现政策执行存在的问题，还能够在试点进展不力甚至试点失败的情况下，最大限度地化解风险、降低负面影响。

目前学者对政策试点普遍持认可态度。吴幼喜较早关注了试点方法对于改革发展的全局性意义，他认为，先试验后推广的改革试点方法是渐进式发展道路的必然选择，有助于降低改革的风险成本，减少改革措施的不确定性，从而使改革事业始

① 唐景莉.试点学院：改革是最大的红利[N].中国教育报，2013-04-15(5).

② 陈廷柱，周静.教育改革试点向示范转进的逻辑与隐忧：基于 H 省本科院校转型发展试点示范现象的考察 [J].苏州大学学报(教育科学版)，2018(3)：1-12.

③ 韩博天.通过试验制定政策：中国独具特色的经验[J].当代中国史研究，2010(3)：103-111.

④ 王绍光.学习机制、适应能力与中国模式[J].开放时代，2009(7)：36-40，26.

⑤ 陈那波，蔡荣."试点"何以失败?：A 市生活垃圾"计量收费"政策试行过程研究[J].社会学研究，2017(2)：174-198，245.

终能在一个可调控的范围内收获巨大效益。[①] 黄秀兰认为政策试验的积极意义在于:一是提供了通过试验来验证、修改和完善政策的机会;二是可以从试验中获取普遍有用的经验信息,比如政策实施的细节方法、注意事项以及所需条件等;三是节约了公共政策的生产成本,降低了系统性风险,即便试验不成功也只会造成局部小范围的损失。[②]

在肯定政策试点正向效应的同时,学者们也认识到了这一治理机制的负面效应。吴幼喜指出,随着改革主客观条件的演变,试点动机有偏差、试点样本不典型、试点过程与经验推广的时间差、试点经验的不稳定性和不完全性都可能导致试点方法失灵。[③] 刘辉强调,由于缺乏科学评估,某些试点的宣传效果可能会被刻意放大,会出现悬而未决或不了了之的状况,[④]试点本身也存在着局限性。

政策试点与高等教育改革的相关理论研究不多。目前还没有学者对教育领域的政策试点及其改革进程进行专题研究。文献检索显示,教育领域篇名有"试点"两字的文献,最早是1973年福建医科大学调查组撰写的《教育革命的新生事物不可战胜——福建医科大学试点班工农兵毕业生质量调查》。这与近十年来教育领域轰轰烈烈的"试点改革"形成了强烈的反差。马廷奇着眼于改革试点与高等教育发展之间的关系,认为我国高等教育领域改革与发展密不可分,但是改革相对滞后于发展,高等教育整体质量与经济社会发展还不太适应,指明试点不是目的、只是改革的手段,改革试点应直指高等教育体制机制问题,并提出了引导和规范高等教育改革试点的政策建议。[⑤] 吴全华肯定了我国控制风险、先行试点的教育改革方式,着重指出了我国教育改革试点存在的非理性现象,即"教育改革试点效益的非外溢性,教育改革试点内容的非典型性,教育改革试点方法的行政化,教育改革试点经验的无限推广"[⑥]。陈廷柱、周静深入剖析了H省本科院校转型发展试点示范校建设,阐释了试点转示范的理论逻辑,表达了对本科院校转型发展试点转示范的隐忧:试点向示范转进可能会流于形式,转型发展会遭遇集体行动困境的挑战,转型发展需要各种资

① 吴幼喜.改革试点方法分析[J].改革与战略,1995(4):7-10.

② 黄秀兰.浅谈改革开放进程中的政策试验[J].理论与改革,2000(4):114-117.

③ 吴幼喜.改革试点方法分析[J].改革与战略,1995(4):7-10.

④ 刘辉.刑事司法改革试点现象[J].中国刑事法杂志,2013(8):78-86.

⑤ 马廷奇.高等教育改革试点与高等教育发展[J].大学(学术版),2012(2):15-17.

⑥ 吴全华.论教育改革试点的非理性现象[J].全球教育展望,2018(11):63-71.

源支持，示范经验的推广或复制难度较大。[①] 陈廷柱、蔡亮进一步系统研究了“改革试点与高等教育现代化”，他们认为高等教育改革试点具有“运动式治理、全要素覆盖、行政化运作、竞争性获取以及零风险改革”等特点，存在着“工具化、项目化、形式化”等问题，学生应公平地享有各种教育资源与政策，以特殊资源与政策支撑的人才培养特区模式，不宜过度赞誉和刻意维持；改革试点助推高等教育现代化，有必要采取“坚守试点初心、推进分类试点、做好试点评估、建立试点制度、完善试点体系”五项策略举措。[②]

总的来看，政策试点开始于中国共产党土地革命时期、发展于社会主义改造时期、成熟于中国改革开放时期，伴随着中国共产党由弱到强、全面执政，已经成为我国治国理政的特有机制和重要手段。只要政府主导、项目驱动的人才培养模式改革思路与策略不变，各种各样的人才培养特区形式与模式仍然会此起彼伏。回顾和总结我国试点学院改革的成败得失，有必要反思我国高等教育改革试点的选点、设计、督导等具体环节的策略选择。

一是试点单位如何选取。申报制还是追认制？争取、指定、追认、自发是试点项目启动的四种主要方式。由于试点项目附带的政策优惠、经费支持和“特殊身份”，试点单位的选取大多以“争取”型为主，试点项目发起者通常采用竞争性的申报制。这既有利于公平地竞争试点资格，也能够顺理成章地享受试点项目的优质资源。竞争是建设性与破坏性的统一体，竞争性申报制的优点比较明显，但其缺点也不容小觑，申报制带来的高度竞争也对试点本身有所冲击，竞争胜出的强势试点学院是众多学院中的极少数，其试点出来的体制机制改革经验常常会特殊性有余、普及性不足，难以推广到弱势学院以及普通高校。有鉴于此，高等教育改革试点单位的选取，适宜在竞争性申报的基础上辅以追认制，充分尊重并激发基层创新，待取得试点成效后再予以追认和推广。

二是试点目标如何设计。单一化还是多元化？政策试点的既定目标有单一目标与多元目标之分。一般而言，解决某个问题的单一目标试点比解决复杂问题的多元目标试点更容易实现。试点目标大多由政策文本所规定，而政策文本（方案）是托马斯·B.史密斯政策执行模型的四个重要变量之一，与执行主体（机构）、目标群体

---

① 陈廷柱，周静.教育改革试点向示范转进的逻辑与隐忧：基于H省本科院校转型发展试点示范现象的考察[J].苏州大学学报（教育科学版），2018(3)：1-12.

② 陈廷柱，蔡亮.高等教育如何传承和发展试点改革的中国经验[J].大学教育科学，2020(3)：22-29.

(对象)、制度环境相互影响、形成张力,从而助推或阻滞政策执行。[①] 试点学院实施的是特殊的过渡性试点政策,文本上的试点政策绝不会天然地实现试点目标。如同天才是1%的灵感加99%的汗水,政策目标的实现也是1%的政策文本加99%的政策有效执行。[②] 试点学院改革之所以进展不力,一个重要原因在于试点学院改革方案、顶层设计不够合理,既定目标多元化。教育主管部门关于试点学院的指导意见,明确了改革的既定目标为"三改革一完善",兼顾了各利益相关者不同层面的利益诉求,其政策初衷无疑是值得肯定的。但是,在多元目标约束下,政策的核心目标在试点改革过程中极易发生偏移和替代,同时也极易滋生改革内耗。这一顾虑绝非杞人忧天,试点学院"完善学院内部治理结构"这一核心政策目标,在实际改革进程中基本被"人才培养模式改革"替代和掩盖,导致试点学院改革的核心使命变形、走样。目前看来,单一化的试点目标或许更契合我国高等教育体制机制改革实际,也更有利于后续试点经验的推广扩散。

三是试点过程如何控制。干预式还是放任式?政策执行既是检验和修正试点政策文本必不可少的关键环节,也是试点政策由点及面推广扩散的重要前提。[③] 在试点政策执行过程中,究竟是采取干预式的刚性控制还是实行放任式的柔性控制,需要根据试点实际反复权衡。有计划的、有步骤的刚性控制,有利于试点发起者依靠行政命令自上而下分解部署试点任务,掌控试点的规划、内容和力度,也能取得一定的成效。但是,政府干预式的刚性约束同时也带来了一个意外后果:教育主管部门行政性治理抑制了试点学院的改革自主性。试点学院改革是一种"摸着石头过河"的实践活动,需要广大教师和干部职工发挥能动性和创造性。当然,"摸着石头过河"也要谨防仅凭主观意志而违背客观规律行事,特别是防止试点改革政策指导者和执行者缺少必要的监督限制。由此可见,政策试点过程控制不能过于强调刚性约束,也需柔性约束予以调和,关键在于把握干预或放任的约束程度,将试点发起者的主导性与试点执行者的自主性有机结合起来。

---

① 皇甫林晓,代蕊华.义务教育教师绩效工资政策执行困境与破解之道:基于史密斯政策执行过程模型的视角[J].教育科学研究,2020(3):20-26,45.

② Allison, G. T. Essence of Decision: Explaining the Cuban Missile Crisis[M].Boston:Little Brown and Company,1971:176.

③ 陈宇,孙枭坤.政策模糊视域下试点政策执行机制研究:基于低碳城市试点政策的案例分析[J].求实,2020(2):46-64,110-111.

第二节　试点学院自主性改革与行政性治理的矛盾冲突

试点学院改革实施十余年来，首批 17 所国家试点学院没有一所由试点转为示范，也未能新增第二批次的国家试点学院，甚至于 2015 年之后国家试点学院处于停滞状态。湖北、广东、河北、云南 4 省分批设立了 103 所省级试点学院，河北、云南仅在首批设置 22 所试点学院，湖北、广东 2018 年后未再增设试点学院，并在 2021 年停止了划拨试点学院改革专项经费。由此，试点学院改革陷入了困境：试点学院本应自下而上创新我国高校管理体制机制，事实上非但未能破除制约创新人才培养的体制机制障碍，反而处于不了了之的尴尬境地。究其原因，我国高校行政性治理与试点学院所需的自主性改革之间的矛盾冲突，是一个无法规避的重要因素。

一、行政性治理抑制了试点学院自主性改革

当今世界形成了三大主流大学治理模式，即以美国大学董事会为代表的关系型（内部人监督）治理结构，以英国大学基金委员会为代表的复合型（中介机构监督）治理结构，以法国大学区系统为代表的行政型（国家监督）治理结构。[①] 我国大学治理属于典型的以国家监督为主的行政型治理结构。

表 5-1　欧美大学与中国大学六个治理维度比较

维度	美国	欧洲	中国
大学自主权	校董事会是大学的法人机构，独立运行；大学不受政府部门管理；除军校外没有国立大学，公平竞争	大学以公立为主，政府不同程度地管理大学事务；大学自主权各不相同，总体上有限；大学之间缺乏竞争	大学办学自主权有限，政府教育主管部门控制招生、专业、学费、学位、项目审批
大学管理者挑选与任命	校长由校董事会任命并对其负责；大学管理人员由遴选委员会推荐，校长决定	校长、院长大多由内部人士民主选举产生，受利益牵绊大学治理结构调整难度大	大学党委书记和校长由上级挑选和任命，有级别硬约束和民主推荐环节

① 甘永涛.大学治理结构的三种国际模式[J].高等工程教育研究，2007(2)：72-76.

续表

维度	美国	欧洲	中国
行政权力与学术权力	校长治校，行政事务由管理者负责；教师治学，决策纯学术事务，校长拥有综合事务最终决定权	教师治校，教授对学术和行政管理影响大；教师内部等级分明，少数资深教授霸权比较突出	大学内部有党委、行政、学术、群团四个系统；党委是最高决策机构；教师学术权力较小
教师挑选、待遇与流动	主要研究型大学全球挑选教师，教师薪酬大学自主决定、全球竞争；大学教师按全球学术水准实行长聘制度	教师通常是公务员，终身制、流动性差；教师薪酬比照公务员，受政府管制，竞争力不强；教师近亲繁殖比较严重	教师属事业编制，教师收入差异性大；近亲繁殖比较突出，流动性不大；职称评审限额内相对优势比较选择
学生挑选与流动	本科生以本州居多，有最低比例限制；研究生全球招收；社区学院按申请招收；国外学生比例提高，生源竞争激烈，学生流动性大	本科生免试入校，有较大淘汰率（有的能挑选、有的不能挑选本科生）；研究生可挑选程度较高，由资深教授决定录取，学生竞争和流动性不大	本科生通过高考统一录取，竞争激烈；研究生入学考试竞争大，学硕“师傅带徒弟”，专硕按项目实行；大学本地化倾向重，影响学生流动性
学费确定与学校经费来源	私立大学学费自由定价，争取捐赠；州立大学按州内外学生分别定价。公立大学依靠学费和政府拨款；公私立大学竞争获取政府经费	公立大学免学费，大学主要靠政府财政拨款，教育经费相对不足，缺乏全球竞争力	学费由国家定价，公立大学相对较低，民办大学相对较高；大学经费由政府拨款、学费、科研经费等组成，但不同层次、区域的大学经费差异很大

我国高校实行党委领导下的校长负责制，政府依法对高校进行集中管理和垂直领导，校级领导由主管部门的党组织任免。虽然政府“放管服”改革持续推进、高校办学自主权不断扩大，高校党委拥有重大事项决定权和干部任免权（中层干部任免报备），校长拥有行政、学术、教学、外事等事务决定权，但是中国大学的管理本质上

仍然是国家主导的行政管理。[①] 我国大学治理“自上而下、权力集中”的特点十分突出。我国大学行政性治理结构,沿袭了计划经济式集权管理模式,加之权力惯性及其自我强化,经年累月形成了高等教育行政性治理的路径依赖。

路径依赖的本意是指围绕特定制度建立起来的行为惯例、社会联系以及认知结构,由于自我强化和转换成本高昂,导致行为主体锁定已有制度、惯例的状态和过程。诺斯最早从制度经济学的角度揭示,“路径依赖的形成不仅仅是历史偶然事件或小事件引起的,而更多是由行动者的有限理性以及制度转换的较高的交易成本所引起的”[②]。保罗·皮尔逊进一步指出路径依赖的原因在于“报酬递增”和“自强化”[③],从而奠定并扩展了路径依赖在社会学的地位和影响。斯蒂芬·P.罗宾斯认为依赖性是理解权力的关键,如果甲依赖乙的程度越高,那么乙对甲拥有的权力就越大。[④] 可见,依赖与权力成反比,尤其当权力掌握着不可替代的稀缺资源时,权力控制下的组织或者个人将对权力产生高度依赖。蔡文伯、曹元洁认为,路径依赖对我国高等教育最深远的影响在于“资源分配体制、行政管理手段以及评价制度的固化”[⑤]。

高等教育改革能否取得成功,很大程度上取决于改革的实施主体,“国家范围的大规模的高等教育改革基本是以国家为主导”[⑥]。试点的本质需要打破常规并在一定程度上破除现行规章的不必要束缚,而在具体执行过程中只能依靠政府的行政指导。政府的行政权力主导了大学宏观层面以及微观层面的权力空间,行政权力不断延伸,大学内外治理均打上了行政治理的烙印。与此同时,政策试点与项目制相耦合,深深嵌入国家和地方的法律政策、经济社会发展的诸多方面,并通过科层制、项目制实现了“从中央到地方再到高校”的层层嵌套。各基层试点单位也相应地摸索出了宣传、动员、“造点”、经验总结等一整套模式化“试点流程”,力图“以不变应试点万变”,同时随着依法治国的推进和日益完善,以往试点改革“突破现行体制和政策”的可能性越来越小,而成本却越来越高,“科层桎梏和行政惰性弱化了试点的弹性和活力”[⑦]。尽管政府在“放管服”进程中逐步扩大了高校办学自主权,但在高等

---

① 郎益夫,刘希宋.高等学校治理结构的国际比较与启示[J].北方论丛,2002(1):117-121.

② 道格拉斯·C.诺斯.制度、制度变迁与经济绩效[M].杭行,译.上海:上海三联书店,2008:43-56.

③ Pierson, P. Increasing Returns, Path Dependence and the Study of Politics[J]. American Political Science Review,2000(2):267.

④ 斯蒂芬·P.罗宾斯.组织行为学:第10版[M].孙健敏,李原,译.北京:中国人民大学出版社,2005:405.

⑤ 蔡文伯,曹元洁.“双一流”大学建设的影响因素:制度环境与资源依赖[J].山东高等教育,2020(1):1-7.

⑥ 唐玉光,房剑森.高等教育改革论[M].桂林:广西师范大学出版社,2002:19.

⑦ 刘义强,余孝东.中国共产党试点方法的百年演进与时代接续[J].学习与探索,2021(1):21-29,202.

教育行政性治理结构下，政府依然管理着教育资源分配和大学核心办学权力，学院层面的办学自主权还有较大的提升空间。

二、行政性治理放大了高校试点改革的局限性

“大胆试、大胆闯、自主改”是习近平总书记对上海自贸试验区作出的明确指示，寄望其能进一步发挥“全面深化改革和扩大开放的试验田”作用，向世界展示中国全方位对外开放的鲜明姿态。[①] 政策试点作为中国特色的政策生成机制，很好地阐释了我国改革开放特别是经济领域“摸着石头过河”所取得的巨大经济效益和社会效益。在充分肯定政策试点渐进式改革正效应的同时，也不容忽视和否认试点改革的局限性。韩博天在2008年就意识到不同领域的试点改革成效大相径庭，他观察发现试点改革对公共卫生服务等社会领域的成效不如经济领域的试点成效明显。[②] 张昕婧进一步指出，政策试点的局限性与试点对象性质密切相关，政策试点对公共产品或服务特别是政府主导的公共产品或服务治理成效比较一般，远远没有经济领域的试点成效显著。一个重要原因在于，“政策试点的供给机制与公共产品的‘复杂’性质不匹配”[③]。也就是说，政府主导的公共产品或服务治理机制通常是行政性的，与公共产品或服务类政策试点所需的自主性机制不够匹配，前述分析也印证了这一论点。

教育是社会公共服务的重要组成部分，人民性是中国教育事业的根本属性。“为人民服务”“为中国共产党治国理政服务”是党和国家对高等教育提出的明确要求，高等教育向普及化迈进必须彰显人民性、公共性和普惠性。高校内部围绕权力分配和执行体系，形成了行政权力与学术权力的核心关系，总体上呈现出分化与矛盾的格局。这是由于自主有积极的自主与消极的自主之分，大学的学术权力和行政权力事实上也有积极和消极之别。[④]《中华人民共和国高等教育法》规定，学科专业设置与调整、教学计划制订与实施、科学研究与技术开发服务、境外科技交流与合作4项办学自主权是基于学术自由而获取的，可以视为学术权力；招生方案制定与调节、内设机构设置与人员配备、教师评聘与薪酬分配、资产管理与使用，以及学生学

---

① 习近平对上海自贸试验区建设作重要指示：勇于突破大胆试大胆闯自主改[EB/OL].(2016-12-31)[2022-07-12].http://www.xinhuanet.com/politics/2016-12/31/c_1120225926.htm.

② Heilmann, Sebastian. Policy Experimentation in China's Economic Rise[J].Studies in Comparative International Development, 2008(1):1-26.

③ 张昕婧.政策试点的局限：以中国城市生活垃圾分类治理为例[D].长春：吉林大学，2020.

④ 王立民，穆中杰，练育强. 高校自主办学与政府依法行政[J].教育发展研究，2007(12A):19-23.

籍管理与学位授予等办学自主权,具有单方面的强制性和意志性,①更多归属于法律授权给大学的行政权力。从大学的内外部关系来看,学术自主权无论是对政府等外部力量而言,还是对大学内部治理而言,都是防御性的权利,即防止被干预、被支配,属于消极的自主权;而行政管理权则不同,其对外是防御性的,对内则是干预性的,因此既是消极的自主权又是积极的自主权。

党的十八届三中全会以来,大学管理开始向大学治理转变。无论是大学管理还是大学治理,试点学院及其所在高校都必须有一定的办学自主权。在行政性治理结构下,大学为获得合法身份认可、争取教育主管部门等行政主体掌握的财政拨款及其他办学资源,不得不"让渡"本属于学术权力范畴的部分自主权,原本就处于防御地位的学术权力不断被削弱。学术权力的防御性与政策试点在高等教育等公共服务领域改革的局限性相叠加,制约了试点学院自下而上创新高校管理体制机制的成效与限度。当问及试点学院内部治理结构改革遇到的困难时,教师及学院管理人员表示"学院办学自主权不够充分""社会力量参与不够""受制于上级规章制度"是位居前三的现实瓶颈,"学院办学经费来源比较单一""缺乏改革的制度环境"也是不可忽略的重要因素(见图5-1)。

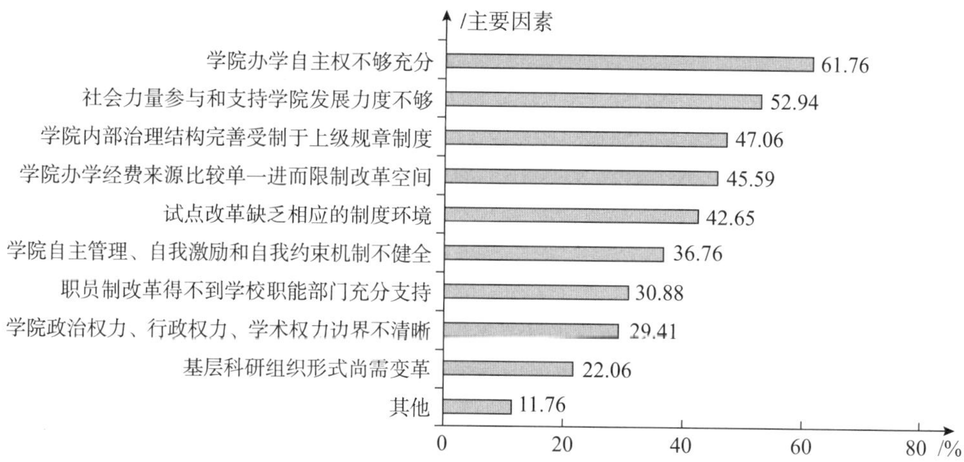

图5-1 H省试点学院内部治理结构完善存在的主要问题

试点学院因其国家级或省级标签所赋予的改革资源和自主权力,被校内其他院系视为"特权学院"。试点学院改革涉及高校众多职能部门,比如HJ学院F学院试点改革领导小组成员中包括教务处、人事处、招就处、科研处、财务处、研究生处等相关职能部门负责人;F学院作为试点改革实施主体,F学院书记和院长是试点改革领

① 范佳洋.大学章程的法律性质:行政权力的延伸抑或自主立法?[J].时代法学,2018(6):46-54.

导小组的当然成员。在行政性治理结构下，各职能部门职责权限壁垒森严，试点改革事项多头管理、相互制约，协调难度大，不仅学院基本不可能调动职能部门，即便副职校领导也难以协调，往往需要高校党政一把手来推进；高校行政管理部门习惯依靠传统管理、经验管理，喜欢因袭常规一刀切，不愿特殊学院特殊对待，“双轨运行”无疑会加大管理难度。加之，各职能部门为了维护本部门的既得利益，不愿意打破现有权力格局，进而导致高校内部治理模式固化。我国多年来实行的行政性治理模式，政府部门维护高校稳定有余，破除僵化的利益格局则显得不足；高校办学自主权能够企及的限度，取决于政府放权的态度和决心。

三、行政性治理与自主性改革相统合的迫切性

中国语境下的大学行政权力不但包含与职位相联系的行政管理权力，还包含政府权力、政治权力，甚至部分学术权力也内化其中，几种权力交织形成我国大学行政权力生态。[①] 高等教育行政性治理沿袭了政治控制模式中的“品位制”理念，强调自上而下的纵向约束和身份等级，专业技术服从并服务于特定政治目的，从而获得政治合法性。大学作为行政相对人，权力行使受到教育主管部门以及财政税务、工商物价、文化卫生等众多行政机关的监督和管控，办学自主权受到基于科层制的行政性治理的干预。

试点学院改革后继乏力、“示范”断裂的另一个重要原因，在于试点改革深深嵌入目标责任制、绩效考核制、干部晋升制等宏观制度环境之中，相互嵌套的制度环境提供了“示范”断裂的不良激励，强化了“示范”断裂的路径依赖，[②]导致试点转示范断裂常态化。总的来看，我国高等教育改革的制度环境总体上存在着“宏观鼓励、微观约束”的现实矛盾。[③] 无论是我国宪法、教育法、高等教育法，还是中央和地方政府有关教育的政策法规，无不从宏观上鼓励并支持高校自主办学、推进教育教学改革，尤其是近年来随着市场经济体制改革和服务型政府建设，宏观支持高校改革的相关制度不断丰富和完善。与此同时，国家有关高等教育的法律法规、教育主管部门制定的规章条例，对如何落实和扩大高校自主办学、深化教育教学改革等具体的

① 王世权，刘桂秋.大学治理中的行政权力：价值逻辑、中国语境与治理边界[J].清华大学教育研究，2012(2)：100-106.

② 李云新，袁洋.项目制运行过程中“示范”断裂现象及其解释[J].华中科技大学学报(社会科学版)，2015(5)：62-70.

③ 张金福.中国大学自主性：概念与制度环境[J].华东师范大学学报(教育科学版)，2007(3)：28-36.

实施方案与操作细则还在逐步建立和摸索之中，支持高校及其学院层面改革的微观制度相对“匮乏”，而且行政权力还管理着大量的不可替代的办学资源以及高校办学质量评价标准。由此，我国高等教育领域改革政策形成了一个矛盾体，一方面在政府强有力的政策驱动下各种各样的改革政策很多，另一方面高校真正需要改革的地方却缺少相应的政策支持。故此，不宜过于苛责试点学院本身，而应创造试点学院自主改革所需的制度环境。

中华人民共和国成立后，为适应当时的历史条件、满足教育服务经济社会发展的需要，从20世纪50年代开始至20世纪末，我国逐步建立、形成并巩固了政府主导的高等教育制度，“专门设计安排的以政府引导（政府教育研究机构）、管理（各级各类教育学会）和支持（学校教研组织）为骨架的教育研究体制、机制和相关规则体系”①。经过几十年的运行和演进，政府对高校管理越来越细、行政配置办学资源能力愈来愈强，高等教育体制改革的核心集中在“建立政府宏观管理、学校面向社会依法自主办学的体制”②。政府行政性主导与高校自主性改革之间难免存在矛盾和冲突，但两者并非“针尖对麦芒”的关系。高校学籍管理权、教育行政处理权、学位授予权具有外部权力属性，必须在教育行政管理部门的指导和监督下进行。高校教学、科研、学科专业设置、对外教学科研合作交流等内部自主权力，在于防御政府行政权力的深度介入。行政主导权与高校自主权在我国党委领导、行政分工的事权划分体制下（见图5-2），存在着调和乃至统合的可能性和必要性。

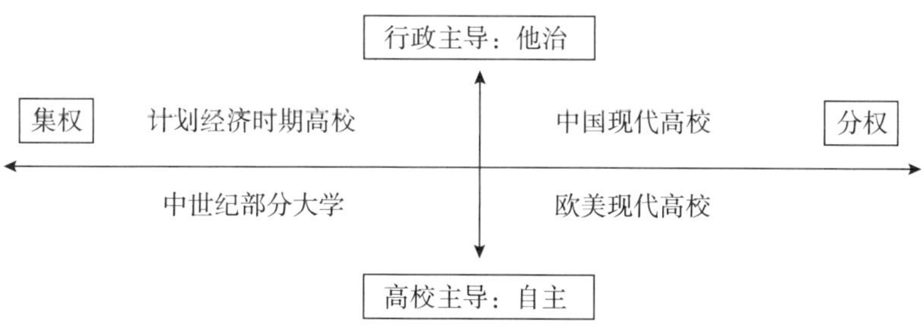

图5-2　行政主导与高校自主的冲突与统合

“放管服”是高等教育行政性治理与大学自主性试点改革的结合点，“有限政府”建设与落实并扩大大学自主权相辅相成。政府和大学都很重视办学自主权，或许对政府来说大学自主权够用了，大学却认为政府放权少了。但到底什么是多、什

① 聂劲松.中国百年教育研究制度审视[D].长沙：湖南师范大学，2009.

② 马陆亭.高等学校自主办学的推进策略[J].国家教育行政学院学报，2008(1)：42-48.

么是少，没有统一的标准，只有大体一致的判断：大学办学自主权随着行政管理体制改革和“有限政府”建设，整体上在扩大，但并不均衡，部属高校比省属高校的办学自主权要大得多，东部地区高校比中西部地区高校的办学自主权大一些。“合规性—自主性”交叉共存是政策试点的典型特征，[①]在不同的试点阶段合规性、自主性的主辅地位也不一样，在试点方案设计时偏重于合规性，而在试点方案执行时更倾向于自主性。那么，大学放权多少合适？这既要符合《中华人民共和国高等教育法》的基本规定，又要鼓励高校自主探索。一方面，需要政府间横向比较，自上而下地下放权力；另一方面，需要大学进行自下而上的探索，把希望上级政府下放的权力下放给试点学院，摸索出相对合适的放权程度和放权标准，上下联动推进行政性治理与自主性改革的协调发展。

第三节 试点学院微观自主与大学宏观自主的制度审视

多年来，试点模式作为我国高等教育领域的重要改革机制之一，与科层模式、项目模式并称三大典型改革范式，目的在于降低改革风险，为改革摸索经验。H 省试点学院改革的表象，遮掩不了试点学院改革的困境，造成此种困境的成因比较复杂，这是因为高等教育改革往往不是纯粹的自我革命问题，既有教师、学生内部利益相关者的牵绊，也有政府、社会等外部利益相关者的制约，需要透过高校试点改革表象探寻背后的深层次原因，从制度视角对我国的大学治理结构进行审视。

一、大学双重治理结构的中外比较

中世纪大学产生以来，西方国家政府与大学的关系，无外乎“大学自治—政府放任管理”“大学有限自治—政府行政集权”“大学有限自治—政府有限管理、宏观管理、间接合作互动”三种模式，[②]数百年来几经博弈、曲折发展。科学管理之父弗雷德里克·温斯洛·泰罗认为，管理意味着“使每个人充分发挥他的最佳能力”[③]。赫

---

① 王晓瑜.合规与自主：试点地区政策执行特征探析——基于农村宅基地“三权分置”改革平原试点案例研究[D].济南：山东大学，2020.

② 陈萌.走向善治：治理理论视域下的政府与高校关系探析[J].经营管理者，2017(2)：296-297.

③ 泰罗.科学管理原理[M].胡隆昶，冼子恩，曹丽顺，译.北京：中国社会科学出版社，1984：157.

伯特·西蒙认为,“管理即制定决策”。[①] 亨利·法约尔将人类普遍存在的管理活动划分五个要素,即计划、组织、指挥、协调和控制。[②] 综合学者们的意见,管理就是某一组织的所有者或领导者,发挥计划、组织、指挥、协调和控制等职能,利用组织特有的资源调动其他人员协同完成组织既定目标的创造性活动。而“治理”既有管理、统治的意思,也有修整、处理之义。1989 年世界银行首次提出“治理危机”并在 1992 年发表题为《治理与发展》的年度报告。此后,“治理”一词获得联合国教科文组织、经济合作与开发组织等国际组织认同。1995 年联合国全球治理委员会在《我们的全球伙伴关系》的研究报告中将治理界定为“治理是或公或私的个人和机构经营管理其相同事务的诸多方式的总和”[③]。从这个权威性最强、共识度最高的定义及其解释中可以看出,“治理”与“统治”有着明显区别,具备“多元参与、多方共赢”的特有内涵。

由此可见,从管理到治理越来越强调主体多元参与、互动生成,越来越关注目标多元、不确定性的协商生成,越来越注重做事与成就人的价值的辩证统一。简言之,大学治理偏重于决策形成,大学管理关注政策执行,两者不是一种替代关系,而是一种互补关系。大学治理的基本前提是“大学利益主体多元化以及所有权与管理权分离”[④]。

奥利弗·威廉姆森最早基于新制度经济学首创“治理结构”一词,此后研究者将其从经济领域引入高等教育。大学利益相关者有内外之分,大学的治理结构也相应有内外之别,这在国内外学者已形成高度共识。美国马里兰大学教育学院终身教授罗伯特·伯恩鲍姆在《大学运行模式》中指出,大学的治理结构是由大小不一的圆圈构成的同心圆。美国大学治理结构的内圈主要有大学校长、教师、资深行政管理人员以及理事;外圈则包括各种序列的地方委员会成员、校友、学生、州政府教育系统官员、美国教育部、教育相关委员会、各种基金组织以及高等教育协会。[⑤] 王丰超认为,大学内外部治理结构的主要区别在于权力关系主体不同,其中大学外部治理结构主要涉及大学与政府、用人单位等外部的利益相关者的权责关系,大学内部治理结构则主要涉及党委的政治权力、校长的行政权力、教授的学术权力、监管机构的监

---

① 赫伯特·西蒙.管理决策新科学[M].李柱流,译.北京:中国社会科学出版社,1982:37.

② 法约尔.工业管理与一般管理[M].曹永先,译.北京:团结出版社,1999:7.

③ 俞可平.治理与善治[M].北京:社会科学文献出版社,2000:270.

④ 李福华,王颖,赵普光.论大学治理与大学管理的协同推进[J]. 高等教育研究,2015(4):27-28.

⑤ Birnbaum, R. How colleges work: The cybernetics of academic organization and leadership[M]. San Francisco: Jossy-Bass,1991:55.

督权力、学生的参与权力等关系建构。[①]

邬大光认为大学制度包括宏观和微观两个方面，办学体制、投资体制和管理体制等国家高等教育制度属于宏观层面的大学制度，而大学内部组织结构的分层和内部权力体系的构成等则属于微观层面的大学制度，高等教育的发展逻辑表明，微观的大学制度在前、宏观的大学制度在后。[②] 周川进一步指出，大学一系列制度安排必不可少地涉及两个方面的关系处理：一个是大学与其举办者、管理者的关系，核心是大学与政府的关系；另一个是大学内部的关系，主要是校、院、系三级建制的权力关系。其中，大学与政府的关系是第一位的、决定性的，是“皮”；大学内部的关系是第二位的、从属性的，是“毛”。[③]

2005年，韩水法首次提出大学的“双重自治结构”。他认为大学自治应当分为两个层次，一是宏观层面“大学本身在社会中的独立身份”，另一个是微观层面“大学之中基本学术单位的自治地位”，大学自治的实现依赖于“宏观自治和微观自治的双重结构”。[④] 韩水法之所以提出大学的双重自治结构，是对高等教育系统客观存在的层次性的正确把握。伯顿·R.克拉克将高等教育系统从低到高划分为六个层次。处于基层的是学系（美国）或讲座（欧洲）、学院（美国）或学部（欧洲），以学科为主；处于中层的则是整所大学或学院（独立建制），以院校为主；处于上层的分别是多校园的学术管理组织（如联邦式大学）、省或州政府、中央政府及其部局机构，以行政系统为主。层次在某种形式上也是权力的居留地，不同层次之间权力很难下放，大学兴旺的关键在于权力由哪个层次的人来控制。[⑤] 可见，韩水法提出的大学“双重自治结构”，实质上把大学自治划分为两个层面，其所称的宏观自治主要指大学与政府的关系，即外部自治；其所称的微观自治主要指大学与校内教学科研单位的关系，即内部自治。他进一步指出，大学的宏观自治与微观自治是相互依赖的，无论哪个层面的自治缺失，都将导致大学双重自治结构的坍塌，并特别强调任何从事知识创新的团体或组织都会趋向以双重自治结构作为基本框架。[⑥]

---

① 王丰超.我国研究型大学内部治理结构研究：基于对长三角地区六所高校的实证调查[D].上海：上海交通大学，2013.

② 邬大光.论建立有中国特色的现代大学制度[J].中国高等教育，2006(19)：13-15.

③ 周川.“现代大学制度”及其改革路径问题[J].江苏高教，2014(6)：22-26.

④ 韩水法.世上已无蔡元培[J].读书，2005(4)：3-12.

⑤ 伯顿·R.克拉克.高等教育系统：学术组织的跨国研究[M].王承绪，徐辉，殷企平，等译.杭州：杭州大学出版社，1994：121-123.

⑥ 韩水法.世上已无蔡元培[J].读书，2005(4)：3-12.

大学千百年来锲而不舍地谋求“自治”，然而没有哪一所大学能够完全实现这个愿景。这是因为“自治”即表示大学在内外部关系处理上能够高度自我决断、自我负责，“不受国家、教会及任何其他官方或非官方法人团体和任何个人干预”[①]。显然，完全“自治”是一种理想状态，即便中世纪大学也未能达到如此高的自治程度，何况随着民族国家建立和世俗政权介入，往昔的大学自治已发展演化为当今的大学自主办学。[②] 传统大学自治游离于世俗政府与社会之外，依靠捐赠、罢课、迁校等途径同国王、教会进行抗争博弈，而今大学自主办学要服务国家经济社会发展、接受政府适度干预、获得财政经费支持。我国大一统文化、集权管理传统、现行法律政策、党政运行模式以及大学财政来源等现实状况，决定了“自主”更符合中国国情和全球大学治理演变趋势，也融入现代大学“自治”之中。据此，本书将韩水法提出的大学双重自治结构革新为更契合我国大学价值追求的大学双重自主结构。

大学治理结构是高校管理体制的核心内容，也是高校管理体制改革的重点和难点。就治理结构而言，大学理应是双重自主的，即大学相对政府宏观自主，学院相对大学微观自主，世界一流大学大多具备双重自主的结构特征。欧洲是现代大学的诞生地，拥有世界最古老的博洛尼亚大学、英语国家最古老的牛津大学和剑桥大学；美国作为当今世界高等教育最发达的国家，在世界一流大学建设方面一枝独秀。虽然欧美大学办学体制有着很大的区别，但是欧美大学都具有双重自主的结构，尽管自主程度存在较大差异（见表5-2）。

表5-2 欧美大学双重自主程度比较

典型大学	自主程度	
	宏观自主（大学层面）	微观自主（院系层面）
德国大学	低	高
美国大学	高	低

欧洲大学落后于美国的一个重要原因，是大学治理结构的问题，特别是缺乏大学自主权。[③] 以德国大学和美国大学为例：德国把大学定位为具有法人地位的公营

① 爱德华·希尔斯.学术的秩序：当代大学论文集［M］.李家永，译.北京：商务印书馆，2007：284.

② 彭虹斌.从大学自治到大学自主管理：西方大学管理传统的现代更新［J］.青岛科技大学学报（社会科学版），2011（3）：83-88.

③ 钱颖一.大学治理：美国、欧洲、中国［J］.清华大学教育研究，2015（5）：1-12.

造物,大学教师享有国家公务员的身份和地位,但是大学的行政权力与学术权力适度分离,“行政方面实行科层制,并且为政府所管辖,而在学术方面实行自治,主要是教授自治”①。德国大学不仅是国家举办的学术机构,还是国家的教育机关,政府对大学的人事、财务乃至大学内部管理设置、课程安排、学位标准等保留有最终的解释权和决定权。

美国大学采取的是“法人—董事会”的治理结构,大学董事会掌握学校的办学资源和重要事项的决策权,政府主要通过法律监督和财政资助对大学进行间接控制,特别是美国大学的财团法人制度,“一方面使大学独立于政府,免受政府不适当的干预;另一方面,又以外行董事会控制学术机构的方式来保证大学向社会负责”②。这为美国大学保持外部独立地位提供了法律保障和组织支撑。相对而言,在宏观自主方面,德国大学是有限度的自主,美国大学自主程度较高。但是,在微观自主方面,美国大学根据分权思想和实践需要,在融合系科制、讲座制的基础上,实行“大学—学院—学系”的组织模式,注重加强学院一级的学术权力和行政权力。德国大学在第二次世界大战后以美国大学学系制为蓝本,采取“大学—学系/研究所”两级结构,研究所取得与学系同等的地位,并不断加大其地位和权限。加之受讲座制的深远影响,美国大学在实践中形成的多项制度保障的学术自由,较之德国的教授治校所达到的学术自由稍有逊色。

二、我国大学双重自主的制度空间

经过多年的摸索和改革,中国特色的高等教育体制的“四梁八柱”基本定型,即确立了“中央和省级政府两级管理、以省为主”的管理体制,建立了“政府主导、社会参与、主体多元”的投资体制,构建了“高校面向社会依法办学”的办学体制,较好地解决了高等教育领域中央政府与地方政府、政府与社会、高校与社会之间的关系问题。然而,政府与高校的关系尚有较大的改进空间。中国大学与欧洲大学相似的地方是,政府不同程度地控制和干预大学事务,大学自主权总体上较为有限。中国大学与美国大学相似的地方是,大学管理者由上级任命,美国大学校长是董事会任命的,中国大学校长则由上级党委(党组)任命;中美高校都推崇竞争,特别是生源、教师之间的竞争。总体而言,我国大学的权力结构兼具欧美大学的特点,令人遗憾的

① 韩永红.大学自治与我国高校的改革发展[J].电子科技大学学报(社科版),2011(5):89-93.

② GADE M L. Board of trustees[C]//BURTONCLARK R, NEAVE GU Y R. (eds.) .The Encyclopedia of Higher Education. Oxford :Pergamon Press,1992:1494.

是,也未能完全摒弃两者的缺点。[①]

具体来说,在外部治理方面,欧洲大学在政府的直接管理下,普遍存在着分类发展不明确、竞争不充分的现象,学术寡头控制着学科资源和学术评审权力,我国政府对大学的严格管理、大学的同质化、学术"包工头"也不同程度地存在;美国大学外行董事会管理模式、大学基金会等多元办学资金筹集渠道,我国大学正在学习之中。在内部治理方面,欧洲大学较为充分的学术自由、教授强大的选举权力及较高的社会地位,美国大学严格的学术道德水准、受到多方制约监督的行政权力,这些优点也是我国大学应学习借鉴的。

结构与功能是辩证的统一,结构决定功能,大学治理结构的改革创新能够充分发挥大学的功能。从大学双重自主结构理论考察,行政性治理与自主性改革相冲突的背后的原因,归根到底在于我国大学双重自主结构不完善。

从大学相对政府的宏观自主来看,政府在政校关系中处于中心和强势地位,集举办权、管理权、评价权于一身。政府将行政组织管理的方式方法套用在大学身上,通过软性的项目治校、硬性的干部升迁等多种方式,将大学塑造成行政性社会组织。《中华人民共和国高等教育法》赋予高校的七项办学自主权,其行使的"根据"——社会需求、教学需要、自身需要、实际需要等宏大宽泛,"依法"——依什么法、哪些法等模糊不清,"根据""依法"与"自主办学"之间缺乏明确的、可操作的具体规定,从而为政府处理政校关系提供了宽松的自由裁量空间。

从学院相对大学的微观自主来看,大学党委领导、校长负责、教授治学、民主监督的基本原则得以确立。学院层面服从学校决策、在学校行政力量主导下组织落实,校院两级职权不够明确,获得有限自主权的大学也未对学院充分放权。这也恰恰说明,大学由谁管、由哪一级政府管,仅是高校管理体制的从属问题,实质问题在于"管什么和如何管"。[②] 也就是说,不同的大学利益相关者各自拥有怎样的权力,以及如何自主行使权力的问题。

无论哪个国家都需要妥善处理大学的内外部关系,无论是自治还是自主都面临着保障与限制的双重难题。[③] 判断制度环境是否有利于大学发展的标准,关键在于

---

① 韩水法.世上已无蔡元培[J].读书,2005(4):3-12.

② 周川,马娟.现代学校制度与学校自主发展研究[M].哈尔滨:黑龙江人民出版社,2011:193.

③ 湛中乐,尹婷.论大学自治:兼析《高等教育法》中的"自主办学"[J].陕西师范大学学报(哲学社会科学版),2018(1):145-153.

能否建立大学自主的内部治理结构。[①] 教育改革实质是制度创新，我国高等教育改革的办学自主权与国家现行法律刚性规定所引致的制度创新和路径依赖之间存在着矛盾。为解决这一矛盾，教育改革一方面要重视“内容指向”，又要兼顾“过程指向”；另一方面要重视技术环境，更要考量制度环境，把握好教育制度变革的可选择性限度。[②] 高校作为典型的“底部沉重”型组织，基层院系承担着教学科研、社会服务与文化传承任务，“任何自上而下的改革只有落实到学科或院系层面才有意义”[③]。大学应当是自主的，大学自主是建立现代大学制度的第一步，也是最关键的一步。失去自主就失去了现代大学质的规定性。建立现代大学制度是一项系统工程，不是政府自上而下下放某些权力，也不是大学及学院自下而上摸索某些行之有效的经验就能够解决的，但是自上而下放权、自下而上探索是不可或缺的。

一言以蔽之，“我国高校遵循的是行政的逻辑而非大学自身逻辑，实施高校治理结构改革的推动性力量是政府而不是高校自身”[④]。办学自主权不充分、正式与非正式制度嵌套、政策目标隐性替代是试点学院改革进展不力的直接原因，表象背后的原因则在于我国大学相对政府宏观自主、学院相对大学微观自主不够完善。大学对外未能取得独立的法人地位，对内也没有对学院充分放权，导致高校学院层面难以自下而上创新内部治理结构、撬动高校管理体制改革。我国现代大学制度建设是在计划经济向市场经济转变的过程中逐步建立并重视起来的，主要任务包括“完善治理结构、加强章程建设、扩大社会合作、推进专业评价”[⑤]，当前重点聚焦在完善治理结构。可以说，建立与市场经济相适应的高校治理结构，已成为我国现代大学制度建设的难题，也是我国高校管理体制改革亟须攻克的堡垒。

---

① 马廷奇.制度环境的变革与大学内部治理结构创新[J].武汉理工大学学报(社会科学版)，2007(1)：76-79.

② 刘福才，刘复兴.制度创新与路径依赖：高校教育改革的两难困境[J].华南师范大学学报(社会科学版)，2013(6)：49-54，161.

③ 马廷奇.高等教育改革模式及其实践：内涵、困境与创新[J].国家教育行政学院学报，2020(4)：3-11.

④ 别荣海，陈建威.我国高校内部治理结构改革的困境及其突破[J].郑州大学学报(哲学社会科学版)，2016(5)：77-80.

⑤ 马陆亭.教育体制改革 30 年后的新起点[J].江苏高教，2015(4)：4-6.

第六章
大学双重治理结构的域外经验

试点学院改革举步维艰的主要原因,归根到底在于我国高校办学自主权不充分,大学双重自主结构不完善,制约了试点学院改革的自主空间。本章基于大学双重自主结构理论视域,鉴于欧洲大学微观治理、美国大学宏观治理各有千秋,在大学微观治理方面选取学院制源远流长的牛津大学,在大学宏观治理方面选取模仿美国麻省理工学院治理结构、短期内跻身世界一流大学的印度理工学院,作为国外大学双重治理结构的解剖案例,并重点阐释牛津大学学院的微观治理结构和印度理工学院的宏观治理结构。尽管牛津大学住宿学院、印度理工学院分校与本书的试点学院在学院性质、自治程度方面有着较大的差异,但是总结和借鉴牛津大学、印度理工学院双重治理结构的经验,有利于明晰我国推进大学双重自主的努力方向,助力我国高等教育扬长避短,充分发挥高等教育后发优势。

第一节　牛津大学学院的微观治理结构

牛津大学是世界上顶尖的知名学府,也是英语国家最古老的大学。它培养了众多文化精英、科学巨星、政治领袖和工商人才,卓然屹立于世界一流大学之林。牛津大学是由众多在法律和财政上独立的学院以"联邦"关系组成的,其最大的特色在于"学院制"微观治理模式。

一、牛津大学学院的发展演变

学院最初是欧洲中世纪大学的一种组织形式,其组成和管理都很简单,学院仅有一个住宿部、一个食堂、一个图书馆和一个小礼堂,一位院长、两位学监和舍监等按照中世纪的行会制度进行管理,少量师生在共同的章程或目标之下聚在一起学习生活。欧洲大陆的博洛尼亚大学、位于巴黎的迪克斯惠特学院分别大约在 1088 年和1180年得到了认可,近现代大学由此滥觞。“1167年英法两国因为土地交恶,英王亨利二世盛怒之下召回在法国巴黎学习的英国学者,被召回的学者们自发地聚集在牛津并按照巴黎大学的组织方式讲学,牛津便逐渐地成了教会教育和经院哲学的研究中心,而这实际上也就是牛津大学的雏形”。[①] 由于年代久远和史料缺乏,牛津大学确切的建校时间尚有争议,一般认为是1168年。牛津大学官方网站也只是含糊地称“大学学院、巴利奥尔学院、默顿学院是牛津大学最早的一批学院”。这些早期学院是由私人捐赠的带有慈善性质的机构,主要为牛津区无力承担食宿费用的学生提供食宿。随着社会经济、政治及文化需求的不断变化,牛津大学的学院已完全成为自治的机构。如今,牛津大学包括39个学院(见表6-1),以及黑衣修士学堂、摄政公园学堂、康平学堂、圣贝纳学堂、圣史蒂芬学堂、威克里夫学堂6个永久性私立学堂(Permanent Private Hall),最古老的大学学院与最年轻的鲁本学院相距700多年,足见牛津大学历史的厚重。

表6-1 牛津大学39所学院一览表

序号	学院名称	成立时间	序号	学院名称	成立时间
1	大学学院 (University College)	1249年	21	伍斯特学院 (Worcester College)	1714年
2	巴利奥尔学院 (Balliol College)	1263年	22	哈里斯·曼彻斯特学院 (Harris Manchester College)	1786年
3	墨顿学院 (Merton College)	1264年	23	基布尔学院 (Keble College)	1870年
4	圣艾德蒙学堂 (St Edmund Hall)	1278年	24	玛格莉特夫人学堂 (Lady Margaret Hall)	1878年
5	赫特福德学院 (Hertford College)	1284年	25	圣安学院 (St Anne's College)	1879年
6	艾克塞特学院 (Exeter College)	1314年	26	萨默维尔学院 (Somerville College)	1879年

① 祝春华.论牛津大学的保守性[D].长春:吉林大学,2007.

续表

序号	学院名称	成立时间	序号	学院名称	成立时间
7	奥里尔学院 (Oriel College)	1326 年	27	曼斯菲尔德学院 (Mansfield College)	1886 年
8	王后学院 (The Queen's College)	1341 年	28	圣休学院 (St Hugh's College)	1886 年
9	新学院 (New College)	1379 年	29	圣希尔达学院 (St Hilda's College)	1893 年
10	林肯学院 (Lincoln College)	1427 年	30	圣彼得学院 (St Peter's College)	1929 年
11	万灵学院 (All Souls College)	1438 年	31	圣安东尼学院 (St Antony's College)	1950 年
12	莫德林学院 (Magdalen College)	1458 年	32	纳菲尔德学院 (Nuffield College)	1958 年
13	布雷齐诺斯学院 (Brasenose College)	1509 年	33	李纳克尔学院 (Linacre College)	1962 年
14	基督圣体学院 (Corpus Christi College)	1517 年	34	圣凯瑟琳学院 (St Catherine's College)	1962 年
15	基督堂学院 (Christ Church)	1546 年	35	圣十字学院 (St Cross College)	1965 年
16	三一学院 (Trinity College)	1555 年	36	沃弗森学院 (Wolfson College)	1966 年
17	圣约翰学院 (St John's College)	1555 年	37	凯洛格学院 (Kellogg College)	1990 年
18	耶稣学院 (Jesus College)	1571 年	38	格林·坦普顿学院 (Green Templeton College)	2008 年
19	瓦德汉学院 (Wadham College)	1610 年	39	鲁本学院 (Reuben College)	2019 年
20	彭布洛克学院 (Pembroke College)	1624 年			

二、牛津大学“学院制”微观治理模式

牛津大学是由在不同时期成立的学院以“联邦制”结构形成的独立自主的学术机构，其学院层面治理实施的是负有盛名、颇具特色的学院制，即“大学以学院为管理中心，学院具有实体性、主体性、自主性的大学内部组织结构形式和管理模式”①。牛津大学经过800多年的嬗变，其学院制与导师制的基本组织结构及运作方式传承至今，成为牛津大学的精髓所在。正如英国历史学家、牛津大学前副校长布洛克男爵所说：“牛津能保持其吸引力的原因之一，在于它的学院结构。”②

（一）“联邦制”结构下的学院制

牛津大学与学院之间是联邦式的，类似于生物群落与总部的关系。牛津大学的学院不是按专业或学科划分的，而是在不同时期依托学生住所形成的各具特色的私有法人团体。牛津大学的各个学院根据自身情况制定本学院的规章制度，独立招收本科生，募集本学院发展所需经费，照料本学院学生的基本生活和饮食起居，安排本学院学生的文体及社团活动，为学生指派导师。作为联合体的牛津大学则是公有的，主要职责是确定并组织各学院课堂教学和研讨会、发放文凭、分配经费、协调各学院之间的关系，并不干涉学院的内部管理。各学院拥有较全的学科，各学院和学部交叉组织教学科研活动，大学与学院的关系承袭了美国中央政府与地方政府的“联邦制”的管理结构。③

牛津大学在校级层面实行纵横交错的矩阵治理结构。在纵向上，形成了三级治理模式（见图6-1）。

第一层级是教职工全体大会（Congregation）。它是牛津大学的最高权力机构，相当于大学的议会。教职工全体大会主席一般由校长担任，其成员由副校长、校方发言人、档案室管理员、财务总监、罗德学院学监、学校出版社首席执行官、75岁以下的荣誉退休教师以及教职工全体大会确定的其他人员。教职工全体大会拥有学校立法、学位授予、任命批准校长人选等权利。

第二层级是大学理事会（Council）。理事会是牛津大学的行政和立法机构。理事会由校长主持，25名理事成员大致可以分为三类：校监、助理、学部成员等9名当然理事；教职工全体大会选出的若干成员、3名学生代表等12名校内理事；理事会提名并经教职工全体大会批准的4名校外理事。理事会成员没有特殊理由必须参会，

---

① 贾永堂，张晓霞.我国大学二级学院的虚体化困境与出路[J].学习与探索，2017(4)：47-51.

② 裘克安.牛津大学[M].长沙：湖南教育出版社，1986：2.

③ 姜亚杰.牛津大学学院制研究[D].长春：吉林大学，2008.

特殊情况由校长和校监委任人员填补空缺。牛津大学学生会主席、副主席等 3 名学生代表在涉及学校战略部署等敏感话题时不需在场。理事会对教职工全体大会负责，其主要职责是：制定大学的学术政策和战略方向；制订战略计划和年度经营计划及财务预算；选举副校长，处理大学与学院、大学与外界的关系；审查下属各委员会和高级员工，评估和管理学校机构在治理过程中相关的风险。

第三层级是各专门委员会。理事会下设了教育委员会、一般事务委员会、人事委员会、规划与资源分配委员会、研究委员会 5 个专门委员会，分工落实理事会的职责。除了上述 5 个主要委员会，牛津大学还设有审计和审查委员会、继续教育理事会、校友关系委员会等 20 多个其他委员会。理事会之所以增设各种不同职责和权限的专门委员会，是因为牛津大学的 39 个学院独立运行，拥有高度的自治权，各学院之间存在一些冲突，需要各专门委员会予以调解。

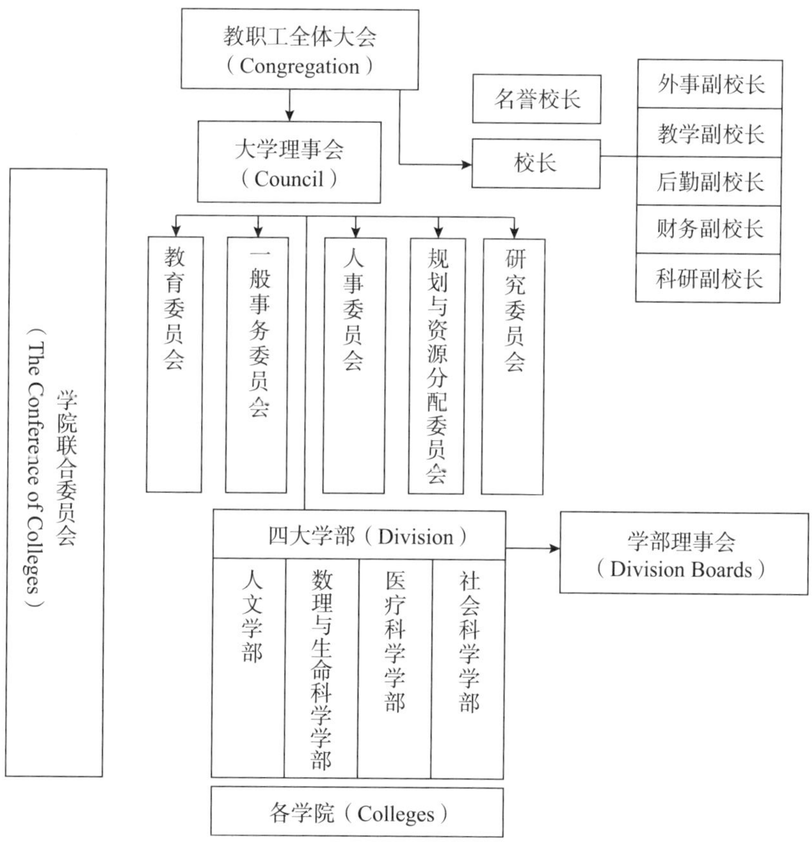

图 6-1　牛津大学校级层面治理结构

在横向上,学院联合委员会(The Conference of Colleges)与大学学部(Division)进行博弈(见图6-2)。牛津大学各学院为了共享信息资源、共同争取更多利益,组建了学院联合委员会,与大学学部进行权力争夺和利益平衡。学部是牛津大学颇具特色的内设部门,共有人文学部、数理与生命科学学部、医疗科学学部、社会科学学部4个学部,每个学部对应若干个系和专业。学部有权协调、监督学部与学校行政团队、各学院及永久私人学院之间的共同利益和合作事项,有权任命并审查学术人员的履职情况。[①] 牛津大学4个学部分别制订各自的财政计划、管理计划和学术活动,并在合理的范围内行使学术权力和财政权力。由于学术人员在学部中的比重较大,牛津大学的决策权和管理权实际上掌握在学术人员手中。牛津大学与学院之间的权力争夺几经反复,大学一度被学院联合委员会"架空"。当前纵横交错、相互制约的矩形治理结构,标志着牛津大学治理改革模式日益成熟。

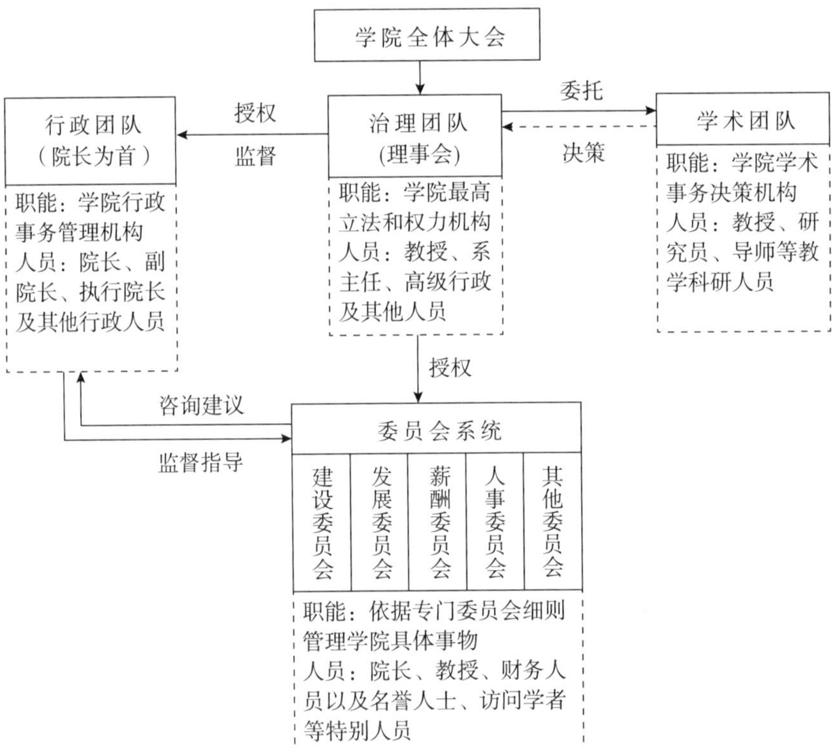

图6-2 牛津大学学院层面治理结构

① 赵军彩.牛津大学内部决策制度及其对我国高校内部管理的启示[D].石家庄:河北师范大学,2016.

牛津大学自治的学术传统、自立的私有地位、自足的捐赠体系，孕育并发展了以学院为主体和管理中心的学院制。① 牛津大学学院制的重要前提在于学院拥有独立的财源和财权。大权在握的学院依托治理团体、行政团队、学术团体、专门委员会4种权力主体，采取“教授治理下的集体决策模式”，形成了行政治理与学术治理权责明晰、相互交融的运行机制。② 由学院全体教授、系主任和中高级管理人员以及其他人员组成的治理团体，履行学院理事会的职能，行使学院最高权力，诸如立法权、决策权、财政权、人事权以及处罚权。治理团队投票选举的院长，带领副院长、执行院长等行政团队，履行行政权、内设机构权、监督权，在任期内管理学院办学活动。教授、研究员、导师等教学科研人员代表学术团体，掌控学科设置、课程安排、建议咨询等教学和科研权力，以学术权威深度参与学院治理。治理团体还授权院长、教授、财务人员以及名誉人士、访问学者等特别人员，组建学院建设、发展、薪酬和人事等专门委员会或特别委员会，按照各委员会章程或细则分工负责学院理事会委托的各类事项。简言之，学院制实质是奉行学院是大学的主体，学术力量主导大学内部管理权限，保障并推进“学院办大学”。实体性、独立性的众多学院散落在各个校区，牛津大学因此被誉为“学院中的大学”。

（二）学院制基础上的导师制

牛津大学的导师制是指导师对学生（本科生为主）进行个性化、教养式教学的制度安排。导师制是在学院制的治理模式下应运而生的，在牛津大学的人才培养过程中发挥了极其重要的作用。被誉为“牛津皇冠上的宝石”的导师制具有三个显著特点。一是学院式生活。牛津大学的每个学院拥有各自独立的学生住所、教室、图书馆，以及教堂等活动空间，像是学生们的一个“家”，学生课余活动都在这个“家”里进行。③ 二是个性化指导。牛津大学的新生一入学，学院就为其指定品学兼优的导师负责引导和熏陶学生的品行，辅导和督促学生的学业。导师可自由决定辅导的时间、地点和形式。导师有责任对学生的论文、读书进行评议或指导，师生也可以就平时课堂学习中的问题或其他事宜进行探讨、交流或争辩。④ 三是示范性熏陶。导师除了指导帮扶学生学业，还以身作则、率先垂范，对学生做人做事进行“朋辈导航”，一代又一代牛津学子受益于导师制。“牛津大学和剑桥大学在本科生与导师之间确

---

① 徐少明.牛津大学学院制研究[D].济南：山东师范大学，2017.

② 何晓芳，任小琴，王洋.牛津大学学院治理结构分析[J].上海教育评估研究，2018(4)：28-32.

③ 赵军彩.牛津大学内部决策制度及其对我国高校内部管理的启示[D].石家庄：河北师范大学，2016.

④ 罗云，张良玉.牛津、剑桥大学学院制对“试点学院”改革的启示[J].继续教育研究，2013(7)：154-157.

立的人际关系，尽管可能存在种种个人的局限性，却是世界上最有效的教学关系。”[①]需要指出的是，牛津大学的教师身处寄宿制学院与四大学部的“双轨结构”之中，具有“学院人”与“学科人”的双重身份属性。教师往往受聘为各个学院的院士，教师既属于某一个学院，又属于某一个学部；一个学院拥有不同学部的教师，一个学部也包括来自不同学院的教师。[②] 牛津大学的教师与学院相互选择、自由流动，因此学院之间的竞争激烈。总体来看，牛津大学师生与学院的关系要大于与学校的关系。

学院制以及与其匹配的导师制，是牛津大学治理体系的精华所在。牛津大学的学院制在19世纪引起很大争议，褒之者称赞：学院制有利于维护大学独立自治；交流与竞争的学院精神成为推动大学发展的内在动力；导师制是最有效的教学模式。贬之者则批评：学院制将自己学院的利益置于首位，不利于大学的整体发展和资源配置；寄宿学院不菲的生活费用更是将贫困学生拒之门外。[③] 其实，牛津大学的成功离不开学院制。800多年来，牛津大学的学院制不但成就了英国早期大学的基本模式，还潜移默化地影响了伦敦大学等新式大学以及城市学院，直到今天牛津大学依然坚守导师制，即便是导师制受到学生规模扩张、高校市场化运作、导师科研压力的深刻影响。牛津大学的学院制影响力还波及澳大利亚、加拿大等英联邦国家直至美国。哈佛大学的初创是以剑桥大学伊曼纽尔学院为范例的。20世纪初，哈佛大学校长劳威尔（A L.Lowel）推行的“宿舍制”（House System）明显是牛津大学寄宿学院的“翻版”。我国部分“985工程”高校率先试行的“专业导师制”“书院制”“一站式学生社区”，也试图融合中国古代书院模式与牛津大学、剑桥大学学院制，进而构建具有中国特色的学生管理新模式。可见，牛津大学学院制时至今日依然得到了坚守和传承。

三、牛津大学双重治理结构分析

牛津大学在800多年的发展历程中，一直与教会、政府进行权力博弈和抗争，千方百计争取并维护办学自主权，同时积极寻求社会的支持。牛津大学与教会、政府的权力关系变化大致分为三个阶段。

---

① 亚伯拉罕·弗莱克斯纳.现代大学论：英美德大学研究[M].徐辉，陈晓菲，译.杭州：浙江教育出版社，2001：240.

② 张良玉.试点学院改革研究[D].兰州：兰州大学，2014.

③ 张建政.牛津、剑桥大学学院制研究：1249年—1636年[D].保定：河北大学，2005.

第一阶段是牛津大学的初创期，时间大致为12至16世纪。创建于1168年的牛津大学是一批从法国巴黎游学回来的师生逐渐自发形成的一个学者行会。由于没有创始人，也没有组织章程，罗马教皇、英国国王都试图将其纳入自己的势力范围。1213年，罗马教皇颁给牛津大学第一张特许状——大学宪章。特许状确认了学术传统、学者的学术特权和既有法规，粗略规定了牛津大学各机构的权责，以及各组织之间的关系。英国王室根据当时的惯例和宗教法规，默认了牛津大学的独立法人组织地位，并分别于1230年、1240年和1276年赋予牛津大学自主设定法规、自主设立管理部门以及自由使用印章等法人自治权。至此，牛津大学成为一个独立的自主管理、自定法规的法人团体。此阶段牛津大学的治理结构尚不完善，每个学院都有各自的捐款来源、法规和管理机构。牛津大学的学者们像手工匠出售自己的生产成品一样出售自己的知识与学说，并从学生那里获得报酬。经济上独立的学者们利用教权、王权之间的矛盾和斗争，尽最大可能争取自治权力，并由此形成了牛津大学早期治理的分权制衡模式：教会通过校长来控制大学，英国王室通过立法来影响大学，学者共同体通过推选权、决议权等维持着学术自治。16世纪中后期，牛津大学的权力博弈呈现出了主要利益相关者集体决策、相互制衡，尤其是学者参与决策、分享决策的显著特征。

第二阶段是牛津大学的发展期，时间大致为16至18世纪。1571年，英王伊丽莎白一世颁布了英国第一部大学法规——《1571法案》。该法案以法律形式正式赋予牛津大学法人地位。此时，由于宗教改革运动使得分庭抗衡的神权与王权转变为神权从属于王权，世俗政府也开始主导控制牛津大学。受王权专制的影响，学者权力不得不屈服于王权而处于弱势地位，牛津大学在1685年差点因生源不足而停办，英国大学发展也进入了“冰河期”。1688年，英国资产阶级和新贵族发动“光荣革命”，并于1689年通过了限制王权的《权利法案》，国家权力由君主逐渐转移到议会。“光荣革命”以后直至18世纪，英国政府基本放任牛津大学自由发展，学术自由在牛津大学得到了充分彰显，但是这一时期牛津大学并没有得到快速发展。①

第三阶段是牛津大学的成熟期，时间大致为19世纪至今。19世纪初，牛津大学、剑桥大学虽牢牢把控着英国高等教育，但却抱守古典传统，日渐远离社会经济生活。② 这与英国资产阶级和工业革命的现实扞格，英国在19世纪30年代掀起了

① 赵军彩.牛津大学内部决策制度及其对我国高校内部管理的启示[D].石家庄：河北师范大学，2016.

② 侯翠环.英国新大学运动及其历史意义[D].保定：河北大学，2005.

"新大学运动"(New University Movement)。数十年间,以伦敦大学、曼彻斯特大学为代表的近代大学先后创建,利兹、谢菲尔德等城市学院不断涌现。19 世纪 50 年代,英国政府一改过往不干预大学内部事务的既定政策,颁布了《1854 年大学改革法》,并对牛津大学的财务状况和课程设置进行调查。牛津大学为提高学术声誉、回应外部责难,出台了《1923 年牛津剑桥法案》,通过法律框架来进一步联结各个独立的学院,维护学术自治传统。与此同时,鉴于牛津大学在第一次世界大战中的贡献,政府开始给予牛津大学财政扶持,这种"支持而不控制"政策一直持续到 20 世纪 80 年代。[①] 之后,英国政府开始大幅度削减高等教育经费,并引入市场机制,"少花钱、多办事"成为英国高等教育经费政策的主格调。[②] 1992 年,英国政府撤销了大学拨款委员会,成立了高等教育基金委员会,成为牛津大学与政府之间的桥梁和纽带。

从牛津大学与教权、王权的权力博弈及关系变迁中可以看出,牛津大学始终注重学者权力和大学自治,政府虽然从立法、拨款等方面干预牛津大学办学,但在宏观治理方面始终给予政策支持牛津大学发展。牛津大学治理结构体现了权力共享、集体决策的特质,校外利益相关者通过推荐或成为治理机构成员的方式参与牛津大学决策,内部设置不同的权力机构共享学校决策权。由于英国现代大学脱胎于牛津大学等古典大学,牛津大学的学院制及其导师制得到了继承和发扬。"英国大学不隶属于任何一级政府部门,不论是中央政府还是各郡市政府都没有直接下辖的大学。"[③]英国由此形成了基于牛津、剑桥古典传统的大学自治模式,大学取得了高度的、完整的自治地位。

虽然英国政府拨款一度占英国高校总收入的 90%以上,但是英国政府谨守法律和传统,并没有直接插手大学具体办学事务。政府与大学之间主要通过中介组织来联结和缓冲,开创了政府与大学关系的独特模式。中介组织起源于 1839 年的英国皇家督学团,担负政府赋予的职责,向政府报告有关工作。1919 年,英国政府成立大学拨款委员会(UGC)负责向大学拨款。由于大学拨款委员会实际上被大学副校长等教育界人士控制,各大学在内部资源分配时享有高度的自由,并偏向政府决策,违背其设立初衷。20 世纪 90 年代,高等教育基金委员会取代大学拨款委员会,委员会成员由学术人员和校外人员组成,管理更加严格,更加注重绩效,但是其中介组织的性质并没有改变,发挥着政府与大学间的"缓冲器"作用。

---

① 赵军彩.牛津大学内部决策制度及其对我国高校内部管理的启示[D].石家庄:河北师范大学,2016.

② 弗兰斯·F.范富格特.国际高等教育政策比较研究[M].王承绪,译.杭州:浙江教育出版社,2001:367.

③ 别敦荣.现代大学制度的典型模式与国家特色[J].中国高教研究,2017(5):43-54.

牛津大学还非常注重与社会的相互促进、融合发展。牛津大学创立之初，社会慈善人士通过捐赠土地、房产、资金等创立各个学院，奠定了牛津大学发展的基础。社会捐赠一直是牛津大学办学资金的重要来源，尤其是英国政府减少对大学拨款后，牛津大学不得不通过寻求社会组织或个人设立奖学金、科研基金补贴等途径募集款项，这也是牛津大学校长及各学院院长的主要任务。牛津大学始终坚守学术本位，保持其应有的“象牙塔”精神，奉行“造就一个人，不是撰写一本书”的教育理念，为英国培养了一批又一批精英，积极回馈社会。随着高等教育大众化和普及化的深度推进，社会问责制度的全面兴起，《泰晤士高等教育》和 QS 公司等开展的大学排名和评估代表着社会问责的“软性治理”方式，影响了牛津大学的决策与运行。可以说，牛津大学与社会的关系既相互支持，又相互制约，大学是社会不可或缺的重要组成部分，同时社会的进步和支持也助推了牛津大学的快速发展。

第二节　印度理工学院的宏观治理结构

印度与中国同属发展中国家，教育规模居世界前列，各类大学数量繁多。印度教育的平均水平不如中国，但是印度在信息技术杰出人才培育等某些方面具有独到之处。那么，是什么支撑印度成为一个主要依靠智力而非传统制造业来拉动国民经济增长的发展中国家呢？印度理工学院是一个绕不开的关键点。[①] 创建于 1951 年的印度理工学院，在 2006 年《泰晤士高等教育》全球大学排名中，其工科领域仅次于麻省理工学院、加州大学伯克利分校，位居全球第三、亚洲第一，被誉为“印度科学皇冠上的瑰宝”。印度理工学院为何能够在短短五十年内跻身世界一流大学？多年来，中外学者见仁见智，诸如国家的重点投入、英语的天然优势、优势的师资队伍、良好的校企关系、信息技术的快速发展、严苛的联合入学考试制度(IIT-JEE)[②]、高度的国际化、强大的校友会，从不同侧面、不同程度解答了印度理工学院成功之谜。总体来看，世界高水平大学无外乎两种发展路径，“一种是‘学术积累’，如牛津大学、剑桥大学……另一种是‘管理创新’，如英国的沃里克大学、香港科技大学”[③]。显而易

① 肖乃涛，陈廷柱.一流大学“双重自治”探析：基于印度理工学院治理结构的考察[J].江汉学术.2020(1)：76-84.

② 蒋杏.印度理工学院本科生招生考试制度研究 [J]. 当代教研论丛，2015(5)：5-6.

③ 刘献君.大学共同治理的意义及其实现方式[J].山东高等教育，2015(3)：5-13，2.

见,印度理工学院成功的关键在于管理创新,特别是其契合现代大学制度的治理结构。

一、印度理工学院治理结构的历史选择

1947 年印度独立,百废待兴,急需一大批一流的理工人才。印度政府不惜牺牲基础教育和中等教育,举全国之力推动世界一流理工大学“织梦行动”。[①] 时任总理尼赫鲁任命萨尔卡尔组建专家委员会,筹划建立高等理工学院。该专家委员会在深入考察欧美大学管理体制及治理结构之后,提交了名为“印度高等技术教育”的临时报告,提议以麻省理工学院为蓝本,在印度的东部、西部、南部、北部地区建立 4 所高等理工学院,培养与国外一流理工学院相媲美的工程技术人才。根据这一提议,1951 年 8 月 18 日,第一所印度理工学院在印度东部的卡拉格普尔(Kharagpur)宣告成立。[②]

此后,印度政府历时 61 年分三批建立了 16 所具有独立法人地位的印度理工学院分校。20 世纪 50 年代末至 20 世纪 60 年代初,印度理工学院孟买(Bombay)分校、马德拉斯(Madras)分校、坎普尔(Kanpur)分校、德里(Delhi)分校先后建成。20 世纪 90 年代末至 21 世纪初,新建古瓦哈提(Guwahati)分校、改制组建鲁基(Roorkee)分校。2012 年,贝拿勒斯印度教大学工程学院转制为印度理工学院瓦拉纳西(Varanasi)分校,新增加罗巴尔(Roper)分校、巴特那(Patna)分校、曼迪(Mandi)分校、印多尔(Indore)分校、布巴内斯瓦尔(Bhubaneswar)分校、海德巴斯(Hyderabad)分校、焦特布尔(Jodhpur)分校和甘地纳加尔(Gandhinagar)分校。[③] 英国《泰晤士高等教育》2020 年亚洲大学排名显示,印度理工学院 16 所分校已有 12 所位居亚洲大学前 200 位,分居亚洲大学第 47 名至 169 名之间,[④]印度理工学院名义上是一所理工大学,事实上已经成为 16 所具有世界一流水准大学的集群。

这所自诞生之日就肩负特殊使命的印度理工学院,是实现印度世界一流大学梦想的试验田,是印度“用脑力重建国家”战略的实践者。1956 年,印度国会出台了《理工学院法案》。根据该法案,印度理工学院属于国家重点学院,地位高于印度综

① 尼勒卡尼.与世界同步:印度的困顿与崛起[M].许效礼,王祥钢,译.北京:中信出版社,2011:101.

② Ministry of Human Resource Development. Annual Report:2012-2013[R].New Delhi,2012:55-78.

③ 胡慧娟.印度理工学院多中心治理结构研究[D].上海:上海师范大学,2016.

④ 泰晤士高等教育 2020 亚洲大学排名[EB/OL].(2020-06-03)[2022-07-10].https://baijiahao.baidu.com/s? id=1668471711056508246&wfr=spider&for=pc.

合大学、准大学、研究院、综合大学附属学院等其他高等教育机构。《1961 年印度理工学院法》《1963 年印度理工学院法(修正案)》进一步确定了印度理工学院双重治理结构,赋予了印度理工学院在人才培养、科学研究等方面享有独立的学术政策、独立的招生权和学位授予权。“《理工学院法案》无疑是印度政府通过的成功法案之一……它给予了理工学院完全的自主权。”[①]多次修订的《理工学院法案》,以法治方式解决了印度理工学院在初创和成长中的体制机制难题,降低了外界过多的人为干预,使得印度理工学院能够在采纳欧美大学双重治理结构的基础上,大胆革新大学内外部治理体制机制,为印度理工学院步入世界一流大学奠定了坚实的制度基础。

二、印度理工学院“三级协同”宏观治理结构

每所大学创建之初,大学所有者和管理者都设计了规范和理顺大学内外部关系的一系列制度。印度理工学院也不例外,但其在外部治理方面苦心孤诣,实行的是迥异于印度其他高等教育机构的“三级协同”宏观治理结构(见图 6-3)。

第一层级是视察员(Visitor)。《1961 年印度理工学院法》规定印度现任总统是印度各理工学院的“视察员”[②]。视察员处在印度理工学院治理结构的最高层,对学院的事务有最终决定权。根据印度大学法,视察员有权视察高校工作,有权派人或工作组检查大学校舍、图书馆、设备、考试、教学和其他工作,有权派人检查大学的行政管理和财务工作。印度理工学院各分校管理委员会主席由视察员任命,各分校校长的任命也须得到视察员许可。

① 黄永明.政府只是把它建起来了,然后就撒手不管了——电影《三个傻瓜》外的印度理工学院[N].南方周末,2011-01-20(文化版).

② 黄俊伟,俞贵邦.厚积薄发:印度理工学院成功之谜[J].大学教育科学,2004(3):82-85.

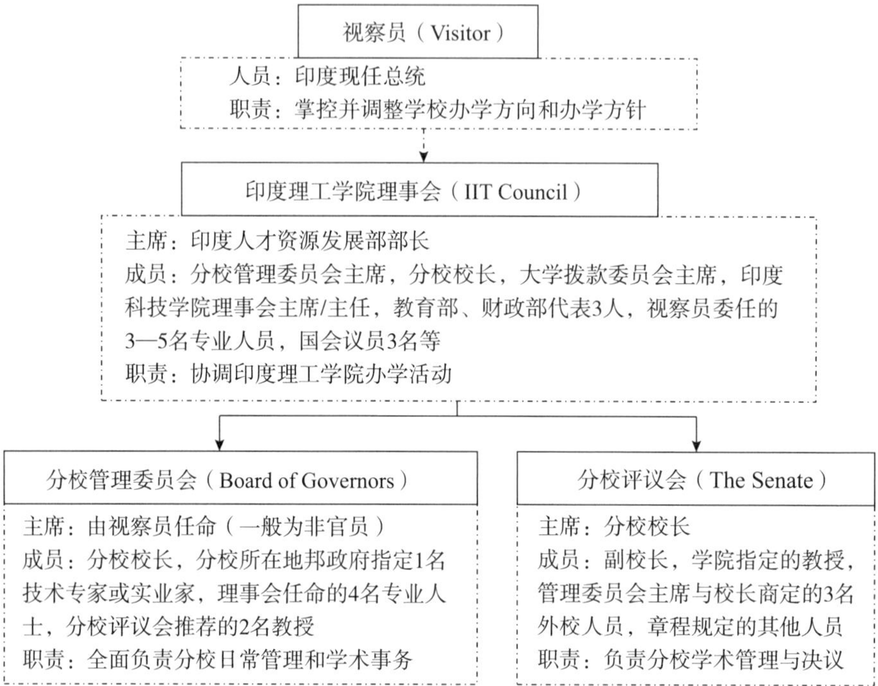

图 6-3 印度理工学院“三级协同”的宏观治理结构

从表面上看，印度理工学院作为政府建立、法律钦点的国家重点大学，视察员作为最高领导，可能会出现官僚主义对学校自治的干预。[①] 但实际上，印度总统担任了印度所有中央大学的视察员，因此视察员在很大程度上只是个荣誉性职务，并不会过多干涉大学内部事务。印度政府让渡大学管理权限，实行“无为而治”，既能确保国家控制印度理工学院的办学方向，又在实际上赋予了印度理工学院广泛的办学自主权。

第二层级是印度理工学院理事会（IIT Council）。理事会是统管印度理工学院各分校的中央机构，是协调印度理工学院办学活动的最高组织。在人员组成方面，印度人力资源发展部部长任理事会主席，其余 50 名左右成员主要包括：16 所分校管理委员会主席，分校校长，大学拨款委员会主席，印度科学与工业研究理事会主任，班加罗尔印度科技学院理事会主席，班加罗尔印度科技学院主任，中央政府委任的教育部、财政部代表 3 人，视察员委任的 3—5 名教育、工业和科技方面专业人员，以及

① 张芳芳.亚洲一流理工大学的崛起：基于香港科技大学、印度理工学院、南洋理工大学的研究[D].武汉：华中科技大学，2012.

3 名国会议员等。[①] 从理事会人员构成来看，由于印度理工学院分校扩容，政府代表和国会议员在人数上不足一半，理事会主席、秘书长等由政府要员担任，加之分校管理委员会主席及校长也是由印度总统任命的，因此理事会的官方背景很深厚，可以保证政府对印度理工学院的宏观调控和全面协调。但是，理事会成员中由视察员委任的 3—5 名专业人员，以及 16 所分校管理委员会主席及校长，都是教育、科技或工业方面的教授、专家，具有良好的教育素养。更为重要的是，理事会的主要职责是对印度理工学院进行宏观管理和协调，仅对各分校的课程设置、学位以及入学标准等学术事务提出建议，制定有关管理政策，审查各分校的发展规划及年度预算，但不干涉各分校具体的行政管理及学术事务。理事会的人员构成和组织结构极大地提升了理事会决策的科学性、专业性，较好地降低了理事会的管理失误，实际上给予了各分校充分的办学自主权和内部管理权。16 所分校在理事会的统领下，既有合作，也有竞争，形成了“联邦”式、松散型的一流大学集群，抱团寻求政府和社会的支持，其办学成就、社会声誉几乎比肩于美国常春藤联盟、英国罗素集团、德国理工大学联盟、澳大利亚八校联盟[②]等蜚声国内外的一流大学联盟，极大地提高了印度理工学院分校的学术影响力和社会美誉度。

第三层级是印度理工学院分校管理委员会（Board of Governors）和分校评议会（The Senate），分别负责分校的行政管理和学术管理。《印度理工学院法》及其管理条例规定分校管理委员会全权管理和控制学校。从人员构成来看，分校管理委员会除主席由视察员任命外，校长是管理委员会的当然成员，其他成员还包括分校所在地邦政府任命的 1 名技术专家或实业家；理事会任命的 4 名教育、工程或科学方面的专业人士；评议会推荐的 2 名教授。从人员比例来看，校外人员占分校管理委员会多数，但是这些校外人员不经常来学校，对学校日常管理和学术事务多是协调沟通，真正发挥作用的还是校内专家教授，从而克服了行政权力对学术权力的干预。不同的组织层次不仅职能不同，各层次的决策类型、权力模式及其交互作用也有显著差异。[③]

评议会是各分校极为重要的学术管理及决议机构。分校校长是评议会的法定主席，由印度理工学院理事会任命。评议会其他成员包括副校长，各学院指定的教

---

① 黄姗姗.印度理工学院创建世界一流大学的实践研究[D].金华：浙江师范大学，2012.

② 韩萌，张国伟.战略联盟：世界一流大学群体发展的共生机制研究[J].教育研究，2017(6)：132-139.

③ 约翰・范德格拉夫.学术权力：七国高等教育管理体制比较[M].王承绪，张维平，徐辉，等译.杭州：浙江教育出版社，2002：208.

授，管理委员会主席与校长商定的3名科学、工程、人文学领域校外专业人士，还有政府官员、学生、毕业生以及工商界的代表。评议会下设学生委员会、财经委员会、咨询委员会等专门委员会，负责协助评议会开展学术管理、制定财政政策。各分校评议会主要是对分校各个学院进行宏观管控，定期评价各个学院的学术活动，对各个学院的优劣得失进行讨论，并将讨论结果及建议提交给分校管理委员会及其下设的专门委员会。院长、系主任一般由资深教授担任，知名学者可轮流出任学校高级管理人员，并配有专职秘书协助处理日常事务。各层次管理人员在学术问题上平等地尊重教师的自主权。比如，卡马思教授是机电工程领域的世界级专家，在考评学生成绩时他有权只给一个A、一个B，其他学生只能得到C、D、E甚至F。学术自治、教授治校的理念在印度理工学院一以贯之。值得一提的是，学生在印度理工学院微观治理中有很大的发言权，许多职能部门中有学生代表，涉及食宿、招生、收费、教学安排及考试事务，校方要充分考虑并尊重学生的意见和建议。

总的来说，印度理工学院"三级协同"宏观治理模式，坚持学术优先、保障学术权力。处于第一层级的视察员以荣誉性为主。位于中间层次的印度理工学院理事会与各分校之间并不存在严格意义上的行政上下级关系。权力的重心下移到了第三层次，分校管理委员会与评议会全面负责学校的行政管理和学术事务。

与此同时，印度理工学院在外部治理方面，还特别注重大学与政府、社会三者关系的处理。印度理工学院从初创、成长到壮大，始终离不开政府的身影，印度政府的政策导向与支持作用，是印度理工学院走向世界一流理工大学的重要力量。印度政府制定的《科学政策决议》（1958年）、《技术政策声明》（1983年）、《新技术政策》（1996年）、《信息技术法》（2011年修订），有力地推动了印度理工学院的发展。① 根据印度有关法律规定，印度实行中央、邦、地方三级教育管理体制，印度高等教育经费由中央政府和邦政府共同负责。政府财政投入是印度中央大学、邦立大学的主要经费来源。印度在20世纪90年代之前，教育经费投入严重向高等教育倾斜。1950年至1983年，印度高等教育经费政府投入比例从49.1%提升到79.6%，而其他经费来源则从50.9%下降到20.4%。② 印度高等教育生均教育经费处于世界高等教育生均经费后列，远远低于中国等发展中国家，约为同期中国高等教育生均经费的1/6。印度政府依托大学拨款委员会对高等教育进行规划、指导和管理。印度大学拨款委

---

① 柴小娜.印度理工学院发展研究[D].兰州：兰州大学，2009.

② 刘淑华，王旭燕.印度高等教育大众化进程中的经费来源渠道探析[J].外国教育研究，2016(3)：69-81.

员会对高等院校的拨款非常不均衡，其中85%的高等教育经费下拨给了不到1%的高校，覆盖约3%的学生。政府每年给每一所印度理工学院的拨款约为9亿至13亿卢比，而给其他理工大学的拨款总额不到2亿卢比，印度理工学院受重视程度和支持力度可见一斑。

社会力量深度参与印度理工学院建设，它主要由三个方面构成。一是印度企业与印度理工学院深度合作。印度早在1961年就通过了《学徒法》，建立了政府主导、企业参与的学徒制：不管是国企还是私企都有法律义务为大学生提供必要的实训场所和培训设施。① 企业不仅为印度理工学院学生提供实习场所、就业机会，还不遗余力地在国内外宣传推介，成为印度理工学院萌芽、发展、壮大不可忽视的重要力量。二是庞大的校友会不仅通过多种形式援助、帮助印度理工学院发展，为印度理工学院在全球范围内赢得美誉，还凭借其在经济、学术、教育方面的影响对印度理工学院办学活动进行咨询和监督。三是社会慈善人士对印度理工学院物质环境的更新、办学经费的补充作出了较大贡献。

简言之，印度政府与印度理工学院、印度理工学院与国内外企业及校友在垂直和水平两个方向进行权力互动（见图6-4）。政府成为印度理工学院办学活动的宏观调控者、资金提供者和行政干预者；企业、校友等社会力量是印度理工学院的全面合作者和支援监督者；印度理工学院各分校通过管理委员会和议事会组织协调内外部利益相关者。“三角协调”②的外部治理机制，充分调动各利益相关者深度参与印度理工学院治理，进行利益博弈和权力制衡，使得“印度人已清楚认识到政府与官员权力决不能渗透到大学中去，否则将毁掉高等教育”③，从而将法律和大学章程规定的办学自主权由政策文本落到实处，助推印度理工学院建设世界一流大学。

---

① 李新翠.依法治教：我们向世界学什么[N].中国教育报，2014-11-19(4).

② 伯顿·R.克拉克.高等教育系统：学术组织的跨国研究[M].王承绪，徐辉，殷企平，等译.杭州：杭州大学出版社，1994：159.

③ 陈薇.印度理工类人才培养特色及启示：以印度理工学院孟买分校人才培养为例[J].南亚研究季刊，2013(3)：81-85，101，1.

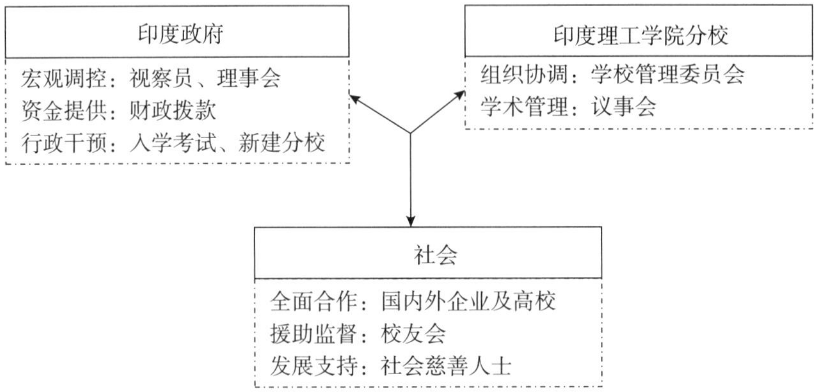

图 6-4 印度理工学院“三角协调”的外部治理模式

三、印度理工学院双重治理结构分析

大学双重自主结构是相互依存、相互促进的，宏观自主改良外部治理环境，微观自主创造内部治理效能。印度理工学院拥有 16 所相对独立、各具特色、竞争发展的分校，不同分校受自身所处的制度环境及利益诉求影响，转化、消解上层指令，形成各自的行为逻辑，对大学协同治理产生促进或阻碍作用。为此，印度理工学院在内部治理方面，坚持印度理工学院理事会、分校管理委员会及评议会合理分权、统分结合。各分校内部的行政管理也遵循三级管理模式：管理委员会主席、议事会和校长、副校长构成第一层，研究制定分校立法和政策；各学院院长处于第二层，具体负责学校学术事务和行政事务；中高层管理人员属于第三层，负责程序执行并维持日常性工作。

总的来说，印度理工学院是印度高等教育尤其是理工类教育的优秀范例。在外部治理方面，印度政府采取“无为而治”，视察员务虚不务实，行政权力退居其次，尽可能地克服行政权力对学术权力的干预；在内部治理方面，坚持“学术本位”，权力重心下移到底层的分校管理委员会与评议会。印度理工学院双重治理结构相互支撑、相得益彰，使得以教授为代表的教师群体成为办学主体，大学自治、学术自由落到实处，管理体制和治理结构变革助推印度理工学院短期内晋升为世界一流大学。

不可回避的是，当前印度理工学院发展也面临着不少挑战，最突出的有四点。一是印度理工学院严格的入学考试带动课外补习的迅猛甚至畸形发展，题海战术和机械训练威胁着印度理工学院优中选优的筛选机制。二是印度的种姓制度将印度人划分为不同的层级，印度理工学院绝大多数学生来自高种姓阶层，女性入学比例更低，男女交往受限，阻碍了印度理工学院的发展。三是教育质量下滑，印度理工学院办学经费65%以上是由政府提供的，校友、国际社会的援助具有不确定性，办学经费不足严重制约了印度理工学院硬件建设、师资队伍发展和国际化办学，师生比已由最初的1∶6降低到1∶12，有的甚至达到1∶16，优秀师资不断流失，杰出的教授难以引进。四是政府的干预，迫于低种姓阶层的压力，加之国家花费巨额公共资金培养的高技术人才大量外流，印度政府实行了强制性的入学保留政策，允许成绩和表现远低于入学标准的弱势群体进入印度理工学院，各方争议很大。此外，印度政府每年为印度理工学院提供的远高于其他同类高校的巨额拨款，也引发不少抗议和反对，政府有意削减经费支持。印度理工学院也在不断反思、改革办学理念和相关制度，改进与政府之间的关系，追寻稳定的经费来源，推行多种人才激励举措，积极主动应对各方面挑战，在激烈的竞争中保持优势并寻求新的发展。

第三节　国外大学双重治理的共通经验

建设中国特色、世界一流大学，决不能简单地照搬照抄国外一流大学的标准和模式，但是，借鉴国外一流大学的成功经验和有效做法，也是扎根中国大地、追赶世界一流大学的应有之举。牛津大学、印度理工学院的办学理念、价值观念、治理体系以及所在国家的政治体制、经济结构和文化形态有很大的不同，但是两校在构建大学双重治理结构方面有许多共同之处。这为我国高等教育深化“放管服”改革、落实并扩大高校办学自主权，特别是为以试点学院为代表的学院层面治理结构创新提供了启示，对建设具有中国特色的大学双重自主结构具有重要的参考价值。

一、国外大学宏观自主的共性特征

（一）坚持立法优先

国家立法对政府与大学的权力关系进行界定，是牛津大学长盛不衰、印度理工学院快速崛起的先决条件。早在1213年，牛津大学就争取到了《大学宪章》这份特许状，牛津大学的学术权力、校内机构权力责任体系，得到了教权（政权）的首肯；英国《1571法案》更是从法律层面确立了牛津大学独立的法人地位；《1923年牛津剑桥法案》进一步明确了牛津大学各学院的自治地位。印度国会自1956年颁布《印度理工学院法案》以来，先后4次修订，从法律层面确认并保障印度理工学院独立自主办学，并出台了《学徒法》等配套文件，为高校开展学生实习实训提供法律保障。更难能可贵的是，这些大学法律文件不仅规范严谨而且操作性强，既有利于政府运用法律手段对大学进行宏观管理，也有利于大学利用主权法令维护自身权力(利)。

(二)采取间接管理

英国和印度政府并不直接实施大学管理，而是通过两种途径对大学进行间接管理。一方面，借助政策、政令、规则、通告等间接行政手段，调节大学的办学活动。比如，印度政府1958年制定的《科学政策决议》、1983年出台的《技术政策声明》、2011年修订的《信息技术法》等政策性文件，指引和推动着印度高校发展，帮助包括印度理工学院在内的高校克服市场的自发性和盲目性。另一方面，建立相对独立的中介组织，作为政府和大学的缓冲机构。中介组织一般承担着拨款、资助、奖励、招标、评估等职能，利用各类奖学金、助学金等手段支持或援助学生接受高等教育，将各类评估与拨款相挂钩，进而调整和配置高等教育优质资源。英国高等教育基金委员会(原“大学拨款委员会”)的重要职责就是估算大学财政需求，协调向议会申请资金并无条件地拨款给大学，同时为政府提供建议和政策指导，推广高等教育治理经验。总之，教育中介机构深度参与高等教育改革发展，不断增强政府、大学、社会之间的对话和沟通，避免政府直接干预大学办学，为大学发展提供咨询和指导，已成为发达国家维护大学自治的重要手段。

(三)实行共同治理

从印度理工学院和牛津大学的治理结构来看，不管两国大学治理的起点如何、外部治理环境差异多大，两国都尊重并依靠大学多方利益相关者、建立健全基于大学独立自主的共同治理模式。印度理工学院理事会作为学校最高管理组织，其人员构成除了政府要员、国会议员、学院高层管理人员，还有教育、科技等方面的专家；此外，视察员、理事会、分校管理委员会、分校评议会等权力主体权责相互制衡。牛津大学教职工全体大会作为最高权力机构，其成员不仅包括校长、副校长、校方发言人、财务总监等大学中高层管理人员，还吸纳了75岁以下的荣誉退休教师；牛津大学理事会还囊括了3名学生代表等12名校内理事以及4名校外理事，既保证大学治理的民主性，又确保大学治理的有效性。总的来看，各国大学都有较为完善的内部管理模式，通常由政府代表、企业人员、社区人士、捐款人、校友等学校的利益相关者组成董事会(理事会)，作为最高决策机构实行自上而下的管理，同时各国大学中普遍设有评议会或教授（教师）会[①]，这些监督机构有利于充分发挥校外人士外部监督和校内人员内部监督作用。

二、国外大学微观自主的共同举措

（一）注重校院分权

从印度理工学院和牛津大学的办学实践来看，大学下放办学权力、赋予院系更大自主权，校院分权共治成为主流。印度理工学院16所分校相对独立、各具特色，在印度理工学院理事会的统领下，各分校管理委员会和评议会与理事会合理分权、统分结合，形成了既合作又竞争的松散型学院集群。牛津大学39所学院是在不同时期成立的独立性非营利机构，学院与大学之间是一种联邦式的关系，大学并不干预学院的内部管理，只负责校级层面事务并协调学院之间的关系。由于我国大学的专业性、学科性学院与印度理工学院的独立法人分校、牛津大学的住宿学院有着本质区别，院系并不具备独立的法人资格，而且院系之间差异性较大，院系层面自我协调能力有限，因此大学作为一个独立的事业法人单位，以学校为整体构建利益共同体显得更加重要。[②]

（二）尊重专业人才

大学治理与学术事务高度相关，学术权力与行政权力是大学内部治理两个不可或缺的重要因素，无论哪种治理模式，区别仅仅在于学术权力与行政权力的孰强孰弱，而非势不两立。印度理工学院和牛津大学都非常注重发挥资深教授、行业专家等专业人才的作用。印度理工学院理事会、分校管理委员会、分校评议会中，无一例外都有3—5名教育、工程和科技方面的专业人员，各层级管理人员在学术问题上都充分尊重教师的自主权，有效发挥专业人才的作用，有力抵制了行政权力对学术权力的干预乃至剥夺。牛津大学的导师制更是被誉为"牛津皇冠上的宝石"，导师享有充分的教学科研自主权，直至今天仍然得到传承和发展。学术权力在印度理工学院与牛津大学内部治理中发挥着重要作用，校内重要机构都有教授的身影，重大事项离不开教授群体的支持。简言之，印度理工学院和牛津大学日益重视教授群体的专业作用，在学术权力与行政权力方面各司其职、适度分离的基础上，大力推进学术权力与行政权力的相互渗透、协调互补、形成合力。

---

① 张振华.高校办学自主权及其落实问题研究[D].南京：南京农业大学，2012.

② 吴旭.大学"校—院"分权治理的有效性分析：基于"建制性权力"的视角[J].北京教育（高教），2016(1)：23-26.

(三)强调集体决策

印度理工学院和牛津大学的内部治理,通常根据事项的性质不同,相应成立不同的专业委员会,分类分层进行集体决策,充分考虑不同人员所具有的权力及其影响力,从而增强决策的科学性、降低决策失误的风险性。印度理工学院各分校的学生委员会、财经委员会、咨询委员会等专门委员会,作为评议会的下设机构,专门负责制定财政政策、开展学术管理,保持分校作为学术性组织的内在特质。牛津大学理事会下设了教育、一般事务、人事、规划与资源分配、研究 5 个专门委员会,以及其他 20 余个辅助委员会,各司其职,共同服务大学发展。西方大学基本上形成了基于集体决策会议制度的校长负责制,[①]在具体运行中决策与执行的两个权力主体相互沟通、密切配合,实现了科学民主决策方式和协调高效运行机制的有机统一。

中国和印度同为发展中国家,但是建设一流大学的路径截然不同。印度通过国家立法建立一流大学试验"特区",模仿并创新一流大学双重自主结构,在相对较少的投入、不太长的时间内创建了印度理工学院这所世界一流大学。我国在花费相当长的时间和巨额的经费普及义务教育之后,大力推进高等教育大众化,积极追赶世界一流大学,接续实施了"211 工程""985 工程",着力加快"世界一流大学"和"世界一流学科"建设步伐。我国建设世界一流大学,除了注重一流学术队伍、一流科研成果、一流学生质量、一流学术声誉,还可以借鉴印度理工学院和牛津大学办学经验,扎根中国大地探索新路,不断完善中国特色、世界一流的大学治理结构。

① 洪源渤.共同治理:论大学法人治理结构[M].北京:科学出版社,2010:90.

第七章
深化我国高校学院层面改革的可能路径

H 省 5 所案例试点学院改革进展不力，根源在于我国大学双重自主结构不够完善，牛津大学学院微观治理结构、印度理工学院宏观治理结构为我国推进大学双重自主提供了域外经验。本章将承接并遵循大学双重自主结构理论，围绕我国高校学院层面改革试点遍地开花但部分试点难以为继的现实困境，以政府与大学、大学与学院的权力配置为核心，从制度层面探究我国推进学院微观自主、大学宏观自主的可能路径和政策建议，提出学院微观自主侧重自下而上调整“三型结构”、大学宏观自主重在自上而下建立“三类制度”，进而上下联动为以试点学院为代表的学院层面体制创新营造良好的制度环境。

世界高水平大学可以分为“精神层次”“制度层次”“技术层次”三个层次。①“精神层次”的大学具有崇高的理念、独立的精神、自由的氛围，注重理念引导下的机制创新；“制度层次”的大学则具有合理的组织架构、完善的制度体系以及良好的实施机制，特别是其现代大学制度被竞相模仿、影响全球；“技术层次”的大学偏重技术创新，能产出一定的科技成果，但原创性不够。“精神层次”“制度层次”“技术层次”由内到外、从知识供应链的高端到末端。“大学竞争的核心是制度的竞争，大学制度的建设和完善对大学的发展而言，其实比仅仅强调占有充分的人财物资源更为重要。”②没有现代大学制度的支撑、良好的制度环境滋养，大学即使积累了再多的人财物资源，也失去了大学之魂、发展之基。

大学层次的跃升，离不开大学制度的建构，而大学制度主要是由高校管理体制与运行机制决定的。换言之，建立现代大学制度，必须变革高校管理体制。大学及其学院在试点改革过程中，往往注重微观层面繁枝末节的技术改良，而非宏观层面体制机制的变革。“中国当代的制度创新，并不存在纯粹的‘自上而下’或‘自下而上’的改革路径。”③“上下联动”事实上成为我国改革开放的成功经验以及体制机制

---

① 翟亚军，王战军.解析高水平大学[J].复旦教育论坛，2010(2)：54-57.

② 眭依凡.好大学理念与大学文化建设[J].教育研究，2004(3)：14-21.

③ 杨立青.上下联动的中国文化管理体制创新：基于制度变迁理论的探索[D].武汉：武汉大学，2013.

创新的重要模式。“上下联动”可以概括为以领导为中心的经验升为制度的自上拉动,与以人民为中心的社会广泛认可的自下推动的双向互动。① 上下联动能够较好地破除自上而下改革面临的“上有政策,下有对策”的陋习,也能够解决自下而上改革存在的“下改上不改,改了也白改”的弊端,极大地增强大学及其学院制度变革的能力。

推进体制机制变革关键在于两种能力:“第一种是改革中的制度创新能力,第二种是处理改革过程中不确定因素的能力。”②当代大学组织变革理论认为,现代大学制度由大学外部制度和大学内部制度构成,其中大学外部制度变革主要涉及大学的领导体制、管理体制及其治理结构,而大学内部制度变革则聚焦于大学行政组织与学术组织及其权力的制衡,其变革路径则是自上而下与自下而上两种形式。③ 大学双重自主结构理论与大学组织变革理论一脉相承、高度契合(见图 7-1)。大学内部制度变革能够助推学院微观自主,而大学外部制度变革则有利于改善大学宏观自主的政策环境。由此可见,推进以试点学院为代表的学院层面改革试点,一方面要自下而上落实学院相对于大学的微观自主,另一方面要自上而下保障大学相对于政府的宏观自主,进而上下联动创新我国高等教育制度环境、建立现代大学制度。

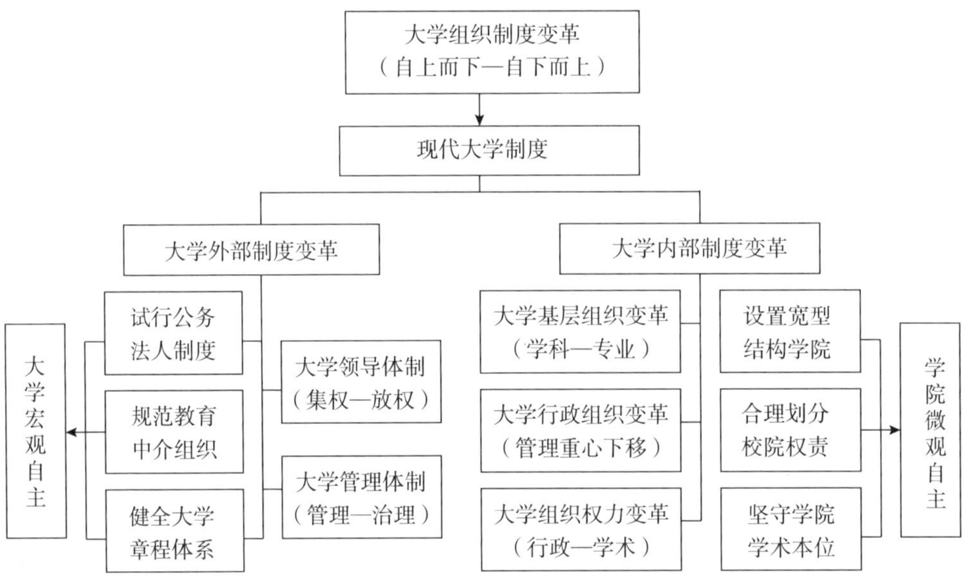

图 7-1 大学组织制度变革与大学双重自主耦合关系

① 谷志军,黄卫平.“上下联动”:地方政府创新可持续性的影响因素分析[J].学术研究,2018(10):59-64.

② 徐湘林.“摸着石头过河”与中国渐进政治改革的政策选择[J].天津社会科学,2002(3):43-46.

③ 程俊,罗英姿.我国当代大学组织变革理论研究进展[J].现代教育管理,2014(4):24-28.

第一节　自下而上变革学院微观自主的“三型结构”

大学是由多种学科和不同层次组织构成的复杂系统，各利益相关者形成了两种权力关系：一是外部权力关系，包括大学与政府、市场、社会的关系，重中之重是大学与政府在民法上的平等关系、行政法上的管理与被管理关系；二是内部权力关系，包括教师、专业技术人员、行政管理服务人员以及学生等主体及其相互之间的关系，大学党委、行政职能部门、院系等教学科研单位的层次结构及其治理方式，并由此形成的大学各主体与各层次结构之间的网状权力关系。[①] 大学外部权力关系集中体现于大学的法律地位，而内部权力关系则聚焦内部权力结构，不同国家的大学内外部权力关系差别很大（见表 7-1）。如果说大学与政府的关系不顺是大学宏观自主的要害，那么大学与内部教学科研单位的关系不顺则是学院微观自主的症结所在。当前，我国大多数高校实行的校院系三级建制、校院两级管理模式。在此种模式下，校级行政部门代表学校制定发展规划并组织实施，对学院实行宏观管理和具体行政事务指导；学院处于中间层次，具有一定的行政管理权和自主权，负责统筹和落实本学院各项事务；系（教研室、研究所等）作为最基层的学术组织，负责实施具体的教学、科研及社会服务活动。“校院两级关系嵌入在政府与大学关系之中。在传统科层组织模式下，中国高校基层学术组织拥有权力较小，校部机关对基层学术组织管得过细、统得过死。”[②]

表 7-1　中外大学内外部权力结构关系一览表

国家名称	大学外部权力关系		大学内部权力关系		
	高等教育管理体制	大学法律地位	内部领导机构	内部治理架构	内部权力结构
中国	中央与省级政府两级管理、以省级政府统筹为主，注重行政管理	事业单位法人	党委领导下的校长负责制	校院系三级建制、校院两级管理	行政力量主导，学术权力逐步增强

① 胡娟.西方大学制度的几种主要模式及其启示：从权力结构的角度分析[J].中国人民大学教育学刊，2011(3)：23-40.

② 周光礼.大学校院两级运行的制度逻辑：国际经验与中国探索[J].高等教育研究，2019(8)：27-35.

续表

国家名称	大学外部权力关系		大学内部权力关系		
	高等教育管理体制	大学法律地位	内部领导机构	内部治理架构	内部权力结构
美国	高度分权、多样化	私法人、公法人或州政府的延伸机构	董事会、校长、评议会	校院系三级	行政力量逐步增强的校内外利益相关者共同治理
英国	政府间接管理	获得特许的独立法人实体	校长、评议会或董事会	校院系三级	权力主体多元化
德国	州政府控制、联邦政府参与的文化联邦主义	公法团体、国家机构或设施	校长、评议会、财务主管	校院两级或校院系三级	教授治校
日本	中央集权与社会参与并存、走向放权	公立事业法人、私法人	校长、董事会、经营协议会、教育研究评议会	校院两级或校院系三级	教授为主体、校外人员参与

我国的校院关系概括地讲,就是“校办院”而非“院办校”。学校不仅决定学院领导班子的配备,还管理着学院招生、专业设置、课程教学、科研组织、人事管理、职称评审、资源配置、对外合作等学术活动和组织发展的方方面面,校级管理层处于强势和主导地位,而学院处于弱势和依附地位。“一所大学比一个系更难发生变革;一国的高教系统比一所大学更难发生变革。”[①]调整校院关系、深化校院两级管理体制改革,已经成为构建以学院为中心的内部管理体制、提升学院自治水平的着力点,也是从“校办院”转变到“院办校”的突破口,更是我国大学治理体系和治理能力现代化的必由之路。

---

① 伯顿·克拉克.高等教育新论:多学科的研究[M].王承绪,徐辉,郑继伟,等译.杭州:浙江教育出版社,2001:126.

一、学院设置转向宽型组织结构

学院是现代大学的基本组织单位，肩负着师资队伍建设、人才培养、科学研究、社会服务等具体职能，在大学中处于中间层次，地位十分重要。学院设置是保持学院独立性、激发学院办学活力、提高学院自治能力的前提条件。我国学院之所以在大学中处于弱势地位、自治程度偏低，一个重要原因就在于学院设置过多。研究表明，我国大学学位层次越高，学院设置数量相应越多。综合性大学平均学院数量近25个，相当于3个本科专业设置1个学院；多科性院校学院数量均值近20个，相当于2.5个本科专业设置1个学院；单科性院校在1个学科门类下平均设有7个学院，而且每个学院仅有1个本科专业。[①] 本书5所案例试点学院所在高校HZ大学、SX大学、WF大学、HJ学院、WD学院2023年分别有50个、21个、19个、18个、12个专业性二级学院，平均值为24个，另有数量不等的继续教育学院、基础课部、学院级的研究院或研究中心。相对而言，国外大学基于学科门类而非本科专业来设置学院，学院学科容量大、内设系所多，国外研究型大学平均学院数量为8.4个，而我国研究型大学平均拥有19.7个学院。[②]英美9所顶尖大学平均设置8个学院（其中哈佛大学15个、帝国理工学院4个），我国九校联盟（C9）平均拥有40个学院（其中北京大学60个、哈尔滨工业大学27个），[③]国内外顶尖大学平均学院数量相差四倍。

我国高校二级学院设置基本稳定，学院数量居高不下是由多方面原因造成的。从国家层面来看，大学扩招之后仍然延续按照专业设置学院的制度，规模效应下不可避免地造成学院数量膨胀；从高校自身来讲，伴随着高等教育大众化、普及化进程，高校在利益驱使和行政主导下热衷于升格合并、综合化，热衷学科专业“大而全”，增设和拆分学院顺理成章；从学院层面来说，为追逐学院自身权力利益，“宁为鸡头不做凤尾”，盲目跟风扩系建院。学院数量扩张或许能获得短期利益、解决规模难题，但是学院数量过多的弊端也不容忽视。

一是导致大学低水平重复建设。每新建一个学院就意味着要按不低于学生规模的1/18配备教师，以及学院领导班子成员、行政管理人员、学生辅导员、实验管理人员等教职员工，加之每个学院在资源追求方面都要求“麻雀虽小五脏俱全”，教学、科研、办公、实验用房陡增，导致高校办学资源浪费。

---

① 付梦芸.组织学视角下我国高校院系数量扩张的原因探析[J].清华大学教育研究，2015(2)：118-124.

② 李福华.研究型大学院系设置的比较分析与理论思考[J].高等教育研究，2005(12)：50-56.

③ 石中英，安传迎，肖桐.我国C9大学与英美顶尖大学学院设置的比较研究[J].高等教育研究，2020(8)：94-100.

二是增加大学管理成本并降低管理效率。管理幅度直接影响组织效率，管理幅度过宽或过窄都不利于高校组织运转。学院数量过多会增加大学内部关系的复杂性，形成不必要的组织壁垒，加大沟通协调难度，导致大学管理成本过高、管理效率低下。

三是容易导致大学集权进而削弱学院的独立性。组织的生存发展离不开资源支撑，子组织越多对资源的依赖性就越强。在大学办学规模相对稳定的情形下，学院数量越多体量自然就越小、议价能力就越弱，而学院间的竞争则日益加剧，校级管理层对学院的控制力就变得越强；有些大学甚至采取“化整为零”的策略不断扩张学院，从而加强校级管理层集权，学院最终成为大学的执行机构，独立性、自主性不断削弱。

鉴于我国大学二级学院数量较多与权力较小并存的现状，“将窄型院系组织结构调整为宽型院系组织结构，并同时优化校院系权力结构，应是我国高校推进院系治理结构改革的最佳路径”①。权力的行使，离不开组织这个媒介，管理者一般通过建构适合自身需求的组织结构，经由组织程序发布命令、行使组织权力。组织在多年的发展中，从最初的简单组织结构，逐渐演变出 U 型结构、M 型结构、矩阵结构、多维立体结构。组织结构形式日益多样化、复杂化，就单个社会机构而言，其组织结构在时间上是继起的，就不同的社会机构来说，不同形式的组织结构在空间上是并存的。② 建立宽型组织结构的学院，应当从三个方面着手。

一是按照学科门类而非专业重新调整学院设置。学科作为相对独立的知识体系，其研究对象、理论、定理、规则和方法相对稳定，人类所有的知识可以划分为自然科学、农业科学、医药科学、工程与技术科学、人文与社会科学五大门类。我国则将学科划分为 14 个门类、117 个一级学科。专业是根据社会分工需要划分的学业类别，大致对应一级学科下设的二级学科，随着社会产业结构和人才需求变化而不断调整。国外大学按照学科门类、一级学科设置学院的比例大致为 7∶3，而我国则相反，按照学科门类或学科群设立学院的不足 30%，有的甚至是按照二级学科来设置。与此同时，有的学院涵盖两个及以上学科，比如数学与计算机学院，但学科关联度不强、整合度不高，而比重较大的工科则分散在四五个不同的学院。为此，既要防止学院学科结构单一，也要警惕学院学科结构分散，学院要兼顾学科的综合性与专业性。

---

① 陈廷柱.院系治理改革的路径选择及其系统化策略[J].中国高教研究，2017(1)：8-12，17.

② 黄书亭.“事业部制”理论应用研究[J].湖南医科大学学报(社会科学版)，2008(3)：43-47.

二是保持学院数量相对稳定而适度增设系级组织。管理幅度与管理层次密切相关,减少管理幅度就要相应增加管理层级,两者成反比。学院作为大学的中层组织,应当相对保持稳定,可以根据社会需要增加或减少研究所、研究中心等类学系组织,保持学系的灵活性。

三是可以设立特色学院、综合性学院以及学院级别的各类研究院,这既有利于彰显大学的办学特色,又能够促进学科交叉融合,增强学院的包容性和独立性。

二、校院两级管理实行 M 型结构

校院两级管理的本义,是依托学校和学院两个管理层级,实现学校宏观决策、部门协调配合、学院实体运行。校院两级管理在实际推进过程中最大的困难就是“校办院”,大学与学院之间的职责和权限不清晰、责权利不相匹配。大学与学院的关系本身十分复杂,学院“与大学之间不仅仅是部分与整体的关系,更多的还是同一性的关系:在特定的学科专业层面上,院系代表着大学,甚至可以说,院系就是大学”[①]。更何况,我国大学的学院还是一个处级的组织机构,从行政链条上讲,大学与学院不仅仅是整体与部分的关系,还是上级与下级的关系。学术性与行政性兼具的学院,在权力配置方面与大学的关系更多地表现为科层制,校院权力关系基本处于自上而下的直线型阶段。

在科层集权式管理模式下,大学办学自主权一方面不能完全落实,权力下放往往变成责任下放;另一方面新增的部分办学自主权又被层层“截留”,导致学院始终欠缺办学的基本权力。[②] 在大学与学院的权力纵向配置方面,“学院基本上就是一个操作单位,是一个运行单位,是一个执行单位,就跟企业里面的一个生产车间一样”[③]。校院权力配置总体上“管理权限界定不清、放权不充分”,学校在自上而下放权过程中担忧学院的用权能力,学院在自下而上要权过程中存在“要权不担责”的心态,[④]导致学校与学院的权责关系始终处于胶着状态。

为激发学院主动实现学校学术发展目标,我国大学在校院两级管理改革方面进行了诸多尝试,通过对事务管理、人事管理、财务管理等资源配置在校院两个层面的

---

① 刘恩允,周川.学术主导、分类驱动、协同推进:我国大学院系治理机制探究[J].高等教育研究,2017(8):23-28.

② 贯永堂,张晓霞.我国大学二级学院的虚体化困境与出路[J].学习与探索,2017(4):47-51.

③ 宣勇.论大学的校院关系与二级学院治理[J].现代教育管理,2016(7):3.

④ 谢峰,宋彩萍.高校院系治理改革的理念、困境与突破:“中国高校院系设置与治理改革”学术研讨会述评[J].复旦教育论坛,2017(4):76-79.

划分,形成了三种校院两级管理模式。[①] 第一种模式以学术事务管理为中心,将教学、科研、社会服务以及学生管理等事权下放给学院,财权由校院共担、人事权由学校集中管理。第二种模式以人事管理为中心,学校确定学院人员编制,除保留中层机构负责人及教授岗位聘任权外,其他人员的岗位设置、聘任、考核和分配下放到学院,同时下放事权,财权由校院共管。第三种模式以财务管理为中心,学校全面核算各二级单位的运行成本和事项,确定二级单位收入与支出项目,并打包分配给各二级单位,二级单位获得相对完整的事务管理权、人事调配权和经费使用权。在这三种模式下,学院办学自主权由小到大、独立性由弱到强,大多数高校采取的是第二种模式。以人事管理为中心划分校院两级管理权限,在实际运作中"行政化管理"严重,大多数管理职能仍然集中在校级层面,管理重心并未真正下移,院"虚"校"实"、校院事实上的上下级关系未能从根本上改变。

"在学院内部进行权力与职能的划分,对学院内各单位之间的沟通与控制方式进行处理称之为学院的内部治理,而处理学院与外部环境(学院与大学、学院与学院)的关系则属于学院的外部治理。"[②]可见,校院权力与职责关系的处理,既是大学内部治理与学院外部治理的关键联结点,也是深化校院两级管理改革的重要突破口。改革大学与学院的关系、完善学院治理结构,采取 M 型结构为佳。M 型结构也称为事业部制,最早在杜邦公司、通用公司等规模庞大、职能多元的巨型企业诞生。这些跨国大型企业根据产品类型、地区分布、客户需求的不同,成立相应的事业部等分支机构,总部负责规划、筹资、协调、考核等战略决策,各事业部在总部的授权下保持相对的独立性,分散经营、独立核算、自负盈亏。总部与各事业部等分支机构不再是传统的集权关系,而是适度控制下的分权关系,各事业部拥有较大程度的准自主权。M 型结构的最大优势在于分散决策、内部竞争,集权与分权有机结合。采取 M 型结构的校院两级管理,大学与学院之间将形成"介于计划控制和合同管理之间的准市场关系"[③]。如此一来,大学通过编制发展规划、拟定目标任务书对学院进行管理和控制,成为顶层设计的战略中心;学院将获得教学、科研等准自主权,从缺乏独立性转向半独立性,成为日常运转的责任中心,进而形成准市场模式的校院关系。为此,有必要对学校权力进行规制,进一步界定和划分校院两级的权力与责任。

---

① 刘亚荣,李志明,唐宁,等.高校校院两级管理模式研究[J].教育与经济,2010(2):12-15.

② 王建华.学院的性质及其治理[J].中国高教研究, 2017(1):13-17.

③ 乔锦忠.试论 M 型结构在现代大学中的应用:试点学院改革的理论探索[J].国家教育行政学院学报,2014(5):31-35.

一是以放权为核心，赋予学院权能。高校内部以学科和专业为基础，在横向上分割成或大或小的学院、系部和研究中心（所），并在长期发展过程中形成了各自的学术话语体系。学院在高校内部的横向分割，不仅阻碍了跨学科发展，更加剧了校内人财物的竞争和博弈。大学和学院在资源投放和资源调配方面的态度截然不同。学校主张公平原则和绩效优先，根据学院的办学规模适当兼顾学科特征进行基数微调；学院则更多主张倾斜性投入和任务导向，每个学院都认为自己具有不可替代性或者特殊性，应该得到基本的办学资源保底甚至或多或少的必要照顾。① 竞争是建设性与破坏性的统一体，竞争迫使人们建立彼此的联系，在各方竞争的过程都伴有赢得第三方的努力，从而增强了社会的团结，对群体有着积极的影响。② 试点学院改革在适度竞争的同时，要防止单边改革思维，单纯依靠学院的力量无法达到改革的目的，特别是改革教师遴选与考评制度和完善学院内部治理结构，需要多方利益相关者共同参与、协同治理。

校院两级管理实质是大学对学院授权，此时两者隶属行政性权力关系；学院微观自主强调分权，届时两者属于契约性权力关系。推进学院微观自主，大学必须加快简政放权步伐，以财务管理模式改革为放权突破口，撬动大学人财物事的全盘改革，将教育主管部门下放给大学的办学自主权尽可能地下放给学院，进一步落实并扩大学院战略规划、教育教学、学科建设、科学研究、人才队伍、资源配置、对外交流的自主权，建立实体性学院；同时，精简校级职能部门，着力建设服务型机关，推动直线型的校院权力关系向扁平化关系转变。

二是以确权为重点，压实学院责任。权力与责任犹如硬币的正反面。权责一致是学院有序运行的重要保证，无论是学术权力与行政权力二元权力论，还是政治权力、行政权力与学术权力三元权力论，其焦点均在于权力与责任的对等性，权大责小、权小责大都不利于学院的治理。③ 权责一致是权力与积极责任的统一，也是权力与消极责任的统一。校院权责统一是个长期复杂的过程，职能部门放权不可能一蹴而就，而且基于“理性的经济人”，无论是职能部门还是学院都希望多拥有一些权力、少承担一些责任，特别是消极责任。④ 此时，有必要通过大学章程以及校内规章制度，对学校职能部门和学院进行确权，既明文确定各自的管理权限，又约定各自必须

① 杨颉.协同治理 协议授权：探索校院二级管理改革新路径[J].中国高教研究，2017(3)：12-16.
② 特纳，毕福勒，鲍尔斯.社会学理论的兴起[M].侯钧生，译.天津：天津人民出版社，2006：252.
③ 胡仁东.大学学院治理：本质、维度与路径[J].高等教育研究，2019(11)：37-45.
④ 肖国芳.权力规制视域下的校院两级管理改革路向研究[J].高教探索，2019(10)：12-16.

承担的责任,建立校院两级办学成本分摊的具体规则及执行机制,通过规章制度的约束和规范确保校院权责一致。

三是以督权为手段,促进校院平衡。校院两级管理改革在"简政放权、扩权强院"过程中还存在权力监督不到位、监督力量不足、监督存在盲区等突出问题。调查发现,当前对大学内部权力的制度性监督制约还比较薄弱,"学院内部权力制约总体较低,学术权力强度最差;权力监督不够有效,特别是决策过程中党委对行政的监督不得力"[①]。办学自主权脱离不了监督管理,为此强化高校外部监督、促进高校内部纪检部门"三转"势在必行。根据"有权必有责、用权受监督"的原则,一方面,教育主管部门等行政力量、行业企业等市场力量、媒体中介等社会力量要加强对大学的监督和问责,充分发挥教代会、民主党派作用,加强校内民主监督;另一方面,大学对学院授权的同时要严格督权,要加强学院领导班子建设,加大校内党建与思想政治巡察以及经济责任审计力度,强化权力下放、管理重心下移过程中的权力监督和制约,确保学院在大学的宏观领导下,认真履行人才培养、科学研究、社会服务和文化传承创新职能,保持校院两级改革与发展张力。

三、学院行政服务学术一元结构

学术权力是大学的根本权力。大学是学术组织与科层组织的结合体,众多利益相关者共同治理大学成为主流趋势,但对学术权力的坚守和学术自由的保护仍然是大学治理的核心。[②]

学院与大学职责同构,国内外大学的学院均同时兼有学术性和行政性。至于学术性与行政性谁强谁弱、孰主孰从,不同类型的学院差别较大。近年来,我国大致形成了两类学院管理体制:一类是院长负责制,学院最高决策机构分别为党政联席会议、院务会议、教授委员会和党总支;另一类是基于党政联席会议的党政共同负责制。[③] 出于对接高校党委领导下的校长负责制的现实需要,学院大多实行党政联席会议下的院长负责制或者党政共同负责制,少数公安司法和体育艺术类等单科性院校采取党总支领导下的院长负责制,而基于院务会议或教授委员会集体决策的院长负责制则是研究型学院的理想追求和改革诉求。大学长期采取行政主导、财政人事

---

① 韩梦洁.调整校院关系 推进学院治理现代化:"二级学院治理:权力运行制约与监督"学术研讨会综述[J].中国高教研究,2017(1):18-20.

② 仰丙灿.学院自治:大学内部治理结构优化的路径选择[J].复旦教育论坛,2015(5):19-24.

③ 郑勇,徐高明.权力配置:高校学院制改革的核心[J].中国高教研究,2010(12):24-26.

集权的管理模式,导致学院学术权力相对萎缩。

学术性始终是大学的本质属性。校院系三级建制越往基层学术权力理应越大,学院可谓是大学的学术心脏地带。学院层面学术权力要处于主导地位,也就是说,学院行政权力要服务于学术权力一元结构。为此,一方面要坚守学院的学术本位,推进教授治学。人才培养与科学研究是学院的两大核心职能,学院要立足于学术性目标并通过学术性方式予以推进。教授作为学术权力的象征和代表,在大学治理中具有独特的地位和作用,必须充分发挥教授的作用、推进教授治学。教授治学有广义和狭义之分,前者是指"教授从事具有研究属性的学术活动",后者则指"教授在学术领域行使其决定权力"。[①] 也就是说,教授治学强调的是"教授在大学学术事务管理上的发言权"。当前,要突出教授委员会(或学术委员会)在学术事务的最高决定权和审定权,缩小行政权力在学院事务中的自由裁量权,试行教授委员会选举提名院长、讨论决定学院年度预算等多种措施,充分发挥以教授为代表的教师群体在学术决策和管理中的重要作用。此外,学院可推行"学术 PI"制,赋予学科带头人、专业负责人类似讲座教授调配学术资源的权力,平衡"双肩挑"人员行政管理与科学研究的职责比例,不断增强学院学术权力。另一方面,将学院行政权力与学术权力适度分离,发挥学术主导作用。高校是由若干子系统组成的相对独立的大系统。各子系统虽然存在较大差异,但对整个大系统而言,各子系统是相互影响、相互依存的。如果各子系统配合得当,就能产生 1+1>2 的协同效应。反之,整个大系统会陷入混乱无序的状态。[②] 协同的本义是齐心协力、相互配合,意味着不同的组织或个人通过优势互补达到 1+1>2 的正向功能,其本质是管理创新。国家一度将协同创新提升到高等教育战略高度,推出以协同创新为核心的"2011 计划",堪比"211 工程"和"985 工程"。"2011 计划"偏重于高校与政府、企业、科研院所等外部力量之间的协同,而高校内部协同是外部协同的前提条件和根本依托。

高校内部围绕权力分配和执行体系,形成了两大核心关系:一个是行政权力与学术权力的关系,另一个是大学与学院的关系。这两大核心关系主体受利益驱动,总体上呈现出分化与矛盾的格局。大学内部同时存在着行政权力和学术权力,两者相互交织,大学的有效治理往往是行政权力与学术权力共同作用的结果。大学快速发展离不开行政力量的驱动。学院党政联席会承袭校级层面党委领导下的校长负

---

① 王菊,厉以贤.国内高校"教授治学"制度设计述评(2000-2008)[J].现代教育管理,2009(10):45-48.

② 赫尔曼·哈肯.协同学:大自然构成的奥秘[M].凌复华,译.上海:上海译文出版社,2005:8.

责制,本身兼具教育、学术、管理三重职责,特别是科层式管理能够加强学院资源统筹能力,更好地服务学院人才培养和学术发展。深化校院两级管理,要正确处理好学院层面的学术权力与行政权力的关系。“基于三级组织二级管理架构的大学行政权力和学术权力配置与运作的模式,可在学院层面分离行政权力与学术权力,把行政管理工作集中在学院,把学术管理工作下放到系。”①在此管理架构下,学院层面负责学科建设和行政事务,为广大教师创造宽松的学术环境,而学系则在学院的指导下实施并完成具体的教学和科研工作。

从管理本位转向学术本位,还要解决好学院院长的角色冲突。实证研究发现,不同层次类型高校的学院院长,普遍存在着中度偏上的学术角色与行政角色冲突,这是由职位而非个人决定的。比如,民国时期的北京大学院系治理历经以学术自治为主的“学长制”、以学系为基础的“教授共治”、以效能导向的“院长制”等多个阶段的调整和转换,既强调院长行政管理的效能,又维护教授等学术共同体的专业权力,从而平衡大学决策的集中性与院系的自主性。② 学院院长一般拥有学术专长和教授职称,在任时是学院的行政首脑、全职履行学院管理职责,离任后可以承担学系的教学和科研工作,由此可以在一定程度上解决学院院长的角色冲突。简言之,在大学内部学院更熟悉学科专业状况和师生发展诉求,职能部门以单一方式集中管理各个学科,难免存在“外行管理内行”的情形,抑制学院发展的自主性和积极性,在较大规模大学中不宜以职能部门为管理中心,而应以学院为管理中心。③ 校院两级管理改革,归根到底是要建立校院分权关系,赋予学院准自主权,确立学院半独立性,着力推进行政权力服务学术权力。

第二节　自上而下构建大学宏观自主的“三类制度”

近年来,随着高等教育投入的持续增加,资源投入不再是制约我国高校扎根中国大地建设世界一流大学的瓶颈因素,关键在于落实高校的办学自主权,理智地、适度地限制外部机构对高校的深度介入。大学宏观自主的核心在于调整和理顺政府

---

① 叶飞帆.大学行政权力与学术权力的分离:三级组织二级管理模式[J].教育研究,2011(2):64-68.

② 李良立,陈廷柱. 民国时期北京大学院系设置调整及其治理变革:兼论蔡元培与蒋梦麟院系治理思想的异同[J]. 大学教育科学,2021(5):110-118.

③ 杨如安.学院制的内涵及其特性分析[J].教育研究,2011(3):41-44,48.

与大学的关系。当前,我国政府与大学的关系是领导与被领导、主导与从属的行政性权力关系。要想从根本上理顺政府与大学的权力关系,必须用法律将两者的权力边界进行明确界定,将政府与大学的行政性权力关系扭转为契约性权力关系,不断健全现代大学法人制度,进而保障公立大学独立的法人地位。

一、试行公办高校公务法人制度

"法人"是大陆法系中具有核心地位的基本概念之一。《中华人民共和国民法典》总则编第三章第一节第五十七条对"法人"作出了明确界定:"法人是具有民事权利能力和民事行为能力,依法独立享有民事权利和承担民事义务的组织。"法人制度则是对法人有关权利和义务的一系列制度安排,"高等学校法人制度就是通过赋予高等学校以独立的法律人格,使其能够自主地培养专门人才、开展学术研究和为社会提供教育公共服务,并最终实现教育公共利益的法律主体制度"[①]。由此可见,大学法人制度是以法律的形式,从源头上明确界定大学的权利和义务,进而确保实现学术发展、高级专门人才培养、教育服务等社会公共利益。可以说,大学法人制度既是现代大学制度的核心,也是高校管理体制改革的关键所在。

从法学视角来看,大学办学自主权的权力性质存在着"国家行政权"与"社团自治权"的权属争论。[②] "国家行政权说"基于政治国家的公法视角,将大学自主权视为国家行政权的一种延伸,是国家依据法律法规放权给大学的公共权力,必须遵照"法无授权即禁止"的基本公法原理。"社团自治权说"基于市民社会的私法视角,将大学办学自主权视为市民社会自由权的组成部分,是学者行会在不违背国家强制法规下拥有的团体自治权利,应当享有"法无禁止即可为"的私法权利保障。70多年来,我国公立高校法人制度经过三个阶段的演变。

第一阶段是1949—1984年,我国公立高校处于"准法人地位"。在此时期内,我国高校的日常运作主要是遵照上级部门的阶段性政策甚至书面或口头指示,此时的大学没有独立的法律地位,事实上成为政府单位制主导下的附属机构,充其量仅有准法律地位。

第二阶段是1985—2010年,我国公立高校被明确为"事业单位法人"。1985年《中共中央关于教育体制改革的决定》直指高等教育"统得过多"的体制障碍,要求

① 罗爽.我国公立高等学校法人制度的问题及其改革[J].复旦教育论坛,2014(5):58-63.

② 范奇.论高校"办学自主权"的双面法治逻辑及统合[J].交大法学,2019(3):56-76.

“扩大高校办学自主权”。《中华人民共和国民法通则》(1986 年版)将法人分为两类:一类是企业等营利性法人;另一类是非营利性法人,具体细分为机关、事业单位、社会团体法人。1998 年,国务院发布的《事业单位登记管理暂行条例》第二条将“事业单位”界定为“国家为了社会公益目的,由国家机关举办或者其他组织利用国有资产举办的,从事教育、科技、文化、卫生等活动的社会服务组织。”同年修订的《中华人民共和国高等教育法》进一步明确了我国大学的法律地位,其中第三十条明确规定:“高等学校自批准设立之日起取得法人资格。高等学校的校长为高等学校的法定代表人。高等学校在民事活动中依法享有民事权利,承担民事责任。”需要注意的是,法人的民事权利随着法人资格的得失而存废。可见,我国多部法律法规都赋予了我国公立高校“事业单位法人”的法律地位。

第三阶段以 2011 年国家分类推进事业单位改革为标志,将我国公立高校划归为“公益二类事业单位法人”,并推进“管办分离”“落实法人自主权”“强化公益属性”。我国公立高校三个阶段的法人制度,在法律地位、管理方式、人事制度、财产制度、投入机制、评价制度以及监督机制表现出了明显的差异性(见表 7-2)。我国公立高校事业单位法人“名实不符”,大学的独立地位未能获得实质性保障。如果说法人制度是现代大学制度的核心,那么大学的法律地位则是大学法人制度的核心。从某种程度上说,现代大学法人制度的实质就是从制度上保障大学独立的法人地位。首先,我国公立高校“事业单位法人”身份,是由一系列高等教育法律、法规确立的,具有明显的“外赋性”特点。也就是说,政府可以通过划分大学的法人归属,进而扩大或者收缩高校的办学自主权。其次,“事业单位法人”是中国特有的“单位制”与国外通行的“法人制度”的一次嫁接,其本质“是自上而下的政府分权原则与自下而上的市场竞争机制的融合产物,是单位制与项目制的制度结合,具有行政配置和自由竞争的双重属性,但仍以政府主导作为基本底色” ①。高等教育法第十四条明确规定:“国务院教育行政部门主管全国高等教育工作,管理由国务院确定的主要为全国培养人才的高等学校。国务院其他有关部门在国务院规定的职责范围内,负责有关的高等教育工作。”据此可见,我国政府与高等学校是一种领导与被领导、管理与被管理的关系,“党委领导下的校长负责制”是这一关系在大学治理结构和权力分配形式上的集中表述,也是我国宪法关于“教育”是“国家职责/义务、公民权利、公民

① 解德渤.公立大学法人制度 70 年(1949—2019):历史考察、现实审视与改革走向[J].清华大学教育研究,2019(4):46-54.

义务"三重含义的延伸。

表 7-2　我国公立高校法人制度演变及其主要特征一览表

	准法人地位（1949—1984 年）	事业单位法人（1985—2010 年）	公益二类事业单位法人（2011 年至今）
法律地位	没有独立的法律地位，大学是政府的附属机构	事业单位法人，享有民事权利，承担民事责任	公益二类事业单位法人，强调公益属性和市场原则
管理方式	政府直接管控大学	中央和省级政府两级管理	管办评分离
人事制度	政府任免大学领导和聘用教师	单位制下身份管理转向岗位管理、终身制转向聘用制	分类、放权、搞活
财产制度	大学资产属于国有，不能自由支配	国有资产，行政配置与自由竞争相结合	收支两条线，统一核算、统一管理
投入机制	公立大学经费由国家财政核拨、专款专用	中央财政和地方财政分类投入	财政拨款、事业收入、大学自筹
评价制度	政府几乎是唯一评价主体	政府、市场等多个评价主体	政府评价、社会评价、自我评价
监督机制	政府集办学者、管理者与监督者于一身	媒体评价、社会监督快速发展	政府监督、社会监督、内部监督

此外，我国公立高校事业单位法人身份，还面临着公法人与私法人的性质难题。大陆法系国家依据公法、私法二元理论体系将法人划分为公法上的法人和私法上的法人，即公法人和私法人，其中公法以行政法律为核心，私法以民事法律为核心。从法人性质来看，我国公立高校作为事业单位法人，拥有民事主体身份，这表明了公立大学的私法人属性是明确的。那么，我国公立高校是否具有公法人属性呢？我国教育法、高等教育法虽已颁布实施 20 多年，但公办大学在公法人属性上依然比较模糊，缺乏明确的规定。总体来看，我国公立高校是公益性与市场性相结合的复杂组

织,既具有私法人属性又具有公法人属性,而且私法人属性远超公法人属性。

这种双重法人属性,一方面决定了高校只取得了私法(民法)上的独立身份,却未能完全获得公法(行政法)的独立身份和自主地位,这就意味着政府与高校的界限不清、责权不明,政府行政权力可以深度介入大学管理及其办学行为。另一方面导致了公立大学在处理行政法律关系时的身份十分尴尬。公立大学在提供高等教育服务的过程中,除了在学生住宿、餐饮服务、校办企业等方面形成民事法律关系,还与学生存在着教育与被教育、管理与被管理的关系,与师生更多的是因行使人事管理、纪律处分等教育职权而成的行政法律关系。[①] 这一法律定位导致高等学校与师生产生法律纠纷时,司法机关只能以民事诉讼进行法律规制,以"法律法规授权组织"的权宜身份对高校的行政权力及其行为予以审查。目前,我国高等学校仅有民事主体即私法的地位,因此解决其行政法律关系及所处地位的问题刻不容缓且意义重大。

公立高校的法人制度从"有名无实"走向"名副其实",关键在于厘清政府与高校的法律关系。[②] 在中国语境下,大学法人化极具制度意义。大陆法系国家为规范行使公共管理职权的组织而设置的公务法人制度(Public Corporation),值得我国公立高校借鉴和试点。那么,什么是公务法人呢?1988 年,我国行政法学家王名扬对公务法人进行了界定,"某种公务脱离一般行政组织,具有独立的管理机构和法律人格,能够享权利、负义务,这种公务组织就成为公务法人"[③]。换言之,公务法人是由政府依公法设立、服务公共利益、具有独立法律人格、享有一定公共权力的专门法人组织。公务法人是一种非常重要的行政主体,在不同的国家有不同的称谓,"公法人""公益法人""公共机构"其内涵是基本一致的。[④]

公务法人具有四个典型特征:一是属于公法人,而非私法人;二是承担特定行政职能的服务性机构,有别于科层式的行政机关;三是具有独立的法律人格;四是同时具有民事主体身份和公务实施者身份,也就是其既与私法(民事法律)也与公法(行政法律)产生关系。公务法人制度为解决我国公立高校事业单位法人的行政主体资格提供了有效途径。公务法人作为地方分权之外的另一种行政主体,不仅有利于行政主体的多元化,还能够提升行政管理的服务性,从而较好地解决依法从事公务活

---

① 李奕东.论我国高校学生管理的行政法定位[D].兰州:兰州大学,2013.

② 解德渤.公立大学法人制度改革的世界潮流与中国抉择[J].教育与考试,2018(1):66-71.

③ 王名扬.法国行政法[M].北京:中国政法大学出版社, 1988:127.

④ 包万平.高校公务法人地位是取消教师编制的核心[J].北京社会科学,2017(9):15-23.

动却不是行政机构的这类组织的行政主体资格问题。可以说,公务法人是平衡大学自主权关于“国家行政权”与“团体自治权”性质之争的最佳折中方案。

我国有大量的事业单位、企业组织和社会团体承担公共行政职能,而又没有单独的法律、法规对其行政权力进行管理和约束,因此迫切需要引入公务法人制度。同时,将高等学校作为公务法人,也是有现实基础的。公务法人制度建立在公法、私法二元化基础之上,虽然我国没有公法、私法的明确划分,但是我国有行政法、民法两种不同性质的部门法,有行政诉讼、民事诉讼两种不同性质的诉讼制度,行政主体的外延与公务法人的外延也基本一致。①《中华人民共和国民法典》提出了“营利法人”“非营利法人”以及“特别法人”三种划分方式,也为公务法人提供了法律依据。民办高校营利与非营利的分类管理,更是迈出了大学法人制度改革的坚实一步。

引入公务法人制度后,“将有利于厘清高校与政府的关系,变原来隶属的内部行政法律关系为外部行政法律关系,从而拓宽高等学校办学自主权的空间;同时还有利于高校按照各自法人资格的特性完善自己的法人内部治理结构,提高办学效益;还可以将大学的管理与被管理关系顺理成章地纳入到行政诉讼中去”②。将高等学校定位为公务法人,不仅能够克服高校作为事业单位法人或“法律法规授权组织”存在的法律身份难题,还从法律上明确了高校的行政主体资格,保障了高校名正言顺地行使一定的公共权力,进而在现有的高等教育管理体制下争取更大的办学自主权,在一定程度上促使政府“放管服”改革,“抖掉”政府对高校的过多束缚。与此同时,根据“有权必有责、用权受监督”的原则,高校将受到行政法律关系、民事法律关系的双重制约和监督,畅通民事诉讼、行政诉讼两种法律救济途径,更加有利于维护各利益相关者的合法权益,进一步提高教育服务质量和水平。

二、规范中国大学排名评价制度

大学排名是对大学的教学、科学研究、社会服务等各项职能进展情况,以一定指标体系进行数量化评鉴,再通过加权后形成的排序。③ 目前国内外有50多种各式各样的“大学排行榜”,泰晤士高等教育世界大学排名、英国QS世界大学排名、美国U.S. News世界大学排名、上海软科世界大学学术排名、荷兰莱顿大学世界大学排名

---

① 董红,王有强.关于公立高校法律地位的思考[J].黑龙江高教研究,2012(12):34-36.

② 杨盛秋.大学自治立法的基础问题[J].法制与社会,2008(34):33,65.

③ 孔远.从代价思维的角度分析综合性大学的建设[J].知识经济,2012(9):162.

等是其中比较知名的世界大学排名。大学排名犹如城市 GDP 一般,具有复杂性,要一分为二地看待。

一方面,大学排名具有积极意义。大学排名作为一种社会评价,是高等教育大众化、国际化、多样化的产物,在一定程度上满足了社会、个人了解高校发展动态等相关需求,对评价大学的水平和声望有参考价值,在新闻媒体的助推下成为广大高考学生及家长选择高校的一种参考。大学排名对地区乃至国家的高等教育发展政策、高校发展战略的制定、人事招聘及组织结构、资源分配和资金募集等方面也产生了较大影响,成为大学开展国际交流的一个重要信息渠道。大学排名还引入了竞争机制,在特定的指标体系下展现大学办学水平和发展成果,推动大学“要我发展”到“我要发展”。

另一方面,大学排名存在着不少问题。首先,大学排名指标体系各有侧重,难以形成广泛共识。各高校的性质、定位、任务、规模等差异较大,用单一指标进行综合排名的可比性和可操作性不大;评价要素设计各有侧重,指标内涵不同、权重各异,无法兼顾大学具体学科和专业之间的差异;大学排名所选取的指标体系过于追求量化,单纯强调显性因素和可量化指标,普遍重数量轻质量、重科研轻教学、重规模轻效益、重理工轻人文、重短期轻长远,缺乏对立德树人、思政教育、师德师风、社会贡献的评价,导致大学发展趋同,失去办学特色;大学排行机构评价指标体系、权重系数不透明,具体操作程序、方法以及数据的来源渠道和可靠性不高,排名结果差距较大,缺乏公信力。不同的“大学排行榜”根据各自的指标体系对高校进行不同的分层、分类或排序。“最好大学网”把全国前 100 名本科高校分为综合型、特色型两类,进而分成旗舰大学、名牌大学、甲档大学、乙档大学和丙档大学。“艾瑞深校友会网”把本科高校按照办学类型、星级排名、办学层次三个观测点进行排序,其中办学类型有中国研究型、行业特色研究型、区域研究型、区域特色研究型、专业型、应用型;星级是1-10 级,级别越高,实力越强;办学层次又分为世界知名高水平大学、中国顶尖大学、中国一流大学、中国高水平大学、中国知名大学、区域高水平大学、区域知名大学等,甚至于将 39 所“985 工程”高校进一步划分为四个档次、三个类别。

其次,大学排名强制分等,加剧了高校行政化。当前国内外大学排名过于强调等级,除“论文”“获奖”外,各类“级别”“帽子”等行政化指标权重系数较大。按照单位等级,人为将高校分为“‘985’大学/‘211’大学/一般本科院校”“世界/国家/省级一流大学”;按照行政级别,划分为“副部级/厅局级”“省部/部部/省市共建”“直辖市/省会/地市州”高校;按照学科层次,归类为“博士/硕士/学士学位授权单位”“世界/国家/省级一流学科”建设高校;按照“帽子”大小,形成“教师—院士、长江、杰青”“学生—在校生国家级获奖、知名校友及捐赠”两大类别,“大江大河大山”各类学者遍地;按照“项目”级别,形成科研主导、数字管理、等级森严的项目体系,在“国字头”的项目中就有国家科技三大奖(自然科学、科技进步、技术发明)、国家级平台(实验室、中心、基地)、国家级科研项目(自科、社科、艺术基金)、国家级教学成果奖(专业、课程)、国际合作(机构、项目、会议、报告)等排名指标。

最后,大学排名商业化操作,追求利益最大化。“大学排行榜”是排行经济与媒介传播经济相结合的产物,是专业化、制度化成熟的媒介机构。大学排名机构绝大多数为商业机构,逐利倾向较重,在媒介传播效应和裹挟效应之下,影响着大学声誉、人才流动、生源、就业和政府绩效评价。少数大学排名机构名为服务学术发展,实为产业性学术信息公司,以吸引用户参与为主要谋利手段,QS 等国际知名排名机构就曾因过多商业化指标、主观指标而受到质疑和批评。不少国际排名机构为了占领中国排名市场、追求商业利益最大化,不惜修改“有利于中国”的指标体系,推出了花样繁多的细分排名。国际知名大学排名中的学科内涵与中国大学的一级学科并非一一对应,且使用英文论文和国际奖项为主要指标,以欧美学者为声誉调查对象,以西方价值观和话语权为主导,十分不利于构建中国特色的大学评估体系和评价机构,抑制中国科学教育自信乃至文化自信。此外,大学排名准入门槛较低,任何机构和个人几乎可以不受约束地发布“大学排行榜”,人为操纵排名结果,不仅可信度差,还极大地影响了其他信誉较好的大学排名声誉。

客观地讲,“大学排行榜”作为一种信息参考,本身并没有多大问题,但是当大学排名与政府资源配置、经费倾斜、干部升迁挂钩,裹挟大学及其学者时,其破坏性就不容忽视了。不少大学为排名名次所累,对“大学排行榜”既依赖又排斥、态度摇摆不定,于己有利的就采用,于己不利的就选择性忽视。为此,大学各利益相关者要理性认识大学排名,合理利用“大学排行榜”。

一是国家各级教育主管部门要坚持有所为、有所不为。探索建立科学客观、具有公信力的大学评价体系,加快国家标准体系建设;引导高校致力于人才培养、科学研究、社会服务和文化传承与创新;不按大学排名分配教育资源,不公开肯定任何一家排名机构,不过分重视国外排名。比如,2020 年前 SCI 论文至上、ESI 学科排名火热,在党中央提出“破五唯”、教育部和科技部出台规范意见后逐渐降温,日渐回归到注重论文的创新水平和学术价值。同时,杜绝排行榜与商业利润挂钩,严肃处理以高额报酬与“大学排行榜”评审机构进行利益互换的高校;加强大学分类分层评价研究,进一步完善学科评估、专业评估等单项评估排名,扩大具有公信力评估的影响力;加大高校信息公开的力度和范围,增加公众获取本真信息的途径和容量,切实抓好高校本科教学工作基本状态数据、年度高校基层统计报表、年度教学质量报告、年度科技活动统计报表等信息公开和服务工作,用权威、动态的数据引导大学务实发展。

二是高校要不在意、不引用、不追捧“大学排行榜”。大学水平是建设出来的,不是排出来的。大学发展具有渐进性、阶段性、长期性,讲究学术积累,不可能“一夜暴富”。过去我国大学秩序没有生成,少数大学抓住先机短期内快速崛起。现今大学发展已然常态化,“黑马现象”较为少见,弯道超车、变轨发展等大学竞争理念值得商榷。为此,高校要根据实际情况和战略规划来确定办学目标与发展路径,排除各种“大学排行榜”的干扰,遵循规律、坚守特色。与此同时,高校可以邀请校内外有关专家刊发“大学排行榜”理论文章,引导师生和社会理性认识“大学排行榜”,形成发展共识。

三是严格监管大学排名机构。从事大学评价和排行的机构或个人要遵循专业性、非营利性原则,坚持发展性、服务性和个性化,建立行业约束规范,加强行业自律;各“大学排行榜”的排名目的、排名方法、数据来源等要接受监督和评价;教育主管部门必要时可以实行大学排名许可制度,加强对“大学排行榜”发布机构的监管和指导;新闻媒体要客观报道“大学排行榜”,着力服务人才培养。

规范大学排名,首先要限制大学排行机构的数量。各式各样的大学排行榜参差不齐,不同排行榜的排名指标体系只要相对科学,其排名结果波动不大,在高等教育稳步发展的今天,一所大学排名不会出现剧烈的起伏,没有必要让过多的排行榜未经许可随意进行大学排名。其次要限制大学排行榜的外部排行功能。不同的利益相关者会有选择性地使用大学排行榜的功能,如学生用于报考择校,企业用于招聘选人,而政府则用于评价大学绩效;直观化、简单化的大学排名忽略了大学的学术本质及其评价的专业性、复杂性,不可能本真地、全部地反映大学现实状态。最后要限制大学排行榜分等思潮的无序蔓延。大学排行必然产生不同等级的排名结果,进一步加剧大学诸要素的评价分等。诸如教授的三六九等,并未能从根本上提升教授的整体学术水平,反而加剧了非学术组织对学术人的控制,干扰了教授立德树人的恒志恒心。教育主管部门要带头贯彻党中央、国务院新时代教育评价的总体要求，充分发挥教育评价的正向指挥作用，促使各利益相关者淡化大学排名的竞争功能、发挥其建设功能，共同建立“政府部门依法监管、中介机构独立评价、社会各方参与监督”的大学评价模式。

三、健全大学章程及其配套制度

依法办学、依法监管是教育改革的必由之路，也是当前教育改革的中心任务。任何非制度化的、无组织的活动都不可能长期而有序地存在下去，教育改革首先要解决的是有法可依的问题。“章程是约定和阐述独立主体使命，界定内部各利益关系的责任和义务，书面写定的有法定意义的组织规程。”①大学章程可以理解为“以教育法律法规为依据，以条文形式规定学校师生员工应该遵守的共同规范和共同行为准则的规范性文件”。大学章程作为高等学校的“宪法”和“基本法”，是政府与大学权力边界的契约，也是制定学校内部管理制度的基本依据，更是大学实现依法自主办学的制度基础。大学章程起源于中世纪教会向大学颁发的“特许状”。中世纪的欧洲，教权和王权之间斗争十分激烈。大学处在教权与王权的夹缝之中，成为教权与王权争取的对象。大学维护自身权益的一个重要手段就是设法取得法人团体资格，即获得教皇或国王颁发的“特许状”。1215 年，罗马教皇为巴黎大学制定了第一个正式章程，巴黎大学从此正式获得了法人地位和自治权力，这一事件具有重要的历史意义和示范效应。国外校史悠久的大学均是依据“特许状”而取得合法地位的。因此，“特许状”被公认为是现代大学章程的原型。一般而言，大学章程大致可归为四类：一是法令或宪章，如美国加州大学法令、日本东京大学宪章；二是章程，分为注重细节的章程和侧重组织原则的章程，如牛津大学、剑桥大学以注重细节的章程作为章程；三是次要法规，美国大学的现行章程多为次要法规（地方法规、内部章程）；四是准则或行政指南，如哈佛大学。② “宪章”“规程”“条例”“准则”等都可表达大学章程的内涵。

我国大学章程源远流长，可以追溯到古典书院的洞规和训示。及至 19 世纪末，大学章程就作为我国近代大学的主要规章制度而存在。2011 年 11 月 28 日，教育部

---

① 马陆亭.大学章程地位与要素的国际比较[J].教育研究，2009(6)：69-76.

② 姜思媛.中美大学章程文本比较研究：以耶鲁大学和北京大学为例[D].哈尔滨：哈尔滨师范大学，2015.

发布了《高等学校章程制定暂行办法》(教育部令第31号),全国随之掀起了大学章程制定与建设高潮。许多高校以制定大学章程为契机,通过依法具体重申、依法原则声明、刚性集中索权、柔性分散突围、申明"不禁则可"等多种策略,最大程度上谋求办学自主权和大学自治。不可回避的是,我国大学章程是由教育行政主管部门核准的,属于行政规章,而非法律文本,其公信力不足、约束力较差,难以成为大学依法自主办学的宪章。更为关键的是,与大学章程密切相关的配套制度存在缺陷,影响了大学章程的执行力和权威性。为此,有必要修改、完善我国大学章程以及专项制度、实施细则等配套制度,切实提高大学章程的权威性与可操作性,进一步夯实依法治校的制度基础。

一是修订学术委员会制度。改革开放以来,我国积极探索建立学术委员会制度,将之作为校内学术民主管理的重要改革举措,着力建立"党委领导、行政管理、教授治学"的新型高校管理模式。2014年1月,教育部在《中华人民共和国高等教育法》第四章第四十二条、《国家中长期教育改革和发展规划纲要(2010—2020年)》第十三章第四十条有关规定基础上,出台了《高等学校学术委员会规程》(以下简称《规程》)。《规程》总则第二条明确要求"学术委员会作为校内最高学术机构,统筹行使学术事务的决策、审议、评定和咨询等职权"。实际上,我国很多大学学术委员会没有起到《规程》所赋予和期望的作用。

究其原因,我国大学学术委员会作为高校民主管理组织,与大学其他领导管理组织不协调,甚至有冲突。"高校党委领导下的校长负责制"及其实施意见,对学校党委、校长的职责权限,以及党委与行政议事决策制度、协调运行作出了明确规定。依据中共中央办公厅印发的《关于坚持和完善普通高等学校党委领导下的校长负责制的实施意见》(以下简称《意见》)规定和具体条款,学术委员会不可能取得《规程》所要求的地位。因为《规程》规定学术委员会作为最高学术机构,拥有处置学术事务的最高权威,与学术相关的各种事务的最终决定权就要从大学党委、校长及其办公会议转移到学术委员会。[1] 这就要求高校党委、校长及其办公会议、相关的行政职能部门在涉及学术事务尤其是学术决策时,其权限、职责范围、办事程序等必须进行调整或变革。然而,学术委员会不是行政职能机构,也没有行政执行权力。因此,要保证学术委员会发挥其权威作用,必须健全学术委员会制度和工作机制:一方面要理顺学术委员会与学校党委、校长及其办公会议的关系;另一方面要建立学术委员会

① 别敦荣.大学学术委员会的性质及其运行要求[J].中国高等教育,2014(8):27-30.

与行政职能部门协调工作机制，学术委员会通过的决议，学校相关职能部门必须予以落实，从而使我国大学学术委员会制度形神兼备。当然，这需要调整大学内外部各种领导管理关系，涉及面广、影响面宽，不可能一蹴而就，需要持续的改革探索。

二是完善师生参与大学治理制度。教代会是教职工参与学校管理和民主监督的基本形式，其实质是高校内部"以权力制约权力"。教代会制度已在高校实施近40年，对推进高校民主管理发挥了积极作用。但是，对照2012年教育部出台的《学校教职工代表大会规定》这份纲领性文件，其在核心制度供给上是有不足的，党政领导权与教职工代表大会民主管理权之间的关系没有很好地厘清，教职工代表大会、工会与执委会之间的关系有待进一步理顺，尤其是缺少相配套的实施细则和制度安排。除了提案和建议的办理，还需要赋予工会或执委会一定实权，同时加强对教代会工作的评估，既为教代会制度的落实提供高效的执行机构，又为教代会的权力行使增加必要的外部压力，以更好地为高校的改革发展排忧解难，为教职工的切身利益建言纾困。

高等教育大众化和普及化阶段，高等教育逐渐由卖方市场转向买方市场，学生支付学费、全球范围择校，政府、社会、大学办学理念的"逆转性"变化，使学生取得了参与大学治理的合法性资格。对高校有关学生管理制度进行清理和修订，建构大学生适度参与高校内部治理的制度安排和组织路径，落实2017年《普通高等学校学生管理规定》(教育部令第41号)提出的学生"以适当方式参与学校管理，对学校与学生权益相关事务享有知情权、参与权、表达权和监督权"，是当前高校治理现代化的一项紧迫而重要的任务。

现代大学制度建设不仅需要政府主导推动，还需要非营利性组织、社会中介组织、市场化组织和社群组织等利益相关者的多方支持和有效监督。① 然而，当前我国高校产学研合作缺乏实质性的资源共享，调查、认证、排名等中介评估组织发展不成熟，大学董事会(理事会)、校友会、教育基金会仅作为大学办学资源筹措和校企合作平台，未能实质性参与大学的内部治理。理顺产学研合作的体制机制，培育专业的中介评估组织，建立健全高校信息公开制度，吸纳社会力量介入大学治理，既是提升高校外部治理能力的客观要求，也是建立现代大学制度的要旨所在。

大学章程承上启下，对上达成政府与大学的外部关系契约，对下形成大学与学院的内部规章制度，进而促进内外部权力协调运行。大学章程的贯彻实施，事关高

① 郝永林.大学治理的社会参与:中国情境及其实现[J].大学教育科学,2014(3):29-36.

校与政府、社会之间的权力切割,涉及高校与教师、学生之间的关系调整,有赖于教育行政管理模式的转型发展,[①]"依章治校"是解决大学治理一系列难题的关键所在。建设中国特色的大学章程,既要体现现代大学章程的共性特征和发展趋势,也要坚持传承中国特色。当前及今后一段时期,要针对我国大学章程存在的问题进行文本修订和立法调整,促进现代大学章程共性要求与国家特色的有机融合,确保大学章程真正落地落实。

简言之,基于大学双重自主结构理论视域,大学宏观自主的关键在于保障大学相对独立的身份地位,并以法律法规明确界定政府与大学的权力关系,克服和制衡政府权力对大学资源的超强控制、对大学内部事务的深度介入。具体举措是"一主一辅两结合"的制度供给:以试行公务法人制度为主,从法律上明确大学的公法人地位,赋予大学行政主体资格,在私法人的基础上进一步夯实大学相对独立的法律地位;以规范大学排名机构为辅,合理利用大学排名,摒除阻碍大学独立自主的权力"寄生虫";大学章程则将两者有机结合起来,逐步修订完善以大学章程为主体的规章制度,并以法律条文固定下来。就改革进程而言,近期着力健全大学章程体系,中期重点整治大学排名机构,远期实行大学公务法人制度。"一主一辅两结合"推进大学行政管理模式过渡到法人治理模式,为以试点学院为代表的学院层面体制机制改革提供大学宏观自主的制度环境。

现代大学制度是规范和理顺大学内外部关系的制度总和,大学地位的独立性、办学的自主性、类型的多样性、关系的平等性是现代大学制度的共性特征。深化以试点学院为代表的学院层面体制机制改革,学习借鉴国外大学现代大学制度的精神理念、共性特征和典型模式,在大学双重自主结构理论指导下,上下联动推进大学组织同质异形变革,调整并理顺政府与大学、大学与学院的关系,构建中国特色的现代大学治理结构(见图 7-2)。

---

① 张猛猛.大学章程实施的当下困境与破解之策:基于新制度主义的视角[J].江苏高教,2019(3):37-43.

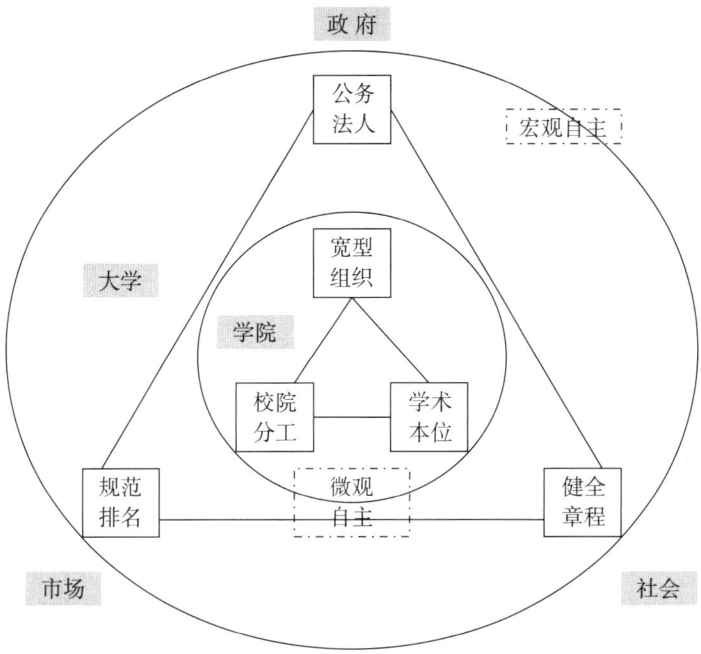

图 7-2　我国大学双重自主的可能路径

首先，学院要完善内部管理体系、自下而上推进“学院办大学”。大学是个抽象的概念，无论是学生、教师，还是人才培养、科学研究、社会服务，最终的落脚点都在学院。当前，我国大多数高校学院的管理水平落后于校级层面的治理水平：校院之间的责权不明晰；学院领导多由学校任命，学院主要领导权力过大，“对上负责”倾向严重；学院学术委员会、教职工代表大会未能充分发挥作用。更严重的问题是学校层面很多的制度设计，没法在学院层面复制。从大学微观自主来看，学院应具备实体性、主体性和自主性。落实高校办学自主权，不仅取决于高校相对外部机构的自主管理权力和能力，也要求学院具备相当水准的自主管理权力和能力。我国大学由“校办院”向“院办校”转变，关键在于确保学院的实体性和独立性。为此，有必要从校院两级管理中的突出症结着手，进一步界定、区分校院两级的权限和职责，将当前数量过多、幅度过窄的学院调整为数量适中的宽型学院；坚守学院的学术本位，改革当前行政主导的院系治理模式，将学术权力归还教授群体，充分发挥教授群体基于学术判断而非个人好恶的学术决策权、评定权和审议权，不断建立健全校院两个层面的权力运行体制和制约机制。

其次，政府要深化“放管服”改革、自上而下赋予大学独立的法人地位。政府、市场与社会“三角协调”、共同营造大学外部治理环境。大学与政府之间的关系，对高校办学影响最大，也最为复杂。无论是集权管理更多的国家，还是大学自主更多的国家，大学的法人地位都是受保障的。政府介入大学治理有个前置条件，那就是“保障大学的法人地位不受侵犯，保证大学能够自主地履行其责任和义务”[①]。从大学宏观自主来看，我国高校管理体制改革的重心在于政府从法律上赋予大学独立身份、保障大学自主地位。政府理应改变以往包揽一切的做法，在社会组织建设和发展过程中扮演鼓励者、引导者的角色，而不是主导者，更不是直接的操办者。[②] 教育部等五部门《关于深化高等教育领域简政放权放管结合优化服务改革的若干意见》(2017 年)体现了政府转变职能的决心。

最后，政府、大学和学院上下联动推进大学双重自主，逐步建立现代大学制度。从大学双重自主结构来看，大学要有独立身份，学院要有自治地位，缺一不可。政府与大学、大学与学院上下联动的接合点在于建立现代大学制度。尽管人们对现代大学制度的内涵外延、基本范畴有争议，但是现代学校制度具有共同内核，那就是《国家中长期教育改革和发展规划纲要(2010—2020 年)》提出的“依法办学、自主管理、民主监督、社会参与”。现代大学制度不是某种单一的制度，也不是某一种具体的制度，而是多种制度的有机组合，是一种制度体系。现代大学所在国家的国体政体有别，但其制度架构、功能运作有着共同逻辑和一般规律，因此不论国家大小、发展程度高低，均应将现代大学制度作为发展高等教育事业的基本依托。建设中国特色现代大学制度，既要体现现代大学制度的共性特征，也要坚持扎根中国大地办大学、坚持传承中国特色。为此，必须立足中国国情，充分发挥我国高校管理体制优势，自上而下地改革政府与大学的关系，自下而上地变革大学与学院的关系，上下联动对我国现有高校管理体制存在的问题进行体系化改革，大力推进大学宏观自主、学院微观自主，以期早日建成中国特色、世界水准的现代大学制度。

总之，“试点目的是探索改革的实现路径和实现形式，为面上改革提供可复制可推广的经验做法”[③]。试点改革是包括试点政策制定、政策执行、政策偏差矫正的连续性过程。中国近几十年来勇于直面问题，通过改革自我纠偏、校正方向、探索前行。改革是由问题倒逼而产生，又在不断解决问题中得以深化，旧的问题尚未解决，

---

① 别敦荣.现代大学制度的演变与特征[J].江苏高教,2017(5):1-8,14.

② 方长春.社会组织形成与发展中的政府角色[J].江汉学术,2019(2):13-18.

③ 习近平.认真谋划深入抓好各项改革试点 积极推广成功经验带动面上改革[EB/OL].(2017-05-23)[2020-06-12].http://www.xinhuanet.com//politics/2017-05/23/c_1121023049.htm.

新的难题已经产生，因而改革既不可能一蹴而就、也不可能一劳永逸。“办教育的人必须明白，教育是一项长期工程，急不得。当你把手中的石头丢进大海，等到涟漪荡向岸边，是有很长的路要走的。如果你追求‘掷地有声’，那只能是在面积很小的水塘，或者一口枯井。”①自古以来，成功的改革就是过程性和阶段性的统一。扎根中国大地办学的关键接口在学院，保障基层学院的办学自主权是推动高校切实履行扎根中国大地办学使命的关键一招。试点学院承担着综合性、过渡性、推广性的高校管理体制改革重任，处于高等学校现行办学模式与教育教学改革博弈的最前线，受到多方利益相关者的掣肘，唯有团结绝大多数师生，争取政府、社会等多方支持，方能在力所能及的范围内自下而上破解高校管理体制难题，探索出可持续、可复制、可推广的现代大学制度。

① 陈平原.内地/香港互参：中国大学的独立与自信[J].探索与争鸣，2014(9)：13-16，2.

附录
调查问卷

尊敬的老师：

您好！

为深入研究H省试点学院建设，敬请您拨冗参与本问卷调查，并根据您所在学校的实际情况及本人的真实想法，在相应的位置打“√”或填写内容。本调查采用无记名形式，所获得的数据仅用于本书的研究，且将严格保密。

感谢您的支持与协助！

HZ大学“H省试点学院改革研究”课题组

2021年2月

一、基本信息

1.您所在的院校名称：

○ HZ大学（G学院）

○ SX大学（D学院）

○ WF大学（X学院）

○ HJ学院（F学院）

○ WD学院（J学院）

2.您担任的职务：

○ 校级党政负责人（含领导班子成员）

○ 校理事会（董事会）成员

○ 校职能部门领导

○ 学院党政负责人（含领导班子成员）

○ 系（中心/教研室）负责人

○ 无

二、基本认识和总体判断

3.您如何看待国家试点学院各项改革任务的重要性程度:

	很重要	比较重要	不太重要	不重要	不清楚/不适用
改革学生招录与选拔方式	○	○	○	○	○
改革人才培养模式	○	○	○	○	○
改革教师遴选与考评制度	○	○	○	○	○
完善学院内部治理结构	○	○	○	○	○

4.您对所在学校试点学院建设实质进展的判断:

	很理想	比较理想	不太理想	不理想	不清楚/不适用
改革学生招录与选拔方式	○	○	○	○	○
改革人才培养模式	○	○	○	○	○
改革教师遴选与考评制度	○	○	○	○	○
完善学院内部治理结构	○	○	○	○	○

5.您对所在学校试点学院改革综合评价:

○ 比较理想

○ 不太理想

○ 非常不理想

○ 不知道

6.您认为推进试点学院改革主要困难是:(多选)

○ 政府权力缺乏有效约束

○ 高校自主权没有清晰界定

○ 现行规章制度制约试点改革

○ 学校领导重视不够

○ 学校职能部门不能协同推进

○ 学院试点改革方案可行性不强

○ 缺乏专项经费支持

○ 没有相对独立的教学和学生住宿空间

○ 学校非试点学院攀比

○ 教师积极性不高

○ 学生参与不充分

○ 既得利益者阻碍改革

○ 其他______

7.您认为进一步深化试点学院改革应抓好哪些方面?

____

____

三、工作推进与任务落实

(一)改革学生招录与选拔方式

8.您所在学校试点学院学生招录与选拔方式改革情况:

	完全符合	基本符合	不符合	完全不符合	不清楚/不适用
试点学院本科生招生计划自主确定	○	○	○	○	○
以高考成绩为主、综合评价、提前批次录取有创新潜质的学生	○	○	○	○	○
试点学院研究生招生计划单列,并适度增加了推免名额和直博生名额	○	○	○	○	○
学校加大了存量调整、优先保障试点学院招生计划	○	○	○	○	○
试点学院学生可以自行转入转出	○	○	○	○	○

9.您认为试点学院改革学生招录与选拔方式遇到的主要问题:(多选)

○ 提前招生和降分录取有政策障碍

○ 硕士研究生推免比例偏低

○ 博士研究生招生名额不够

○ 本硕博连读招生指标不够

○ 大学与中学联动不到位

○ 自主选拔的公正性受到质疑

○ 本科生和研究生奖助学金偏少

○ 其他________

10.您认为试点学院改革学生招录与选拔方式还需要在哪些方面着力?

____

____

(二)改革人才培养模式

11.您所在学校试点学院人才培养模式改革情况:

	完全符合	基本符合	不符合	完全不符合	不清楚/不适用
试点学院采取了导师制、小班教学	○	○	○	○	○
试点学院全面实行了学分制	○	○	○	○	○
试点学院与国外知名大学可以联合授予学位和双学位	○	○	○	○	○
试点学院学生出国留学的比例明显高于学校非试点学院	○	○	○	○	○
试点学院多渠道健全了学生奖助体系	○	○	○	○	○
试点学院研究生实行了个性化培养	○	○	○	○	○
试点学院实施了学生分流、退出机制	○	○	○	○	○
试点学院正在从精英向群英教育转变	○	○	○	○	○

12.您认为试点学院改革人才培养模式存在的主要问题:(多选)

○ 教学方式方法改革严重滞后

○ 科学研究与人才培养“两张皮”

○ 高水平教师与学生的交流互动少

○ 科研院所、行业企业参与人才培养的动力不强

○ 先进、大型仪器设备对学生开放利用率低
○ 学生实验和实习经费不足
○ 学生国际学术交流机会少、层次低
○ 思想政治和道德教育有待改进
○ 书院式培养模式进展缓慢
○ 其他________

13.您认为试点学院改革人才培养模式还需要在哪些方面着力?

____

____

(三)改革教师遴选与考评制度

14.您所在学校试点学院教师遴选与考评制度改革情况:

	完全符合	基本符合	不符合	完全不符合	不清楚/不适用
试点学院拥有较大的选聘教师自主权	○	○	○	○	○
试点学院实行了全员聘用及年薪制	○	○	○	○	○
试点学院完善了岗位管理和聘用办法以及薪酬待遇标准	○	○	○	○	○
试点学院人员流转退出机制切实可行	○	○	○	○	○
试点学院教师国内外访学、开展合作研究比例高于全校平均水平	○	○	○	○	○
学校选派并重点支持试点学院青年骨干教师出国研修	○	○	○	○	○

15.您认为试点学院改革教师遴选与考评制度遇到的主要问题:(多选)

○ 学校控制试点学院人员编制
○ 学术领军人才引进难度大
○ 在编人员只能进不能出、只能上不能下
○ 新聘人员未能非聘即走、非升即走

○ 兼职教师队伍水平参差不齐
○ 教师职称自主评聘权力不足
○ 学术团队建设流于形式
○ 教师分类发展、分类考核不到位
○ 调动教师工作积极性的方式手段不多
○ 其他________

16.您认为试点学院改革教师遴选与考评制度还需要在哪些方面着力?

____

____

(四)完善学院内部治理结构

17.您所在学校试点学院内部治理结构完善情况:

	完全符合	基本符合	不符合	完全不符合	不清楚/不适用
试点学院能够依照学院章程自主确定发展规划并组织实施	○	○	○	○	○
试点学院院长由教授委员会选举或提名	○	○	○	○	○
试点学院实行了理事会或董事会制度	○	○	○	○	○
试点学院定期召开党政联席会议并进行民主决策	○	○	○	○	○
试点学院学术委员会拥有学科建设的审议权和学术成果等方面的评定权	○	○	○	○	○
试点学院教学、科研和管理自主权得到落实并不断扩大	○	○	○	○	○

18.您认为试点学院完善内部治理结构遇到的主要问题:(多选)

○ 学院政治权力、行政权力、学术权力边界不清晰
○ 学院内部治理改革受制于上级规章制度
○ 学院办学自主权不够充分

○ 学院自主管理、自我激励和自我约束机制不健全
○ 社会力量参与和支持学院发展力度不够
○ 试点改革缺乏相应的制度环境
○ 基层科研组织形式尚需变革
○ 学院办学资金来源渠道较窄进而限制改革空间
○ 职员制改革得不到学校职能部门充分支持
○ 其他________

19.以下决策事项中,属于学院自主决定、学校备案的有:(多选)
○ 学院总体发展规划
○ 学院年度工作计划
○ 学院财务预算和决算
○ 学院下系的设立、撤销等
○ 学院下系的干部配备
○ 学院各办公室的设立
○ 学院各办公室人员的配备
○ 学院高级职称人员的评聘
○ 学院人才的引进

20.以下决策事项中,需由学校审核批准的有:(多选)
○ 学院总体发展规划
○ 学院年度工作计划
○ 学院财务预算和决算
○ 学院下系的设立、撤销等
○ 学院下系的干部配备
○ 学院各办公室的设立
○ 学院各办公室人员的配备
○ 学院高级职称人员的评聘
○ 学院人才的引进

21.您认为所在学校两级管理改革中的主要问题:(多选)
○ 制度建设不够健全
○ 学校未充分放权
○ 管理权限界定不清

○ 权责利不匹配

○ 考核目标不够清晰

○ 院系治理缺乏有效的行政支撑体系

○ 院系管理制度化水平不高

○ 院系管理人员能力不够

○ 改革未形成共识

○ 其他

22.您所在学校决策以下事项过程中需要经过哪些机构的哪个环节?(请将每个机构的职能编号填在表中,可根据实际情况多选)

职能编号:①审议 ②决定 ③咨询 ④质询 ⑤建议 ⑥监督 ⑦列席 ⑧无关

	党委常委会/党委会	校长办公会	学术委员会	理事会	教代会
年度财务预算和决算	○请选择	○请选择	○请选择	○请选择	○请选择
年度工作计划	○请选择	○请选择	○请选择	○请选择	○请选择
学校发展规划	○请选择	○请选择	○请选择	○请选择	○请选择
学校基本管理制度	○请选择	○请选择	○请选择	○请选择	○请选择
重大基建项目	○请选择	○请选择	○请选择	○请选择	○请选择
大额资金使用	○请选择	○请选择	○请选择	○请选择	○请选择
内部机构设置和调整	○请选择	○请选择	○请选择	○请选择	○请选择
专业设置	○请选择	○请选择	○请选择	○请选择	○请选择

23.您所在学校学术委员会的产生方式:(多选)

○ 上一届委员推荐

○ 学校领导推荐

○ 教授民主推荐

○ 各学科/各学院学术委员会推荐

○ 教师直接选举

○ 行政部门与学院协商

○ 其他

24.您所在学校学术委员会与二级院系学术委员会的关系：

○ 领导与被领导关系

○ 指导与被指导关系

○ 各自独立行使职责

○ 其他

25.您认为完善学术委员会制度遇到的主要问题：(多选)

○ 领导对学术委员会地位、作用认识不足

○ 制度本身不够健全完善

○ 行政权力干预过多

○ 学术事务与行政事务边界未划分清楚

○ 学术系统与行政系统缺乏有效的沟通机制

○ 学术委员会自身领导力不强

○ 其他

26.您认为落实教职工代表大会制度遇到的主要问题：(多选)

○ 教职工代表大会的法律地位没有得到有效落实

○ 功能被窄化与虚化

○ 制度本身不够健全

○ 缺乏可操作的落实措施

○ 教职工民主参与意识不强

○ 教职工申诉和救济机制不健全

○ 常设机构的专业化程度不高

○ 能够使用的资源有限

○ 其他

27.您所在学校学生代表大会制度落实情况：

	完全符合	基本符合	不符合	完全不符合	不清楚
大学章程中明确的规范已经制定或修订了	○	○	○	○	○
学生代表大会章程	○	○	○	○	○
代表选举规范民主	○	○	○	○	○

	完全符合	基本符合	不符合	完全不符合	不清楚
学生有一定的途径知悉校务以及涉及自身利益的事	○	○	○	○	○
学生有一定的途径参与学校民主管理和发展决策、咨询	○	○	○	○	○
学校成立了学生申诉处理委员会	○	○	○	○	○

28.您认为落实学生代表大会制度遇到的主要问题:(多选)

○ 制度本身不够健全

○ 缺乏可操作的落实措施

○ 对学生主体地位的认识不够

○ 学生参与学校管理的积极性不高

○ 学生参与学校管理的渠道有限

○ 学生参与学校管理的能力不足

○ 学生申诉和救济机制缺失

○ 其他

29.您认为所在学校职能部门改革中遇到的主要问题:(多选)

○ 对现有管理体制的路径依赖

○ 自身推进改革的动力不足

○ 缺乏制度规范

○ 维护部门利益

○ 缺少监督制约机制

○ 其他

30.您认为下一步推进学校职能部门改革的重点:(多选)

○ 确立学术权力的核心地位

○ 规范行政权力行使

○ 明确职能部门服务职能

○ 实施服务对象评估

○ 加强校内监督问责

○ 其他

31.您所在学校的二级学院建有哪些委员会:(多选)

○ 学术委员会

○ 教授委员会

○ 教学指导委员会

○ 学位评定委员会

○ 人事聘用委员会

○ 其他

32.您所在学校二级学院管理制度化的状况:

	完全符合	基本符合	不符合	完全不符合	不清楚/不适用
学校对学院党政联席会议制度有实施条例	○	○	○	○	○
学校与学院有明确的权力划分	○	○	○	○	○
学院党政联席会议议事规则明确	○	○	○	○	○
党政联席会议由学院书记、院长共同召集	○	○	○	○	○
学院"三重一大"事项必须经党政联席会议讨论决定	○	○	○	○	○
党政联席会议决定事项在一定范围或全体师生中公布	○	○	○	○	○
院系治理架构清晰完整	○	○	○	○	○
院系各项工作机制完备	○	○	○	○	○
院系各委员会运行规则明确	○	○	○	○	○
师生的民主参与得到保障	○	○	○	○	○

四、试点总结

33.您所在院校试点学院改革任务完成情况:

○ 已完成,并达到了试点任务目标

○ 基本完成,但效果尚不明显

○ 较难完成,任务落实仍存在困难

○ 无法完成,校内外制约因素过多

○ 目前很难判断

34.您认为试点工作取得的主要经验有哪些?

____

____

35.您认为试点学院改革遇到的困难与问题是什么?

____

____

36.您认为试点学院改革应该如何进一步推进?

____

____

参考文献

[1]郑剑,李冉,陈振凯,等.试点:改革的中国经验[M].南京:江苏人民出版社,2018.

[2]周望.中国“政策试点”研究[M].天津:天津人民出版社,2013.

[3]宋云鹏.政策试点机制研究:基于医药卫生领域的考察[M]. 北京:社会科学文献出版社,2023.

[4]达龙·阿西莫格鲁,詹姆斯·A. 罗宾逊.国家为什么会失败[M].李增刚,译.长沙:湖南科学技术出版社,2015.

[5]倪志伟,欧索菲.自下而上的变革:中国的市场化转型[M].阎海峰,尤树洋,译.北京:北京大学出版社,2016.

[6]桑迪潘·德布.印度理工学院的精英们[M].黄永明,译.北京:北京大学出版社,2010.

[7]邓维斌,周玉敏,刘进,等.SPSS 23(中文版)统计分析实用教程:第2版[M].北京:电子工业出版社,2017.

[8]伯顿·R. 克拉克.高等教育系统:学术组织的跨国研究[M].王承绪,徐辉,殷企平,等译.杭州:杭州大学出版社,1994.

[9]约翰·S. 布鲁贝克.高等教育哲学[M].王承绪,郑继伟,张维平,等译.杭州:浙江教育出版社,2000.

[10]郭松. 试点改革与刑事诉讼制度发展[M].北京:法律出版社,2018.

[11]朱光磊.当代中国政府过程[M].天津:天津人民出版社,2008.

[12]国家教育行政学院.国家教育体制改革试点阶段性案例研究:高等教育卷[M].北京: 教育科学出版社,2016.

[13]丁煌.政策执行阻滞机制及其防治对策:一项基于行为和制度的分析[M].北京:人民出版社,2002.

[14]邓小平.邓小平文选:第三卷[M].北京:人民出版社,1993.

[15]罗伯特·伯恩鲍姆.大学运行模式:大学组织与领导的控制系统[M].别敦

荣,译.北京:中国海洋出版社,2003.

[16]卡尔·波兰尼.大转型:我们时代的政治与经济起源[M].冯钢,刘阳,译.杭州:浙江人民出版社,2007.

[17]马克·格兰诺维特.镶嵌:社会网与经济行动[M].罗家德,译.北京:社会科学文献出版社,2007.

[18]埃莉诺·奥斯特罗姆.公共事物的治理之道[M].余逊达,陈旭东,译.上海:上海三联书店,2000.

[19]尼勒卡尼.与世界同步:印度的困顿与崛起[M].许效礼,王祥钢,译.北京:中信出版社,2011.

[20]金耀基.大学之理念[M].北京:生活·读书·新知三联书店,2008.

[21]张良玉.试点学院改革研究[D].兰州:兰州大学,2014.

[22]陈金江,李太平.中国大学本科精英学院运行模式研究:基于多案例的分析[D].武汉:华中科技大学,2010.

[23]张振华.高校办学自主权及其落实问题研究[D].南京:南京农业大学,2012.

[24]胡慧娟.印度理工学院多中心治理结构研究[D].上海:上海师范大学,2016.

[25]张昕婧.政策试点的局限:以中国城市生活垃圾分类治理为例[D].长春:吉林大学,2020.

[26]李沛鑫.精准扶贫政策执行偏差及其矫正研究:基于双轨治理视角[D].上海:华东政法大学,2019.

[27]赵军彩.牛津大学内部决策制度及其对我国高校内部管理的启示[D].石家庄:河北师范大学,2016.

[28]王巧.中国低碳城市试点政策“嵌套执行”及其效果研究[D].武汉:华中科技大学,2021.

[29]姚连营.政策试点成效的影响因素研究:以浙江省为例[D].上海:华东政法大学,2021.

[30]王梦黎.大学学院治理结构改革研究:基于三峡大学试点学院的分析[D].宜昌:三峡大学,2016.

[31]韩水法.世上已无蔡元培[J].读书,2005(4).

[32]陈廷柱,周静.教育改革试点向示范转进的逻辑与隐忧:基于H省本科院校

转型发展试点示范现象的考察[J].苏州大学学报(教育科学版),2018(3).

[33]张世爱.国内高校试点学院治理改革的经验、问题与改进[J].黑龙江高教研究,2018(1).

[34]胡建华.大学内部治理与外部治理关系分析[J].江苏高教,2016(4).

[35]陈萌.走向善治:治理理论视域下的政府与高校关系探析[J].经营管理者,2017(2).

[36]张继龙,陈廷柱.大学的学院学术治理现状及其改进:基于24所本科院校的调查[J].清华大学教育研究,2017(4).

[37]陈廷柱.院系治理改革的路径选择及其系统化策略[J].中国高教研究,2017(1).

[38]陈廷柱."项目体制"与全面深化高等教育改革[J].苏州大学学报(教育科学版),2014(3).

[39]李福华.大学治理与大学管理:概念辨析与边界确定[J].北京师范大学学报(社会科学版),2008(4).

[40]李瑋.中央与地方关系视角下环境政策执行偏差及其破解[J].东岳论丛,2020(4).

[41]刘伟.政策试点:发生机制与内在逻辑:基于我国公共部门绩效管理政策的案例研究[J].中国行政管理,2015(5).

[42]李云新,袁洋.项目制运行过程中"示范"断裂现象及其解释[J].华中科技大学学报(社会科学版),2015(5).

[43]蒋姗姗.浅谈中国政策执行过程中的"运动式治理模式"[J].管理观察,2016(10).

[44]刘辉.刑事司法改革试点现象[J].中国刑事法杂志,2013(8).

[45]马廷奇.高等教育改革试点与高等教育发展[J].大学(学术版),2012(2).

[46]刘献君.大学共同治理的意义及其实现方式[J].山东高等教育,2015(3).

[47]周川."现代大学制度"及其改革路径问题[J].江苏高教,2014(6).

[48]周光礼.大学校院两级运行的制度逻辑:国际经验与中国探索[J].高等教育研究,2019(8).

[49]季飞.中国高等教育管理体制改革的路径依赖[J].理工高教研究,2010(3).

[50]刘福才,刘复兴.制度创新与路径依赖:高校教育改革的两难困境[J].华南

师范大学学报(社会科学版),2013(6).

[51]吴怡频,陆简.政策试点的结果差异研究:基于2000年至2012年中央推动型试点的实证分析[J].公共管理学报,2018(1).

[52]栗多树.先摸索后推广:邓小平政策试验思想探析[J].学习与实践,2008(10).

[53]韩博天.通过试验制定政策:中国独具特色的经验[J].当代中国史研究,2010(3).

[54]周望.如何“先试先行”?:央地互动视角下的政策试点启动机制[J].北京行政学院学报,2013(5).

[55]吴全华.论教育改革试点的非理性现象[J].全球教育展望,2018(11).

[56]吴康宁.改革·综合·教育领域:简析教育领域综合改革之要义[J].教育研究,2014(1).

[57]仰丙灿,张兄武.试点学院改革下的大学二级学院治理[J].现代教育管理,2019(2).

[58]王海龙,杨秋波,曾周末.高校二级学院综合改革的实施路径[J].中国高等教育,2014(C3).

[59]柯佑祥,唐静,谢冬平,等.从“精英”到“群英”:一流本科教学的困局与超越:华中科技大学光电信息国家试点学院教学改革的探索与实践[J].高等工程教育研究,2017(2).

[60]许传华,漆腊应,刘宁,等.多元分层协同培养应用型金融本科人才的宏观思考:基于湖北经济学院的探索与实践[J].金融理论与教学,2017(5).

[61]周望.政策试点是如何进行的?:对于试点一般过程的描述性分析[J].当代中国政治研究报告,2013(1).

[62]孙霄兵.我国高等学校办学自主权的发展及其运行[J].中国高教研究,2014(9).

[63]刘焕,吴建南,徐萌萌.不同理论视角下的目标偏差及影响因素研究述评[J].公共行政评论,2016(1).

[64]谷志军,黄卫平.“上下联动”:地方政府创新可持续性的影响因素分析[J].学术研究,2018(10).

[65]郑玉飞.试点方法:学校发展的中国经验[J].山西大学学报(哲学社科版),2019(6).

[66]刘然.并非只为试验:重新审视试点的功能与价值[J].中国行政管理,2020(12).

[67]卢晓中.高校自主权:落实或扩大?:基于国家教育政策文本的简要分析[J].苏州大学学报(教育科学版),2014(3).

[68]马凤岐.穷人的自由:从资源依赖理论视角看高等学校办学自主权[J].苏州大学学报(教育科学版),2014(3).

[69]黄彬.论公立高校外部行政权力法治化[J].教育发展研究,2015(11).

[70]王世权,刘桂秋.大学治理中的行政权力:价值逻辑、中国语境与治理边界[J].清华大学教育研究,2012(2).

[71]杨颉.协同治理 协议授权:探索校院二级管理改革新路径[J].中国高教研究,2017(3).

[72]刘恩允,周川.学术主导、分类驱动、协同推进:我国大学院系治理机制探究[J].高等教育研究,2017(8).

[73]李兴华.注重协同性:不断深化高校内部管理体制改革[J].中国高等教育,2013(12).

[74]孟涛,郭栋,龚璞.正式制度与非正式制度对科技创新的影响研究:基于全球112个国家和地区的面板数据分析[J].北京师范大学学报(社会科学版),2017(5).

[75]叶强.法治视域下高等教育治理政策化的成因与规制[J].重庆高教研究,2019(3).

[76]管华,张昊天.中国特色社会主义高校自治的制度约束[J].湖南师范大学教育科学学报, 2018(4).

[77]刘亮.建国70年高考命题方式变革及动因:兼论高校自主招生命题方式变革[J].河北师范大学学报(教育科学版),2019(1).

[78]石中英,安传迎,肖桐. 我国C9大学与英美顶尖大学学院设置的比较研究[J].高等教育研究,2020(8).

[79]钱颖一.大学治理:美国、欧洲、中国[J].清华大学教育研究,2015(9).

[80]沈红,谷志远,刘茜.大学教师工作时间影响因素的实证研究[J].高等教育研究,2011(9).

[81]沈红.中国大学教师发展状况:基于“2014中国大学教师调查”的分析[J].高等教育研究,2016(2).

[82]操太圣."五唯"问题:高校教师评价的后果、根源及解困路向[J].大学教育科学,2019(1).

[83]李宝斌,许晓东.高校教师评价中教学科研失衡的实证与反思[J].高等工程教育研究,2011(2).

[84]杜鹏,顾昕.中国高等教育生均教育经费:低水平、慢增长、不均衡[J].中国高教研究,2016(5).

[85]丁妥.关于加快高校专项经费支出进度的思考[J].教育财会研究,2017(1).

[86] 郭峰,韩延明.从制度环境的视角探高校自主办学的路径[J].大学教育科学,2015(6).

[87]张熙.大学组织与制度环境的互构机制分析:新制度主义视域下建设"双一流"的制度过程[J].高教探索,2016(7).

[88]熊进.科层制嵌入项目制:大学学术治理的制度审思[J].现代大学教育,2016(3).

[89]樊平军.基于嵌入性理论的地方本科院校转型研究[J].重庆高教研究,2015(6).

[90]韩永红.大学自治与我国高校的改革发展[J].电子科技大学学报(社科版),2011(5).

[91]南国君,卫婷婷. 新时代高校二级学院治理体系改革困境及路径重构[J].国家教育行政学院学报,2020(5).

[92]韩萌,张国伟.战略联盟:世界一流大学群体发展的共生机制研究[J].教育研究,2017(6).

[93]刘淑华,王旭燕.印度高等教育大众化进程中的经费来源渠道探析[J].外国教育研究,2016(3).

[94]吴旭.大学"校—院"分权治理的有效性分析:基于"建制性权力"的视角[J].北京教育(高教),2016(1).

[95]赵婷婷.重构我国政府与大学关系的关键:从行政性权力关系到契约性权力关系[J].苏州大学学报(教育科学版),2014(3).

[96]罗爽.我国公立高等学校法人制度的问题及其改革[J].复旦教育论坛,2014(5).

[97]解德渤.公立大学法人制度 70 年(1949—2019):历史考察、现实审视与改

革走向[J].清华大学教育研究,2019(8).

[98]郎益夫,刘希宋.高等学校治理结构的国际比较与启示[J].北方论丛,2002(1).

[99]解德渤.公立大学法人制度改革的世界潮流与中国抉择[J].教育与考试,2018(1).

[100]张克.政策试点何以扩散:基于房产税与增值税改革的比较研究[J].中共浙江省委党校学报,2015(2).

[101]马廷奇.高等教育改革模式及其实践:内涵、困境与创新[J].国家教育行政学院学报,2020(4).

[102]唐娟,王远清,钱程.国家试点学院改革背景下高校学院治理优化路径探究[J].中国高校科技,2022(12).

[103]胡娟.西方大学制度的几种主要模式及其启示:从权力结构的角度分析[J].中国人民大学教育学刊,2011(3).

[104]周光礼.大学校院两级运行的制度逻辑:国际经验与中国探索[J].高等教育研究,2019(8).

[105]付梦芸.组织学视角下我国高校院系数量扩张的原因探析[J].清华大学教育研究,2015(2).

[106]宣勇.论大学的校院关系与二级学院治理[J].现代教育管理,2016(7).

[107]谢峰,宋彩萍.高校院系治理改革的理念、困境与突破:“中国高校院系设置与治理改革”学术研讨会述评[J].复旦教育论坛,2017(4).

[108]刘亚荣,李志明,唐宁,等.高校校院两级管理模式研究[J].教育与经济,2010(2).

[109]肖国芳.权力规制视域下的校院两级管理改革路向研究[J].高教探索,2019(10).

[110]韩梦洁.调整校院关系 推进学院治理现代化:“二级学院治理:权力运行制约与监督”学术研讨会综述[J].中国高教研究, 2017(1).

[111]郑勇,徐高明.权力配置:高校学院制改革的核心[J].中国高教研究,2010(12).

[112]胡茂波,唐欣宇,游子欢. 本科层次职业教育试点的逻辑、意图、风险及其规避[J]. 职业技术教育,2021(24).

[113]叶飞帆.大学行政权力与学术权力的分离:三级组织二级管理模式[J].教

育研究,2011(2).

[114]别敦荣.现代大学制度的典型模式与国家特色[J].中国高教研究,2017(5).

[115]高尚全.改革:中国特色社会主义的伟大实践:中国改革40年的回顾和思考[J].全球化,2017(9).

[116]张勇杰.渐进式改革中的政策试点机理[J].改革,2017(9).

[117]陈宇,孙枭坤.政策模糊视域下试点政策执行机制研究:基于低碳城市试点政策的案例分析[J].求实,2020(2).

[118]湖北省2015—2018年度试点学院改革项目绩效评价材料(湖北省教育厅高教处、湖北省教育评估院).

[119]2016年国家教育体制改革试点项目(试点学院)阶段总结报告及典型案例(华中科技大学等17所国家试点学院).

[120]中共中央,国务院.关于支持河北雄安新区全面深化改革和扩大开放的指导意见[Z].2019-01-24.

[121]国务院办公厅.关于开展国家教育体制改革试点的通知:国办发〔2010〕48号[Z].2010-10-24.

[122]教育部,国家发展改革委,财政部.关于引导部分地方普通本科高校向应用型转变的指导意见:教发〔2015〕7号[Z].2015-10-23.

[123]教育部,国家统计局,财政部.关于2022年全国教育经费执行情况统计公告:教财〔2023〕8号[Z].2023-11-21.

[124]教育部.关于全面提高高等教育质量的若干意见:教高〔2012〕4号[Z].2012-03-18.

[125]教育部.关于推进试点学院改革的指导意见:教高〔2012〕11号[Z].2012-11-21.

[126]教育部.关于在部分高校开展基础学科招生改革试点工作的意见:教学〔2020〕1号[Z].2020-01-13.

[127]教育部办公厅.关于严格高校自主招生资格审查和考核工作的通知:教学厅〔2017〕6号[Z].2017-04-01.

[128]国家教育体制改革领导小组办公室.关于进一步落实和扩大高校办学自主权完善高校内部治理结构的意见:教改办〔2014〕2号[Z].2014-07-08.

[129]湖北省教育厅.关于推进高校试点学院改革的意见:鄂教高〔2013〕2号

[Z].2013-01-18.

[130]习近平:认真谋划深入抓好各项改革试点 积极推广成功经验带动面上改革[EB/OL].(2017-05-23)[2020-06-12].http://www.xinhuanet.com//politics/2017-05/23/c_1121023049.htm.

[131]马宝成,吕洪业,王君琦,等.党的十八大以来政府职能转变的重要进展与未来展望[EB/OL].(2017-11-02)[2021-09-22].http://theory.people.com.cn/GB/n1/2017/1102/c40531-29623670.html.

[132]陈廷柱.从体制机制破解高校教师队伍发展难题[N].光明日报,2019-12-24(13).

后　记

试点改革既是我国高等教育领域的突出现象，也是优化我国高校管理体制的重要方略。本书以试点学院为着眼点，以试点学院改革的应然与实然为切入点，以试点学院改革不了了之的制约因素为关键点，基于大学双重自主结构理论，运用教育学、政治学、法学、管理学、统计学等相关知识和理论，定性研究与定量分析相结合，对H省试点学院进展不力的内外因素进行了案例考察和理论阐释。在比较和借鉴国外一流大学双重自主结构的基础上，提出了破解以试点学院为代表的学院层面试点改革困境的可能路径与具体策略。

一、几点浅见以求教

本书按照“试点学院是什么—试点学院改革进展怎么样—试点学院改革为何进展不力—如何推进以试点学院为代表的学院层面体制改革”的逻辑线条，基于大学双重自主结构理论视域，形成了以下几点浅见。

第一，试点学院的核心使命在于完善并创新高校治理结构。搞试点、树典型是被实践证明行之有效的工作方法，也是中国特色高等教育管理体制改革的探路器，还是检验我国高等教育改革道路论争的试金石。试点学院是国务院参事室在调研国内外高等教育改革现状的基础上率先提出的政策建议，由教育部在全国范围内择优遴选的“教育教学改革特别试验区”。根据《教育部关于推进试点学院改革的指导意见》，试点学院的主要任务是“三改革一完善”：改革学生招录与选拔方式、改革人才培养模式、改革教师遴选与考评制度和完善学院内部治理结构。“三改革一完善”是有主次之分的改革架构，其中改革人才培养模式、培养拔尖创新人才是根本目标，改革学生招录与选拔方式和改革教师遴选与考评制度是培养拔尖创新人才的重要前提和保障，而完善学院内部治理结构、突破高校管理体制机制障碍则是培养拔尖创新人才的制度基础。这是由“改革高校管理体制—改革教育行政管理体制—改革办学体制—改革人才培养体制”的先后顺序和逻辑关系决定的。由此可见，试点学院改革具有高起点、高立意的重要特征，也是试点学院区别于精英学院、特色学院的关键所在。概括地讲，试点学院的核心使命是通过改革创新学院治理结构、推动建立现代化的高校治理体系，进而以点带面、自下而上撬动整个高校管理体制机制的深刻变革，最终建构有利于培养拔尖创新人才的高等教育体制机制，应对国际大环境对我国教育科学事业的挑战。

第二，H 省试点学院"三改革一完善"进度不一并将不了了之。本书从 49 所 H 省试点学院中选取了 5 所代表性学院进行案例研究，并从自我评价、内部评价和外部评价三个方面，全面论述了 H 省试点学院改革的总体情况、取得的成绩，以及存在的问题。从试点改革总体成效来看，由高到低依次为 HZ 大学 G 学院、SX 大学 D 学院、HJ 学院 F 学院、WD 学院 J 学院、WF 大学 X 学院；从"三改革一完善"达成度来看，自强到弱依次为人才培养模式改革、教师遴选与考评制度改革、学院内部治理结构完善、学生招录与选拔方式改革；从应然与实然比较来看，试点学院本应为我国高校管理体制机制改革探索可持续、可复制、可推广的经验，然而试点学院在试点政策执行过程中出现偏差，人才培养模式改革占据较大分量，学院治理结构改革却退居其次，试点学院在一定程度上变为贴有国家或省级标签的高等教育改革项目。累计投入专项经费 6 695 万元、各方评价总体满意的 H 省试点学院改革，不仅没有由试点转为示范，反而陷入了举步维艰的尴尬境地，预计终将悄无声息地退出高等教育体制机制改革试点的舞台。

第三，制约 H 省试点学院改革的主要因素包括高校办学自主权不充分、正式制度与非正式制度嵌套、政策试点多元目标约束；试点学院困境在于行政性治理与自主性改革的矛盾冲突，根源在于我国大学双重自主结构不完善。本书基于相关研究文献和案例分析，提出了试点学院改革出现执行偏差的五个可能因素。经过对 5 所案例试点学院 136 份有效问卷答题结果进行独立样本 t 检验，发现高校办学自主权不清晰、现行规章制度制约、试点高校内部协同性不够对试点学院体制改革有显著影响，达到整体解释度的 77.1%；缺乏专项经费、教师参与试点改革的积极性不高对试点学院"三改革一完善"有部分影响，有的显著性并不高。进一步分析发现，试点学院改革缺乏必要的政策保障：一是法定权力的悬置虚化，政府在扩大高校办学自主权的同时，对办学自主权背后的资源进行管理，办学自主权未能真正下放，试点学院及所在高校办学自主权不充分；二是制度环境的嵌套羁绊，教育行政部门主导的正式制度自上而下层层嵌套、层出不穷的非正式制度或明或暗地羁绊着试点学院改革；三是政策执行的替代变通，试点学院“三改革一完善”的多元目标，本身比单一目标更难以实现，而且更容易产生目标替代、政策变通和官学共谋，导致试点学院治理结构创新的改革目标被遮蔽，试点学院成为争取办学资源的身份“符号”。上述情形是由行政性治理与自主性改革的特殊矛盾造成的，根源在于我国大学双重自主结构有欠缺，学院缺乏足够的自主权。

第四，牛津大学和印度理工学院双重治理结构所蕴含的办学规律，对我国高校管理体制机制改革具有重要的借鉴价值。高等教育的自治与他治是对立面的统一，没有脱离他治的绝对自治，也不存在脱离自治的绝对他治，关键在于科学处理自治与他治的辩证关系。世界一流大学普遍具有双重自主的共性特征，即大学相对政府宏观自主，学院相对大学微观自主。牛津大学采取“学院制”的微观治理模式，并坚守与之相配套的导师制，为学院争取到相对完整的自治地位。印度理工学院特别重视大学与政府、社会的关系处理，苦心孤诣地构建了视察员（一般为印度现任总统）—理事会—分校管理委员会和评议会“三级协同”宏观治理模式，将大学自主权由政策文本落到实处，助推印度理工学院创建五十年便跻身世界一流大学之列。总的来看，两所大学在宏观治理方面坚持立法优先、采取间接管理、实行共同治理，在微观治理方面注重校院分权、尊重专业人才、强调集体决策，这对我国推进大学双重自主、创新高校管理体制机制具有重要的现实意义。

第五，我国深化以试点学院为代表的学院层面体制机制改革的可能路径，在于上下联动推进大学双重自主，进而建立中国特色的现代大学制度。现代大学制度的重要功能在于理顺和规范大学的内外部关系。推进我国大学双重自主，一方面要自上而下构建大学半独立性的外部制度，具体包括公办高校试行公务法人制度、规范中国大学排名评价制度、修订大学章程及其配套制度，保障大学相对政府宏观自主；另一方面要自下而上创新学院准自主性的内部制度，引导学院设置转向宽型组织结构、校院两级管理实行 M 型结构、学院行政服务学术一元结构，确保学院相对大学微观自主。建立现代大学制度的关键在于大学自主，不论国家大小、发展程度高低，大学都应当是双重自主的。简言之，只有自上而下地改革政府与大学的关系，自下而上地变革学院与大学的关系，上下联动对我国高校管理体制机制进行体系化改革，保障大学的半独立地位、提高学院的准自主水平，方能建成具有中国特色、世界水准的现代大学制度。

二、三处不足待改进

由于本人水平有限,本书虽有些许个人见解,但也存在若干疏漏。

一是未能将省级试点学院的研究扩展到国家试点学院。本书选取了49所H省试点学院中的5所代表性学院,对5所案例试点学院改革的实际情况从自我评价、内部评价和外部评价三个方面做了全方位的考察和分析,客观呈现了H省试点学院的实然状况。但是,由于本人能力欠缺,一方面没有深度比较分析H省49所试点学院与广东省32所、河北省18所、云南省4所省级试点学院的共同点和差异性;另一方面难以获取其他16所国家试点学院的第一手资料,缺乏深度访谈国家试点学院所在高校领导和教职工的客观条件,仅对1所国家试点学院进行了案例研究,未能全面铺开到所有国家试点学院。或许,国家试点学院"三改革一完善"进展情况比省级试点学院要好,不同省份、不同层次的试点学院面临的制约因素更复杂,也更加难以破解。

二是未能将试点学院与非试点学院进行比较研究。本书的研究对象试点学院及其所在高校是本区域内的"名校强院",试点高校除了试点学院,还拥有精英学院、特色学院以及普通学院。比如,HZ大学除了国家试点学院——G学院,还拥有"王牌"学院——机械学院、精英学院——启明学院,SX大学、WF大学分别拥有水利学院、服装学院等行业特色学院。此外,近年来教育部高校国际化示范学院、"三全育人"综合改革试点学院、未来技术学院、现代产业学院、人工智能学院等新型学院及其改革试点不断涌现。本书受研究主题与篇幅所限,未能将试点学院与所在高校的精英学院、特色学院等非试点学院以及承担其他试点任务的新型学院进行比较分析、相互印证,颇感遗憾。

三是未能将大学双重自主推进策略进一步细化。本书明确提出通过推进大学双重自主,进而建立现代大学制度,特别是在大学相对政府宏观自主方面,建议试行公务法人制度等。由于本人知识面不宽,对国家政治制度、法律法规把握不够,对公务法人制度的研究还很粗浅,对我国公立高校试行公务法人制度的落地实施缺乏进一步的研究,寄望于政府进一步自上而下深化"放管服"改革,本书所提对策仅抛砖引玉、以求教于方家。

试点学院作为我国高等教育领域的综合改革试验区,其改革应是全方位的,也是根本性的，触及整个高等教育领域。但是，试点学院实施十多年来，深层次的改革理论上缺乏指导、实践上阻碍甚多，在教育改革困境中徘徊不前。大学双重自主结构理论尚欠系统性，未能引起高等教育战线的足够重视。希望更多懂政治、精法律、关心中国高等教育的人士、前辈师长和学术同人，对以试点学院为代表的学院层面体制机制改革、对大学双重自主结构理论等做进一步的研究，以期受教；期盼我国自下而上的高校管理体制改革取得更多普及性成果，早日构建中国特色的大学双重自主结构，培养出更多的世界一流人才。

三、诸多谢意不言中

《试点学院改革探索与案例研究》是在本人博士学位论文《试点学院改革困境及突破路径研究》基础上增删数次而成的。博士论文与本书的撰写，得到了众多教授、学者和师兄弟、师姐妹的指导和帮助。导师陈廷柱教授平时工作繁忙、指导博士硕士较多，但百忙之中不时督促、指导我的学业，特别是每当我困惑不已、心存放弃颓废之念时，仍然鼓励我坚持学业，潜心指导和认真修改我的博士论文和书稿。

武汉大学教科院黄明东教授，武汉理工大学高教所李志峰教授，华中科技大学教科院贾永堂教授、雷洪德教授、余东升教授、陈敏教授、朱新卓教授、郭卉教授、余保华副教授在我的论文开题、预答辩和答辩时提出了中肯的批评意见和修改建议，让我进一步明确了研究思路、突出了研究问题、丰富了研究内容。

武汉纺织大学校学术委员会副主任杨洪林教授逐字逐句地审阅了我的博士论文初稿，武汉纺织大学服装学院江学为博士手把手地指导因子分析，武汉纺织大学原党委书记尚钢教授、武汉纺织大学陈利民教授热心推荐我攻读博士学位，武汉纺织大学副校长黄运平教授、姜明华教授，武昌工学院党委书记方国平教授、研究处诸多同事给予了我鼓励和支持。

华中科技大学档案馆陈金江副馆长、光电学院聂明局副院长，武汉纺织大学现代纺织学院李德骏院长，三峡大学电气与新能源学院王凌云副院长，湖北经济学院金融学院张劲松书记、李正旺副院长，武汉东湖学院卢波涛副校长、计算机科学学院许先斌院长，以及湖北省教育厅发规处吴勃副处长，福建师范大学教育学院吴文哲院长等，在我的博士论文问卷调查、进校访谈、第一手素材收集等方面给予了无私帮助和大力支持。江汉大学研究生处钱同慧处长、《江汉学术》夏莹编辑、华中师范大学古江波博士、武汉纺织大学期刊社田媛苑老师对我的期刊论文投稿、查重、修改给予了具体指导和热心帮助。同门师兄弟卢旺、陈波、汤敏骞、蔡亮，同级师兄弟肖家杰、张振林、李存岭，师姐妹黎红、程平等，对我的博士论文撰写给予了中肯意见和诸多建议。本书相关章节获得了中国高等教育学会教育规划课题“大学‘双重自主’现实困境与突破路径研究”（项目编号 23GR0212）、湖北省教育厅哲学社会科学思政专项“湖北省属高校辅导员科研育人困境与嵌入路径研究”（项目编号 22Z034）支持。本书在撰写过程中引用了诸多学者的论点和文献，在此一并致谢。

“困”者，喻示在房子四壁中生长的树木，意指困扰、困难、困境等不利的境地。体制机制改革是中国教育改革的难点和痛点，试点学院改革展现了中国高等教育体制机制改革的缩影。“不经一番寒彻骨，怎得梅花扑鼻香”，以此与高等教育战线同人共勉。